体系转化

"思想道德与法治"混合式教学研究

主　编　甘　玲
副主编　朱晨静　何　珊

燕山大学出版社
·秦皇岛·

图书在版编目（CIP）数据

体系转化："思想道德与法治"混合式教学研究/甘玲主编. —秦皇岛：燕山大学出版社，2022.9

ISBN 978-7-5761-0254-3

Ⅰ. ①体… Ⅱ. ①甘… Ⅲ. ①思想修养－教学研究－高等学校②法律－中国－教学研究－高等学校 Ⅳ. ① G641.6 ② D920.4

中国版本图书馆 CIP 数据核字（2022）第 059429 号

体系转化——"思想道德与法治"混合式教学研究
甘　玲　主编

出 版 人：陈　玉			
责任编辑：刘馨泽		封面设计：刘馨泽	
责任印制：吴　波			
出版发行：燕山大学出版社		地　　址：河北省秦皇岛市河北大街西段 438 号	
邮政编码：066004		电　　话：0335-8387555	
印　　刷：英格拉姆印刷(固安)有限公司		经　　销：全国新华书店	

尺　　寸：170mm×240mm　16 开　　印　张：16.75
版　　次：2022 年 9 月第 1 版　　　　 印　次：2022 年 9 月第 1 次印刷
书　　号：ISBN 978-7-5761-0254-3　　字　数：255 千字
定　　价：66.00 元

版权所有　侵权必究
如发生印刷、装订质量问题，读者可与出版社联系调换
联系电话：0335-8387718

丛书编委会

主　任：朱立光　李铁军
副主任：刘爱民　胡永琪　徐永赞
委　员：石秀杰　韩景元　王　军
　　　　　张　良　甘　玲　朱晨静

前　言

2019年3月18日，习近平总书记在学校思想政治理论课教师座谈会上指出：思政课是落实立德树人根本任务的关键课程。办好思政课，要放在世界百年未有之大变局、党和国家事业发展全局中来看待，要从坚持和发展中国特色社会主义、建设社会主义现代化强国、实现中华民族伟大复兴的高度来对待。

"思想道德与法治"课是一门融思想性、政治性、科学性、理论性和实践性为一体的思想政治理论课。作为大学生入学后学习的第一门思想政治理论课程，本课程以马克思列宁主义、毛泽东思想和中国特色社会主义理论体系为指导，主要讲授马克思主义的人生观、价值观、道德观、法治观，帮助学生筑牢理想信念之基，培育和践行社会主义核心价值观，传承中华传统美德，弘扬中国精神，尊重和维护宪法法律权威，提升思想道德素质和法治素养，成长为德智体美劳全面发展的社会主义事业的合格建设者和接班人。

《体系转化——"思想道德与法治"混合式教学研究》一书以"马克思主义理论研究和建设工程重点教材"《思想道德与法治（2020年版）》为依据，紧紧围绕推进习近平新时代中国特色社会主义思想进教材、进课堂、进头脑，坚持政治引领和价值引领，坚持问题导向和目标导向相结合，精准把握为思政课教师教学服务的定位，致力于满足教师教学需要，以线上线下混合式教学设计方式积极探索教材体系向教学体系转化，为教师提供教学拓展资料。

本书是河北科技大学马克思主义学院近年来深化思想政治理论课教学改革成果之一。根据"思想道德与法治"课教学内容与学生人生实践紧密相连的特点，我们围绕知识目标、价值目标、能力目标对教学内容进行了整体优化，为教师提供了大量的教学参考资料和教学优化方案。本书的内容通过三个模块呈现：

1. 教学概况

教学概况由本章概述、学时安排、教学目的与教学目标、教材分析、重点难点、教学设计等部分组成。目的在于通过对教材内容的分析与梳理，为教师提供清晰的教学线索。

2. 教学优化

教学优化是以教材的章节为依据，结合教材内容和在线开放课程特点撰写的教案。作者准确把握教材内容，以学生为中心，将国家要求与大学生成长需求和普遍关心的问题相结合，用贴近社会生活实际的语言导入教学，辅以生动、鲜活的案例，为教师提供了教学详案。结合教学设计，有效实现了线上教学和线下教学的有机结合。

3. 教学拓展

教学拓展由课后思考、备课参考、实践活动三部分组成。课后思考和备课参考尊重教材内容的完整性，并依据马克思主义理论研究和建设工程重点教材配套用书《思想道德与法治》进行了适当补充，重点在于为教师提供丰富的资料。实践活动目的在于为教师课后组织学生实践活动提供参考方案。

我们期待这本优化方案有厚重、实用之感，能够成为促进教师创造性、高质量完成教学任务的好帮手。由于水平和能力的限制，可能会有这样或那样的不足，恳切欢迎同行的教师和朋友提出建设性的意见，帮助我们提高和完善。

甘玲

2022 年 8 月 23 日

目　录

绪论　担当复兴大任　成就时代新人
- 第一部分　教学概况 ·· 1
- 第二部分　教学转化 ·· 2
- 第三部分　教学拓展 ·· 20

第一章　领悟人生真谛　把握人生方向
- 第一部分　教学概况 ·· 22
- 第二部分　教学转化 ·· 24
- 第三部分　教学拓展 ·· 61

第二章　追求远大理想　坚定崇高信念
- 第一部分　教学概况 ·· 64
- 第二部分　教学转化 ·· 66
- 第三部分　教学拓展 ·· 89

第三章　继承优良传统　弘扬中国精神
- 第一部分　教学概况 ·· 91
- 第二部分　教学转化 ·· 93
- 第三部分　教学拓展 ·· 120

第四章　明确价值要求　践行价值准则
- 第一部分　教学概况 ·· 123
- 第二部分　教学转化 ·· 124
- 第三部分　教学拓展 ·· 138

第五章　遵守道德规范　锤炼道德品格

　　第一部分　教学概况 ··· 140
　　第二部分　教学转化 ··· 142
　　第三部分　教学拓展 ··· 187

第六章　学习法治思想　提升法治素养

　　第一部分　教学概况 ··· 189
　　第二部分　教学转化 ··· 191
　　第三部分　教学拓展 ··· 256

后记 ·· 258

绪论　担当复兴大任　成就时代新人

第一部分　教学概况

本章概述	本章主要包含三个方面的内容：一、我们处在中国特色社会主义新时代；二、新时代呼唤担当民族复兴大任的时代新人；三、不断提升思想道德素质和法治素养。
学时安排	理论学时4学时（含课堂活动）
教学目的与教学目标	本章的教学目的：引导大学生明确中国特色社会主义进入新时代，把握成为时代新人的要求，认识思想道德素质和法治素养的重要性，为学习"思想道德与法治"奠定良好基础。 本章可将教学目标分为知识、价值、能力三个目标。 知识目标：明确新时代的基本内涵、新时代的历史使命，把握党和国家对大学生的希望和要求，掌握思想道德和法治的概念、"思想道德与法治"课的特点及学习该课程的意义。 价值目标：明确新时代青年的历史使命，领悟人生真谛，把握人生方向，追求远大理想，坚定崇高信念，继承优良传统，弘扬中国精神，培育和践行社会主义核心价值观；遵守道德规范，锤炼道德品格，把正确的道德认知、自觉的道德养成和积极的道德实践紧密结合起来，引领良好的社会风尚；自觉尊法学法用法，不断提升思想道德素质和法治素养。 能力目标：把个人理想融入实现中华民族伟大复兴的中国梦中，努力提升思想道德素质和法治素养，做立大志、明大德、成大才、担大任的时代新人，让青春在为祖国、为民族、为人民、为人类的不懈奋斗中绽放绚丽之花。

本章 教材分析	绪论是本书的开篇章节。教材以大学生身处的新时代为逻辑起点,从大学生的时代机遇和历史使命起步,阐释了大学生成长与国家、民族的关系,揭示了新时代大学生必须具备的思想道德素质和法治素养,体现了党和政府对大学生的关爱,符合思想道德教育和法治教育规律的要求。 上好这一课,必须解决两个问题:一是顺应大学新生的心理需要。初入大学的他们在经历了短暂的军训或入学教育后,对大学有了一点了解,同时也有一些困惑,讲清楚高校思想政治理论课和中学的思想政治课的关系、大学阶段与大学生成长成才的关系,才能使他们深刻理解学习本课程的重要意义,才能尽快适应大学的学习生活。所以,我们应从大学生活适应为切入点,为大学生解疑释惑。二是顺应大学生的发展需要。讲清对大学生来讲适应是基础,关键的问题是发展,提高思想道德素质和法治素养对大学生今后的发展是至关重要的。
教学 重点难点	教学重点: 1. 中国特色社会主义新时代的科学内涵; 2. 新时代的历史机遇与历史责任; 3. 担当民族复兴大任的时代新人的要求; 4. 提升思想道德素质和法治素养。 教学难点: 提升思想道德素质与法治素养。
教学设计	采用线上和线下混合式教学方法。本课程线上教学在中国大学MOOC平台。 线下教学专题: 一、大学与大学生; 二、做担当民族复兴大任的时代新人。

第二部分 教学转化

【**教学导入**】

同学们好!欢迎大家来到"思想道德与法治"课堂。

大学四年是大学生由象牙塔步入社会的转型阶段,是我们人生成长的重要时期,也是世界观、人生观和价值观形成的关键时期。大学生如何有意义地度过大学四年时光,如何尽快成为祖国建设和民族复兴的栋梁之材,既是关乎中华民族伟大复兴的重大问题,也是全体学生、家长及老师都极为关心的问题。

2017年10月18日,习近平总书记在党的十九大报告中这样深情寄语年轻一代:"青年兴则国家兴,青年强则国家强。青年一代有理想、有本领、有担当,国家就有前途,民族就有希望。中国梦是历史的、现实的,也是未来的;是我们这一代的,更是青年一代的。中华民族伟大复兴的中国梦终将在一代代青年的接力奋斗中变为现实。全党要关心和爱护青年,为他们实现人生出彩搭建舞台。"

"思想道德与法治"课(以下简称"德法"课)正是基于国家富强和民族复兴所需、大学生成长成才所需而设立的一门高校思想政治理论课,是每一位大学生走向社会的必修课程。那么,这门课和中学思想政治课的关系是什么?"德法"课具有哪些内容和特点?学习"德法"课的意义和方法是什么?

现在,让我们一起开始"德法"课的学习之旅吧。

一、导学——走进"思想道德与法治"课

(一)高校思想政治理论课和中学的思想政治课的关系

拿到教材,很多同学第一个感觉就是:这是一门和中小学的思想政治课相类似的政治课。的确如此,"德法"课是高等学校开设的"思想政治理论课"课程之一。

2019年8月,中共中央办公厅、国务院办公厅印发《关于深化新时代学校思想政治理论课改革创新的若干意见》,在"完善思政课课程教材体系"部分提出以下要求:

一是整体规划思政课课程目标。在大中小学循序渐进、螺旋上升地开设思政课,引导学生立德成人、立志成才,树立正确世界观、人生观、价值观,坚定对马克思主义的信仰,坚定对社会主义和共产主义的信念,增强中国特色社会主义道路自信、理论自信、制度自信、文化自信,厚植爱国主义情怀,把

爱国情、强国志、报国行自觉融入坚持和发展中国特色社会主义事业、建设社会主义现代化强国、实现中华民族伟大复兴的奋斗之中。

二是调整创新思政课课程体系。加强以习近平新时代中国特色社会主义思想为核心内容的思政课课程群建设。在保持思政课必修课程设置相对稳定基础上，结合大中小学各学段特点构建形成必修课加选修课的课程体系。全国重点马克思主义学院率先全面开设"习近平新时代中国特色社会主义思想概论"课。

三是统筹推进思政课课程内容建设。坚持用习近平新时代中国特色社会主义思想铸魂育人，以政治认同、家国情怀、道德修养、法治意识、文化素养为重点，以爱党、爱国、爱社会主义、爱人民、爱集体为主线，坚持爱国和爱党爱社会主义相统一，系统开展马克思主义理论教育，系统进行中国特色社会主义和中国梦教育、社会主义核心价值观教育、法治教育、劳动教育、心理健康教育、中华优秀传统文化教育。遵循学生认知规律设计课程内容，体现不同学段特点，研究生阶段重在开展探究性学习，本专科阶段重在开展理论性学习，高中阶段重在开展常识性学习，初中阶段重在开展体验性学习，小学阶段重在开展启蒙性学习。

四是加强思政课教材体系建设。国家教材委员会统筹大中小学思政课教材建设，科学制定教材建设规划，注重提升思政课教材的政治性、时代性、科学性、可读性。

由此可见，高校思政课和中学思想政治课是一个整体，都是对学生进行思想道德教育和法治教育的思想政治理论课，都具有思想性和政治性，两者的目的和要求是一致的。

"德法"课是一门适应大学生成长成才的需要，帮助大学生树立正确的世界观、人生观、价值观、道德观和法治观，正确地认识人生理论和实践的思想政治理论课，是高校大学生的一门必修课程。

（二）"德法"课的主要内容和特点

"德法"课包括绪论和六章的内容：

绪论　担当复兴大任　成就时代新人

第一章　领悟人生真谛　把握人生方向
第二章　追求远大理想　坚定崇高信念
第三章　继承优良传统　弘扬中国精神
第四章　明确价值要求　践行价值准则
第五章　遵守道德规范　锤炼道德品格
第六章　学习法治思想　提升法治素养

其主要内容是以习近平新时代中国特色社会主义思想为指导，以引导大学生努力成长为能够担当民族复兴大任的时代新人为着眼点，从新时代对青年大学生的新要求为切入点，以人生价值、理想信念、精神状态、价值理念、道德觉悟、法治素养为基本线索而逐次展开的，目的在于帮助大学生了解自我、了解社会，明确党和国家对大学生的希望和要求，明确自身肩负的使命和责任，把握正确的成长成才的途径和方法，勇做有理想有本领有担当的时代弄潮儿，在实现中国梦的生动实践中放飞青春梦想，在为人民利益的不懈奋斗中书写人生华章。

从上述内容可以看出，"思想道德与法治"课是一门融思想性、政治性、科学性、理论性、实践性为一体的思想政治理论课。

（三）学习"德法"课的意义和方法

1. 学习"德法"课的意义

第一，有助于青年学生领悟人生真谛，坚定理想信念，践行社会主义核心价值观，做新时代的忠诚爱国者和改革创新的生力军。"德法"课是同学们进入大学上的第一门思想政治理论课，学习本课程可以帮助同学们明确党和国家对大学生的希望和要求，明确自身成长面临的机遇和挑战，明确自身肩负的历史使命，明确自己的努力方向、前进目标以及成长成才的途径和方法，从而树立正确的世界观、人生观、价值观，坚定理想信念，践行社会主义核心价值观，做新时代的忠诚爱国者和改革创新的生力军。

第二，有助于青年学生形成正确的道德认知，积极投身道德实践，做到明大德、守公德、严私德。学习"德法"课，可以帮助同学们确立正确的道德观，深刻理解"育人为本、德育为先"的要求，正确认识德与才的辩证关系，认识立志、树德和做人的道理，摆正德与才的位置，避免走入"重智轻德"的误区，选择正确的成才之路，做到德才兼备、全面发展。

第三，有助于青年学生增进法治意识，养成法治思维，更好地行使法律权利、履行法律义务。学习"德法"课，可以帮助同学们确立正确的法治观，全面把握社会主义法律的本质、运行和体系，理解中国特色社会主义法治体系和法治道路的精髓，增进法治意识，养成法治思维，更好地行使法律权利、履行法律义务。

2. 学习"德法"课的方法

"思想道德与法治"课是一门不断发展、不断改革和充满活力的课程。课程的活力在于，它要及时反映历史的发展趋势和时代的特征与要求，反映青年学生健康成长和发展的新经验，面对青年学生在学习、生活、成才道路上不断出现的各种新的问题，准确地、有说服力地予以回答。学好这门课，要求同学们必须有科学的态度、正确的方法，掌握理论，付诸实践，不断总结，才能取得良好效果。

第一，要重视理论学习。学习本课程必须以马克思列宁主义、毛泽东思想和中国特色社会主义理论体系，特别是习近平新时代中国特色社会主义思想为指导。因为马克思主义理论是构建"思想道德与法治"课的政治基础，又是指导学习这门课的根本方法。列宁曾经指出，没有革命的理论，就不会有革命的行动。所以，学习这门课，要注重学会用马克思主义的立场、观点、方法，分析各种思潮和观点。

第二，要理论联系实际。要学好这门课，既要重视理论上的提高，更要付诸实践。知行统一、言行一致，既是学好这门课的最基本方法，又是思想道德修养的基本要求。只有做到这一点，才能把学到的基本原理变成指导行动的指南，才能把外在规范要求变成内在的需要并形成良好的个人品质。

总之，思想上重视、情感上触动、行动上自觉是学好这门课最基本的前提和方法。只有满腔热忱地去追求真理，才能做到与教学内容产生共鸣，引起思想上的共识。这样就能真正掌握这门课的精神实质，学到做人的道理。

在绪论部分，我们将围绕了解人生新阶段、认识新时代、把握时代机遇、不负历史使命、重视素质培养等内容展开讲解。

二、了解人生新阶段——大学对大学生人生发展的重要意义

来到大学，我们听到最多的一句话就是：大学是人生发展的新阶段。那么，大学"新"在哪里呢？

大学是人生发展的新阶段，主要是从以下几个角度来讲的：一是从身心发展的角度来说，大学是身心发育成长的高峰期或称快速成长期。二是从思想和心理发展的角度来说，大学阶段是思想逐渐成熟时期，也是心理从少年期向青年期急剧过渡的时期。三是从学业和事业的角度来说，大学阶段是开始获得专业知识，为今后的人生道路奠定事业基础、确定职业方向的时期。大学生生理发展成熟不仅为独立学习、生活提供了必要的生理前提和物质基础，而且直接影响大学生心理的发展变化。最突出的特征是：迅速走向成熟而又未完全真正成熟。从中学生到大学生，人人都觉得自己长大了，"成人感"明显增强。但由于知识储备和社会经验的不足，伴随着生活环境、人际交往环境、学习环境等方面的巨大变化，大学生新生开始进入生理成长与心理发展的冲突时期。正是因为这种特殊的时期，注定了大学是人生发展的新阶段。

大学阶段对于大学生人生发展的重要意义，可以从四个方面来理解：

第一，大学阶段是人才发展的定向时期。大学教育具有最明显的专业性特点。从同学们来到大学的那一刻起，专业方向就已经确定了。四年大学学习的内容都是围绕着这一大的方向来安排的。这种系统学习有助于培养同学们的专业兴趣，并且按照自己的兴趣去充实知识，建立起相应的专业知识体系。

第二，大学阶段是世界观、人生观、价值观形成的关键时期。有人曾说过这样一句话：每个人出生的时候都是一张白纸，而这张白纸会涂上怎样的色彩，取决于他们对这个世界的认识，从而决定了他们的世界观、人生观和价值观。从某种意义上来说，一个人的世界观一旦形成，那他的人生观和价值观也就形成了。但是，一个人的世界观、人生观和价值观不是一朝一夕就能形成的，而是随着人的成长慢慢建立起来的。

2014年5月4日，习近平总书记到北京大学考察。习近平总书记代表党中央，向全国各族青年致以节日问候，向全国广大教育工作者和青年工作者致以崇高敬意。习近平总书记这样寄语青年人："青年的价值取向决定了未来整个社会的价值取向，而青年又处在价值观形成和确立的时期，抓好这一时期的价值观养成十分重要。这就像穿衣服扣扣子一样，如果第一粒扣子扣错了，剩余的扣子都会扣错。人生的扣子从一开始就要扣好。"这个"穿衣扣扣子"的比喻恰如其分，内涵丰富，既指出了一个人在青年时期价值观养成的重要性，也展现了习近平总书记对中国青年未来的殷切期盼，希望青年从"扣好第一粒扣子"开始，自觉践行社会主义核心价值观，努力在实现中国梦的伟大实践中创造自己的精彩人生。而大学阶段正是人的世界观、人生观、价值观形成的关键阶段。大学生思维能力的培养，自我意识的发展，为树立正确的世界观、人生观、价值观奠定了内在条件和基础。

第二，大学阶段是优良品格塑造的重要时期。品格是指个人的人品和做事风格。一个人的基本素质，决定了这个人回应人生处境的模式。品格有好有坏，有道德的也有不道德的。瑞士著名心理学家荣格认为，性格决定命运。大千世界中的芸芸众生，为什么有的人春风得意，有的人却黯然无光？为什么有的人财运亨通，有的人却一贫如洗？每个人的性格不同，正是导致每个人具有不同的命运的原因之一。性格是品格的重要组成部分，是人稳定的心理特征，表现在人对现实的态度和相应的行为方式上。人们对现实的态度和行为模式的结合就构成了一个人区别于他人的独特的性格。一般来讲，人的外在容貌与生物遗传因素有关，但是性格是在一定的社会文化背景下产生的，所以也是社会文化的产物。

心理学家做过一个情感剥夺实验：把一同生下的小猴子分成两组，一组放在铁笼子里，用奶喂养，什么也没有；另一组给它们用长毛绒做了个假妈妈，吃完奶它们可以在假妈妈身上玩。实验结果表明：小猴子慢慢长大后，没有假妈妈的这一组胆子比较小，性格暴躁，不合群，与人不好接近；有假妈妈的这一组正好相反，不胆小，合群，与人容易接近。这说明在婴幼时期特别是儿童时期剥夺了母爱就会使他们的性格扭曲，表现为不好的行为和个性。情感剥夺实验说明：在婴幼儿时期对孩子进行良好的心理抚育对一个人形成良好的性格是很重要的。如果说，在我们人生旅途中，有一样东西能够赋予一个人真正而持久的力量，那就是优秀的内在品格。品格使一个人的魄力得以展现，使一个人的道德影响得以产生；是一个人征服他人的武器，也是一个人获得崇高地位的基础。优良品格的养成不仅需要丰富的知识，还需要健康的体魄、良好的教养、广泛的兴趣、高尚的情操和真正的智慧。大学阶段正是优良品格塑造的重要时期，思想道德知识和法律知识的学习与践行，有助于塑造优良的品格，提升自己的思想道德素质与法治素养。

第三，大学阶段是社会化趋于完成的宝贵时期。社会化是指个体在与社会的互动过程中，逐渐养成独特的个性和人格，从自然人或生物人成长为社会人的过程。大学生处于步入社会就业的准备时期，处于即将承担成人责任的过渡阶段，是一个学习、准备成为社会独立成员的阶段。大学生通过大学的教育、学习、实践等活动，在掌握专业知识、技能的同时，形成科学的世界观、人生观、价值观、道德观和法治观，从而为不断适应社会、融入社会、服务社会，最终完成由生物人向社会人的转变打下基础。

三、读懂历史方位——认识中国特色社会主义新时代

2017年10月18日，中国共产党十九大召开，一个新词开始流行：新时代。"经过长期努力，中国特色社会主义进入了新时代，这是我国发展新的历史方位。"这一论断一提出即受到热议。古人云："辨方位而正则。"中国特色社会主义进入了新时代，这一重大政治判断不是凭空作出的，而是有着充分的历史、时代、理论和实践的依据。概括说来，这一判断是基于我国发展进入新阶段、中国共产党领导人民长期奋斗取得的伟大成就，基于社会主要矛盾发生新变化，基于党的奋斗目标有了新要求，基于我国面临的新国际环境而提出的。可以说，这一判断符合实际、顺应潮流，是发展进步、矛盾运动、历史变革的必然结果，也是谋划未来发展、开拓光明前景的战略起点。

（一）新时代的基本内涵

对于"新时代"是什么样的时代，党的十九大报告作了精辟概括："这个新时代，是承前启后、继往开来、在新的历史条件下继续夺取中国特色社会主

义伟大胜利的时代，是决胜全面建成小康社会、进而全面建设社会主义现代化强国的时代，是全国各族人民团结奋斗、不断创造美好生活、逐步实现全体人民共同富裕的时代，是全体中华儿女勠力同心、奋力实现中华民族伟大复兴中国梦的时代，是我国日益走进世界舞台中央、不断为人类作出更大贡献的时代。"这五句话从不同侧面对新时代的本质内涵作出了高度概括。

一是从社会主义发展史的角度，阐明新时代是夺取中国特色社会主义伟大胜利的时代，阐明了新时代的伟大事业和中国要举什么样的旗、走什么样的道路的问题。二是从现代化发展目标的视角，阐明新时代是中国现代化的一个非常重要的时期，就是决胜全面建成小康社会、进而全面建成社会主义现代化强国的时代，这就讲明了新时代我们要完成什么样的历史任务、进行什么样的战略安排的问题。三是从以人民为中心的发展思想和共享发展理念的视角，阐明新时代是人民更幸福的时代，讲明了新时代要坚持什么样的发展思想、达到什么样的发展目的的问题。四是从民族复兴的视角，阐明新时代是实现中国梦的时代。五是从国际视角，阐明新时代中国的国际地位和对人类社会作出更大贡献的问题。

习近平总书记论述新时代五个方面的基本内涵，体现了中国特色社会主义新时代的近期目标和长远目标、现实价值和未来价值的统一，也体现了新时代的中国价值和世界价值。这五句话相互关联、相互统一，深刻阐明了中国特色社会主义进入新时代的历史性贡献。总之，中国特色社会主义新时代，本质上就是中华民族实现强起来的时代，我们要在全面建成小康社会的基础上，分两步走，在21世纪中叶把我国建成富强、民主、文明、和谐、美丽的社会主义现代化强国，实现中华民族伟大复兴的中国梦。

（二）新时代的重大意义

在党的十九大报告中，"新时代"一词的出现频率高达35次，可见其划时代的意义。党的十九大报告阐述新时代有"三个意味着"：

一是意味着近代以来久经磨难的中华民族迎来了从站起来、富起来到强起来的伟大飞跃，迎来了实现中华民族伟大复兴的光明前景。对中华民族来说，这是迎来实现伟大复兴光明前景的新时代。近代以来，西方列强的坚船利炮打开了中国的大门，中国人民遭受了战乱频仍、山河破碎、民不聊生的深重苦难，中华民族陷入了沉沉的黑暗之中。为了改变悲惨命运，中国共产党带领人民浴血奋战、艰辛探索、开拓创新，取得了革命、建设和改革的一个个胜利，使久经磨难的中华民族迎来了从站起来、富起来到强起来的伟大飞跃。身处新时代，中华民族从未像今天这样扬眉吐气、傲立东方，中国人民从未像今天这样自信满满、豪情万丈。

二是意味着科学社会主义在21世纪的中国焕发出强大生机活力，在世界上高高举起了中国特色社会主义伟大旗帜。对科学社会主义来说，这是在世界上高高举起中国特色社会主义伟大旗帜的新时代。500年前，世界社会主义的大幕徐徐拉开，从空想到科学、从理论到实践、从一国到多国，在人类文明进步的舞台上演绎了一幕幕社会主义兴衰成败的壮阔史诗。在20世纪90年代初，世界社会主义运动陷入低谷，一些人对社会主义的前途产生悲观情绪，质疑"中国的红旗到底还能打多久"。30多年过去了，中国特色社会主义不仅大旗未倒，反而焕发出强大生机活力，奏响了科学社会主义在曲折中奋起的壮丽凯歌。

三是意味着中国特色社会主义道路、理论、制度、文化不断发展，拓展了发展中国家走向现代化的途径，给世界上那些既希望加快发展又希望保持自身独立性的国家和民族提供了全新选择，为解决人类问题贡献了中国智慧和中国方案。对整个世界来说，这是中国为解决人类问题贡献智慧和方案的新时代。

现代化，是人类社会文明进步的重要标志，是世界各国特别是发展中国家孜孜以求的目标。一段时间以来，西方国家曾宣称，欧美模式是走向现代化的唯一途径，除此之外别无他途。然而欧美模式并没有带来现代化的福音，反而使一些国家尝尽了照搬西方模式的苦果。相比之下，中国特色社会主义道路越走越宽广，道路自信、理论自信、制度自信、文化自信，"四个自信"不断彰显，开创了一条迥异于西方的走向现代化之路。事实雄辩地证明，走向现代化的路径不是唯一的，中国道路为世界上那些既希望加快发展又希望保持自身独立性的国家和民族提供了全新选择。

这"三个意味着",从历史和现实、理论和实践、中国和世界相结合的维度,深刻阐明了中国特色社会主义进入新时代的历史意义、政治意义、世界意义。新时代是我们理解当前所处历史方位的关键词。立足新时代,大学生要抓住所面临的历史机遇,明确历史使命,把自己的命运同中华民族伟大复兴的中国梦紧密相连,自觉把个人理想追求融入国家和民族的事业中,融入社会主义现代化强国和中华民族复兴的伟大进程中,勇做走在时代前列的奋进者、开拓者,书写无愧于时代的青春之歌和精彩人生。

四、把握时代机遇——让中国梦成为青春的注脚

同学们,新时代的中国充满新希望,新时代的发展迎来了新机遇。那么,我们又该如何把握这个历史机遇呢?

(一)机遇与时代机遇

机遇,即时遇,通常被理解为有利的条件和环境。每个时代有每个时代的机遇。机遇对于每一个人来说都至关重要。我们常用机不可失、百年不遇、千载难逢来形容机遇对人的重要性。机遇决定人生走向。我们来看几个真实的故事。

1910年夏天的一天,在韶山冲发生了一场父子争论。争论的焦点是:已满16岁的毛泽东是该到湘潭米铺做学徒,还是进洋学堂做学生。前者是父亲毛顺生的要求,后者是儿子毛泽东的愿望。毛泽东之所以要走出韶山冲,也是因为他有了一个梦:立志救国救民。他非常清楚,要实现这个梦,只有通过读书练就本领这个途径。

大家都知道周恩来有一句著名的话:为中华之崛起而读书。这句话产生的背景是什么呢?周恩来是如何把握时代机遇的呢?周恩来祖籍浙江绍兴,在血统上与鲁迅为本家。在历史上,绍兴乃物华天宝、人文荟萃之地。周恩来所属的宝祐桥周氏,仅在清代就出过两位进士、五位举人。虽然周恩来自小生活在书香门第的环境中,但就家庭来说,周恩来出生在一个封建官宦家庭,到他的父辈已经衰落,家中的进益甚至不能维持生活。从6岁开始,他就随着两位母亲一次又一次地搬迁漂泊,而且家中也遭受了重大变故。在9岁到10岁

间,其生母和嗣母先后去世。幼小的他带着两个弟弟在族人的帮助和接济下度日,受了不少屈辱。国家的动荡、家庭的衰落、生活的艰辛,让周恩来过早看到了当时社会的黑暗腐败,也为他从小产生为国家而努力的志向打下基础。面对这样的时代,他觉得他要到国外去寻找能够挽救国家的道路。所以,他走出国门,立志寻求拯救中国的道路。1917年,19岁的周恩来在去往日本留学之前,为送别他的同学写下了"愿相会于中华腾飞世界时",这是周恩来在100多年前的中国梦。他也始终在为这个梦想奔波着,为此他坚持了一辈子。1976年,在他逝世的时候,出现了十里长街百万群众洒泪送别的感人情景,这是因为,周恩来为了他的梦想始终在追寻改变社会的道路。他不断地学习,不断地实践,不断地思考,这一走就走了50多年。其中,26年的总理任期,日理万机,鞠躬尽瘁。他离去,身后没有子女也没有财产,甚至连自己的骨灰也洒向了祖国大地。面对十年"文革",青年习近平同样作出了自己的选择。1969年,17岁的习近平从北京到陕北的延川县文安驿公社梁家河大队插队落户,整整7年时间,习近平住在陕北窑洞里,与农民一起生活、一起劳动,扛200斤麦子走十里山路不换肩。

习近平总书记曾经回忆说:"7年上山下乡的艰苦生活对我的锻炼很大。最大的收获有两点:一是让我懂得了什么叫实际,什么叫实事求是,什么叫群众,这是让我获益终生的东西。二是培养了我的自信心。记得父亲要求我们从小就要做讲团结和善于团结的人。走上社会后,对这一点的体会就更深刻了。"正是这些经历和青年时期磨砺出的淳朴、稳健、自信、魄力,在成为国家领导人之后,他时时不忘走访最贫苦的农民,体会他们的苦楚,思考国家的责任。

1997年党的十五大前夕,曾经有这样一首歌歌唱新时代:"我们唱着东方红,当家作主站起来,我们讲着春天的故事,改革开放富起来,继往开来的领路人,带领我们走进那新时代,高举旗帜开创未来。"我们这代人听着《走进新时代》这首歌,怀揣着对于新时代的向往,马不停蹄地奋斗着。一首歌象征着一个时代,中国终于实现了从"站起来"到"富起来"。与以往不同的是,这次提出的新时代是全面开启中华民族强起来的新时代。

（二）把握新时代机遇

2016年1月3日，习近平总书记在中国航天科技集团公司中国空间技术研究院视察时曾这样勉励青年："中国梦是我们的，更是你们青年一代的。中华民族伟大复兴终将在广大青年的接力奋斗中变为现实。"

新时代呼唤新青年。站上新的历史方位眺望，生逢其时是我们这一代大学生的最大机遇，按照宏伟蓝图的擘画设计，从全面建成小康，到基本实现社会主义现代化，再到把我国全面建成社会主义现代化强国，我们大学生将完整经历实现新时代目标的伟大进程。我们既是实现目标的生力军，也将是目标实现的受益者。新时代为我们大学生成长成才、勤学报国提供了广阔的舞台和无限的机遇。面对中华民族日益走进世界舞台中央这样一个伟大的时代，我们大学生不仅要有梦想，更要有铸梦圆梦的志气和勇气。

那么，如何把握时代机遇呢？

2017年5月3日，习近平总书记在考察中国政法大学时发表重要讲话指出："青年处于人生积累阶段，需要像海绵汲水一样汲取知识。"我们要学习好课业知识，打牢专业基础。要多读好书，从经典中汲取内涵、启思明智，还要通过校园活动、社会实践等拓宽视野、增长才干。

大学生把握时代机遇，要做好五个方面的自我修炼：一要志存高远。青年之志是人生之基，青年的志向决定了青年的人生能走多远、走多高，九死未悔、不改其志。二要勤奋好学。一勤天下无难事，勤于学习是青年走向人生巅峰的必经之路，也是积累的重要路径。大学生不但要学习各项基础知识，还要学习先进的理论知识，更要提升运用知识的能力。三要强健体魄。身体是革命的本钱，只有把健康牢牢地把握住，才能更好地为国家和人民作出贡献。四要求真向善。树立正确的三观，扣好人生的第一粒扣子，是青年迈出的关键一步。人生的第一步至关重要，走得稳不稳，走得直不直，直接决定了今后人生发展的方向，也决定了人生的价值高度。五要实践创新。实践出真知，青年只有自觉投身于时代的实践之中，才能不断检验自身水平与时代所需之间的差距，才能立于时代潮头，引领时代风尚。

"志之所趋，无远弗届，穷山距海，不能限也。"希望我们大学生，能够把握时代机遇，不忘初心，牢记使命，追逐梦想，奋勇担当；要志存高远，珍惜韶华，脚踏实地，修炼本领；要牢牢把握中国特色社会主义新时代际遇，在放飞梦想，铸梦、圆梦中肩兹砥柱中流之社会国家责任。

五、不负历史使命——做担当民族复兴大任的时代新人

习近平总书记在党的十九大报告中提出，要"培养能够担当民族复兴大任的时代新人"。这一重要思想观点，充分体现了新时代新使命对人的全面发展的新要求，深刻回答了党在新时代"培养什么样的人、如何培养人、为谁培养人、坚持什么标准、实现什么目标"等根本问题，是理论与实践、目标与方法、长远与当下的有机结合、相互统一，为新时代中国特色社会主义的人才培养指明了方向。

（一）培养担当民族复兴大任的时代新人

"功以才成，业由才广。"我们党历来重视培养什么样人的问题，始终把培养一代新人作为重要任务。

革命战争年代，我们党注重教育群众认清苦难生活的根源，并团结带领人民群众为民族独立和人民解放而奋斗。新中国成立后，我们党提出培养又红又专的社会主义建设者。改革开放新时期，我们党提出培养有理想、有道德、有文化、有纪律的社会主义公民。中国的革命、建设和改革事业，就是靠一代又一代新人接续奋斗而取得成功的。

当今世界，综合国力竞争说到底是人才竞争。人才是实现民族振兴、赢得国际竞争主动的战略资源。面对日趋激烈的国际竞争，一个国家发展能否抢占先机、赢得主动，越来越取决于国民素质特别是广大劳动者的素质。

党的十九大把"我国日益走近世界舞台中央、不断为人类作出更大贡献"作为中国特色社会主义进入新时代的重要标志之一，同时提出要"培养造就一大批具有国际水平的战略科技人才、科技领军人才、青年科技人才和高水平创新团队"。这就充分表明培养时代新人对于我国在今后日趋激烈的国际竞争中赢得主动、为人类作出更大贡献具有重大战略意义。

"盖有非常之功，必待非常之人。"只有培养一大批担当民族复兴大任的

时代新人，特别是培养造就一大批高素质的领导人才和其他各方面人才，才能在日趋激烈的国际竞争中赢得主动，才能为人类和平与发展贡献中国智慧和中国方案。

（二）时代新人的基本要求

2021年4月19日，习近平总书记到清华大学考察，他指出，"当代中国青年是与新时代同向同行、共同前进的一代，生逢盛世，肩负重任"，"广大青年要肩负历史使命，坚定前进信心，立大志、明大德、成大才、担大任，努力成为堪当民族复兴重任的时代新人，让青春在为祖国、为民族、为人民、为人类的不懈奋斗中绽放绚丽之花"。这就给我们启示：作为"时代新人"，既要有崇高的理想，也要具有高尚的道德品质，具备履行时代责任的过硬本领和复兴民族大业的担当精神。

1. 立大志，把握人生方向

理想指引人生方向，信念决定事业成败。人的理想信念是人生目的的最高体现，也是人生发展的内在动力。树立远大志向，才能把握正确的人生方向。当今中国最鲜明的时代主题，就是实现"两个一百年"奋斗目标，实现中华民族伟大复兴的中国梦。当代青年要顺应时代大势，勇立时代潮流，坚定与时代同向同行的信心，同人民一道拼搏，同时代一道前进，服务人民，奉献祖国，书写无悔于时代的青春篇章。要在服务国家社会中成大业，将"小我"融入"大我"之中，积极投身于经济社会发展的主战场，肩负起时代赋予的历史使命。

2. 明大德，锤炼高尚品格

广大青年要把正确的道德认知、自觉的道德养成、积极的道德实践紧密结合起来，自觉树立和践行社会主义核心价值观，带头倡导良好社会风气。要加强思想道德修养，自觉弘扬爱国主义、集体主义、社会主义思想，积极倡导社会公德、职业道德、家庭美德。要牢记"从善如登，从恶如崩"的道理，始终保持积极的人生态度、良好的道德品质、健康的生活情趣。要倡导社会文明新风，带头学雷锋，积极参加志愿服务，主动承担社会责任，热诚关爱他人，多做扶贫济困、扶弱助残的实事好事，以实际行动促进社会进步。

3. 成大才，练就过硬本领

梦想从学习开始，事业靠本领成就。伴随着人类文明的不断进步和经济全球化的不断发展，未来国家间的竞争会更加激烈，国家实力的增强和国际竞争力的提升将更加倚重知识价值的增加。因此，人才的培育尤其是学习能力和技能水平、应用实践能力的提升，是未来国家发展和中华民族复兴不可或缺的条件和支撑。2013年5月4日，习近平总书记同各界优秀青年代表座谈时深切指出："青年人正处于学习的黄金时期，应该把学习作为首要任务，作为一种责任、一种精神追求、一种生活方式，树立梦想从学习开始、事业靠本领成就的观念，让勤奋学习成为青春远航的动力，让增长本领成为青春搏击的能量。"

4. 担大任，肩负时代使命

一代人有一代人的使命。新时代青年必须准确把握我国社会发展所处的新的历史方位，深刻理解新时代、新矛盾、新使命、新方略、新征程的科学内涵和具体要求，从而坚定为建设富强民主文明和谐美丽的社会主义现代化强国而奉献青春的信心和决心。

天下兴亡、匹夫有责的担当精神体现为奉献祖国、服务人民、尽心尽力、勇于担责。希望同学们自觉树立国家意识、民族意识、责任意识，把个人前途命运与国家民族的前途命运紧紧地联系在一起，在尽责集体、服务社会、贡献国家中实现人生理想和人生价值。

六、重视素质培养——不断提升思想道德素质与法治素养

思想道德素质与法治素养是人的基本素质，它体现了人们协调各种关系、处理各种问题时所表现出来的是非判断能力和正确行为能力，是政治素养、道德品格和法律意识的综合体，是新时代大学生必须具备的基本素质。为什么新时代的大学生必须具备思想道德素质与法治素养？要理解这个问题，我们首先从基本概念开始学习。

（一）思想道德与法律

思想道德是依靠人们的内心信念、传统习惯和思想教育调整的行为规范。

法律则是由国家制定或认可，并由国家强制力保证其实施的行为规范。思想道德与法律都是调节人们思想行为、协调人际关系、维护社会秩序的重要手段。

我们在前面讲述"大学对大学生人生发展的重要意义"中提到过，大学是人的社会化趋于完成的宝贵时期。一个人要安身立命、成长成才、贡献社会，需要不断地调整自身与他人、与集体、与社会、与国家的关系，逐渐完成自身政治社会化、道德社会化、职业社会化和角色社会化。其中，最为重要的就是要正确认识自己、认识他人、认识社会，学习和掌握社会道德和法律规范，正确规范自己的行为，提升自己的综合素质。

思想道德和法律虽然在调节领域、调节方式、调节目的、调节内容等方面有很大不同，但是二者都是上层建设的重要组成部分，共同服务于一定的经济基础。二者的联系表现在：法律是准绳，任何时候都必须遵循；道德是基石，任何时候都不可忽视。两者既相互区别，又相互渗透、相互支持、相互补充、相互转化。

如何理解二者的关系呢？

2020年5月28日，《中华人民共和国民法典》经第十三届全国人民代表大会第三次会议审议通过，于2021年1月1日起施行。其中第一百八十四条被称为"好人条款"，这一条款规定："因自愿实施紧急救助行为造成受助人损害的，救助人不承担民事责任。"以法律形式匡正社会风气、鼓励见义勇为，纵然"好心办坏事"，好人也免责。这样的内容充分体现了社会主义核心价值观。

近年来，见义勇为者"救人未果反被追责"的现象屡有发生，导致人们不敢见义勇为。例如，发生在江苏南京的彭宇案曾一度引起类似"扶不扶老人"问题的社会道德反思；2011年，广东发生的"小悦悦"事件再度将道德大讨论推向高潮，社会对善意救助者反遭诬陷议论不断，甚至质疑社会道德和法律的引导性。为了鼓励公民对不承担救助义务的他人实施救助，该条款赋予了善意施救者必要的责任豁免权，极大地降低了善意施救者所要承担的风险，保护了善意施救者。

由此可见，二者区别在于，法律通过惩罚罪恶来伸张正义，道德通过褒扬善行来匡扶正义。法律有效实施有赖于道德支持，道德践行离不开法律约束。法律难以规范的领域，道德可以发挥作用；道德无力约束的行为，法律可以践行惩戒。正如习近平总书记在主持十八届中共中央政治局第三十七次集体学习时（2016年12月9日）指出，法律是成文的道德，道德是内心的法律。法律和道德具有规范社会行为、调节社会关系、维护社会秩序的作用，在国家治理中都有其地位和功能。法安天下，德润人心。法律有效实施有赖于道德支持，道德践行也离不开法律约束。法治和德治不可分离、不可偏废，国家治理需要法律和道德协同发力。所以，坚持和发展中国特色社会主义，既要发挥思想道德的引领和教化作用，又要发挥法律的规范和强制作用。

（二）思想道德素质与法治素养

2016年12月9日，习近平总书记在十八届中共中央政治局第三十七次集体学习时指出，要提高全民法治意识和道德自觉。法律要发挥作用，首先全社会要信仰法律；道德要得到遵守，必须提高全体人民道德素质。要加强法治宣传教育，引导全社会树立法治意识，使人们发自内心信仰和崇敬宪法法律；同时要加强道德建设，弘扬中华民族传统美德，提升全社会思想道德素质。由此可见，大学生提升自己的思想道德素质与法治素养，既是国家治理的需要，也是大学生自身成长所需。

思想道德素质与法治素养是新时代大学生应具备的基本素质。思想道德素质是人的思想观念、政治立场、价值取向、道德情操和行为习惯等方面品质和能力的综合体现，反映了一个人的思想境界和道德风貌，是促进个体健康成长、社会发展进步的重要保障和基础。

法治素养是指大学生通过学习法律知识、理解法律本质、运用法治思维，依法维护权利与依法履行义务的素质、修养和能力，对于保证人们尊崇法治、遵守法律具有重要的意义。我们看一个案例，2020年2月2日，西北某大学网站发布一则通告：因违反防疫规定，擅自提前返校，该校两名学生被予以警告处分。这件事告诉我们规则意识的重要性。社会是由人集合而成的。人们活动的目的往往不同，如果没有一个规矩来约束，各行其是，社会就会陷入无秩序的混乱中。一个强大的国家，需要有规则意识和理性成熟的公民。特别是面对疫情的时候，更需要我们遵守规则，用更加理性和客观的态度对待当前发生的一切，绝不能做无视规则、失去理性的事情。

大学生良好的思想道德素质现法治素养是在学习中升华、内省中完善、自律中养成、实践中锤炼的结果。新时代为同学们的成长成才提供了广阔的舞台，也提出了更高的能力和素质要求。希望同学们通过理论学习和实践体验，牢固树立坚定的理想信念和正确的价值观念，陶冶高尚的道德情操，增强尊法学法守法用法的自觉性，不断提高自身的思想道德素质和法治素养。

第三部分　教学拓展

一、课后思考

1. 结合新时代大学生的使命，谈谈如何规划自己的大学生活。

2. 为什么说思想道德和法律如车之两轮、鸟之两翼，相辅相成、缺一不可？

3. 结合新时代的需要，谈谈大学生为什么要成为"德法兼修"的时代新人。

二、备课参考

1. 习近平：《在纪念五四运动100周年大会上的讲话》，人民出版社2019年版。

2. 中央党校采访实录编辑室：《习近平的七年知青岁月》，中共中央党校出版社2017年版。

3. 视频《旗帜｜习近平的七年知青岁月》，中国青年网新闻频道。

4. 王进业、孟娜、许林贵：《习近平与新时代的中国》，新华网2019年9月30日。

5. 《〈思想道德与法治〉辅导用书》编写组：《〈思想道德与法治〉辅导用书》，高等教育出版社2020年版。

三、实践活动

1. 主题演讲

内容：我期待的"德法"课——我与新时代。

目的：尽快适应大学生活，理解新时代的基本内涵及对大学生的重要意义。

操作：以小组为单位，围绕"我与新时代"这一主题，准备演讲稿，演讲稿字数不低于800字，并在班级进行演讲。

2. 校园访谈

内容：如何尽快适应大学生活。

目的：加深对大学生活的感性认识，尽快适应大学生活。

操作：以小组为单位，进行问卷调查和个案访谈，撰写一篇高年级同学完成由中学生到大学生的转变情况的调查报告，字数不低于2000字，并在班级进行交流。

第一章　领悟人生真谛　把握人生方向

第一部分　教学概况

本章概述	本章主要包含三个方面的内容：一、人生观是对人生的总看法；二、正确的人生观；三、创造有意义的人生。
学时安排	理论学时 6 学时（含课堂活动）
教学目的与教学目标	本章的教学目的：引导和帮助学生系统认识马克思主义的人生观、人生价值理论，深刻理解马克思主义关于个人与社会关系的基本原理，确立科学、高尚的人生观、价值观，掌握科学认识和正确处理人生问题的立场、观点和方法；引导和帮助学生正确选择人生价值的标准，正确把握人生价值的实现条件，以科学方法对待人生矛盾，树立"服务人民、奉献社会"的人生追求。 　　本章教学目标包括知识、价值、能力三个目标。 　　知识目标：科学认识人的本质，了解和掌握人生观、价值观的概念，理解个人与社会的辩证关系，辩证看待人生矛盾，掌握人生价值的标准与评价及人生价值实现的条件。 　　价值目标：正确认识自我价值和社会价值的辩证关系，树立科学高尚的人生追求，正确评判人生价值，在奉献和奋斗中成就出彩人生。 　　能力目标：培养运用正确的价值观判断是非、善恶、美丑和选择正确行为的能力；保持积极进取的人生态度；能够正确认识和处理人生矛盾；在"服务人民、奉献社会"中不断提高实践能力、创造能力，实现自我价值与社会价值的统一。

本章 教材分析	本章在本教材中居于重要地位。大学是人生发展的新阶段，怎样才能不虚度人生？这是萦绕在每一位大学生心头的青春之问。本章内容从大学生成长过程中面临的思想道德和法律问题出发，帮助大学生深入学习马克思主义人生观理论，为后面的学习打下理论基础。 　　首先，本章与第二章、第三章同属于思想政治教育的内容。通过设置关于人生教育的内容，从而使个人对待人生的价值态度与个人对待共产主义理想信念、中国特色社会主义的价值态度和个人对待祖国的价值态度融为一体，形成一个以理想信念为核心，以爱国主义为重点，以正确的人生目的、端正的人生态度、科学的人生价值标准为基本内容的人生观、价值观教育体系。 　　其次，本章从对马克思主义人生观基本理论阐释出发，依次开展马克思主义的世界观、人生观、价值观、道德观、法治观教育，呈现出本教材精心设计的教学主线，最后落在教育和引导大学生提高思想道德素质和法治素养，成长为自觉担当民族复兴大任的时代新人的教学目的上。
教学 重点难点	教学重点： 1. 人生观的基本内容； 2. 马克思主义关于人的本质的论断； 3. 个人与社会的关系； 4. 创造有意义的人生。 教学难点： 1. 科学应对和处理人生矛盾； 2. 正确评判人生价值； 3. 树立科学高尚的人生追求。
教学设计	采用线上和线下混合式教学方法。本课程线上教学在中国大学MOOC平台。 线下教学专题： 一、如何正确认识和处理人生矛盾？ 二、如何理解人生的自我价值和社会价值之间的关系？ 三、为什么说"服务人民、奉献社会"是科学高尚的人生追求？

第二部分　教学转化

一、导学——领悟人生真谛，把握人生方向

同学们好！从今天开始，我们学习第一章——人生的青春之问。

怎样才能不虚度人生？这是每一个青年大学生都不能回避的问题。2003年，《海外文摘》刊登了这样一个故事：在法国里昂有一个牧师叫内德·兰塞姆，他一生中接受了无数人的临终忏悔，很多忏悔都是对人生的感悟，他觉得非常有意义，特别想把它整理出来编辑成书，以警示世人。后来突发一场大火，把他所有资料全烧毁了。这个时候，他已年老体弱，再也没有精力整理这些忏悔。最后，他在自己的墓碑上留下了这样的至理名言："假如时间可以倒流，世界上将有一半的人可以成为伟人。"

是啊，如果时光可以倒流，我们会避免犯过的错，人生也会更加充实完满。可惜，生命是向死而生的人生历程，时光流逝，不能重来，站在生命意义的高度来思考"人是什么""人生为了什么""怎样的人生更有意义"等问题，对于我们今后的成长成才是至关重要的。

同学们中学期间都看过苏联著名文学著作《钢铁是怎样炼成的》。作者以自己的亲身经历描述了主人公保尔·柯察金的苦难童年及在战争烽火中艰苦劳动的人生经历，在这过程中，他锤炼了意志，确立了崇高的理想信念。当他双目失明、全身瘫痪后，仍坚持工作，并为青年写书。书中鲜明的主题就是：为着一个崇高的理想而献身，自己的生命才具有真正的价值。由此，我们也记住了他的至理名言："一个人的生命应当这样度过：当他回首往事的时候，不会因虚度年华而悔恨，也不会因碌碌无为而羞愧！"

大学时代，是大学生形成正确世界观、人生观、价值观的关键时期。在这个时期，系统学习相关理论，深入思考人的本质是什么、人生为了什么、怎样的人生更有意义等问题，明辨是非、善恶、美丑的界限，有助于我们直面人生矛盾，正确处理个人与社会的关系，在社会的大舞台实现自我价值。面对

世界的复杂变化，面对信息时代各种思潮的相互激荡，面对纷繁多样的社会现象，面对学业、情感、职业选择等多方面的考量，大学生要学会在科学理论指导下，把自己的人生追求同国家发展进步、人民伟大实践紧密结合起来，通过不竭努力实现人生价值。

本章共分三节：第一节，人生观是对人生的总看法；第二节，正确的人生观；第三节，创造有意义的人生。我们将用三周时间，从人的本质入手，围绕在人的生命历程中会遇到的一些重大人生问题，如人生观、人生价值的评价和实现、创造有意义的人生等内容展开讲述。

二、正确认识人的本质——人生是个社会化的过程

斯芬克斯之谜是一个神话。斯芬克斯是古希腊神话中一个怪兽。相传在众神居住的奥林匹斯山上的一块石碑上刻着一句箴言，主神宙斯想把这句箴言告诉人类，于是他派斯芬克斯来到人间。斯芬克斯把这句箴言编成一个谜语："什么动物早晨四条腿走路，中午两条腿走路，傍晚三条腿走路？"它每天坐在忒拜城附近的悬崖上，拦住过往的路人，用谜语问路人，猜不中者就会被它吃掉。这个谜语给当时的忒拜城居民带来了巨大的灾难。后来忒拜国王的儿子俄狄浦斯从那里经过，猜中了正确答案，谜底就是——人。在人的幼年时期，像生命的早晨，人用两条腿和两只手爬行；在人的青年时期，像生命的中午，人用两条腿走路；到人的老年时期，像生命的傍晚，人年老体衰，必须借助拐杖行走，所以，被比喻为三条腿。斯芬克斯听到答案，羞愧得大叫一声跳崖而死。然而，斯芬克斯之谜并没有真正解开。

虽然，人的一生可以大致划分为幼年、青年和老年三个时期，但无论是四条腿、两条腿和三条腿都无法概括人的本质。俄狄浦斯还是未能回答"人到底是什么"的问题。同学们可以想象一下，斯芬克斯的谜底是不是也可以是一只猴子：早晨四脚着地出门，中午两脚着地摘果实，下午一只手抱着果实回家。我们最终得到的只是人可能的形态，而不是人的全部。我国古人曾说：天地之间，人为贵。为什么"贵"？西汉哲学家董仲舒说："人受命于天，固超然异于群生。入有父子兄弟之亲，出有君臣上下之谊；会聚相遇，则有耆老长

幼之施，粲然有文以相接；欢然有恩以相爱，此人之所以贵也。"西方古希腊哲学家普罗泰戈拉认为："人是万物的尺度，是存在的事物存在的尺度，也是不存在的事物不存在的尺度。人一半是天使，一半是野兽。"

但是，人贵于何处？怎样超然异于群生？他作为万物尺度的标志在哪里？千百年来，无数哲人智者苦苦求索，其中不乏真知灼见，为科学解释人的本质提供了大量的思想资料。马克思在吸取了人类思想史上一切优秀的文化成果，特别是吸收了黑格尔的辩证法和费尔巴哈唯物主义的合理内核，在唯物史观的基础上，提出了自己的观点。

（一）马克思主义关于人的本质的认识

马克思在《关于费尔巴哈的提纲》中指出："人的本质并不是单个人所固有的抽象物。在其现实性上，它是一切社会关系的总和。"马克思关于人的本质问题的经典表述开创了科学人生观研究的新视野。我们可从三方面来理解马克思的论述：

第一，人的本质属性在于社会性。人具有自然属性和社会属性。自然属性是指人的肉体存在及其特性。人的自然属性表明了人和动物的联系和共同性，而不能说明人和动物的根本区别，因而不是人的本质属性。社会属性是人与周围事物发生关系时，表现出来的人类独有的特性。具体来说包括两个方面：在人与动物相区别的层次上，人的本质在于社会劳动；在人与人相区别的层次上，人的本质在于社会关系。人的社会属性把人和其他动物区别开来。社会属性是人的本质属性。

第二，人的本质是一切社会关系的总和。劳动创造了人，劳动的创造性一方面表现在人类用自己制造的工具改造客观事物，创造了自然界中没有的巨大物质财富。另一方面，表现在人类在劳动的过程中、在改造自然的活动中不是彼此分割、孤立的，而是结成一定的社会关系，正是在社会关系中才形成了人的本质。生产劳动及在生产劳动基础上形成的各种社会关系，既区别了人与动物，又把不同时代、不同社会制度、不同阶级和阶层的人区别开来了。

第三，人的本质是具体的、历史的。人的本质是一切社会关系的总和，而社会关系不是固定不变的，因此，人的本质也不是永恒的，它是随着社会生产力和生产关系的矛盾运动而不断变化、深化和发展的。人们之间的社会关系的历史变动性，决定了人的本质的具体历史性。在阶级社会，人们的社会关系主要表现为阶级关系，人的社会性主要表现为阶级性。

如何理解人的本质的社会属性呢？1920年，在印度加尔各答附近的一个山村里，人们在打死了一只狼后，在狼窝里发现了2个由狼抚养大的女孩：其中大的8岁，后被取名为卡玛拉；小的2岁，取名为阿玛拉。阿玛拉因体弱，不久死去。由于她们自幼远离人类社会，在狼窝里长大，所以一切生活习性都与狼别无二致。比如：她们不会直立行走，只能用四肢爬行；白天睡觉，晚间出来活动；怕光、怕火，不吃素食和熟食，只吃生肉，而且不会用手拿着吃，而是放在地上用牙齿撕咬；她们不会说话，只会像狼一样引颈长嚎。在孤儿院人员的耐心抚养下，卡玛拉用了2年的时间学会站立，6年的时间学会走路，到1929年她去世时（17岁），一共学会了45个词和几句简单的话，智力水平仅相当于4岁儿童。"狼孩"是人吗？显然不是，因为狼孩仅具有人的外形，不具有人的社会属性。所以，全面把握人的本质，必须把人放在以生产关系为基础的各种社会关系中进行综合考察。人才成长和价值实现也必然在一定的社会环境中去完成。离开了一定的社会关系谈人才成长，只能是无水之源，无本之木。马克思关于人的本质的论断，在人类历史上第一次科学说明了人的本质，为人们认识人生、形成正确的人生观提供了科学的方法论。

（二）人的本质与大学生的社会化

"人的本质是一切社会关系的总和"揭示了这样一个道理：人生不仅仅是一个从小到老的自然生长过程，而且还包含着极为丰富的社会内容，是一个逐步社会化的过程。

什么是社会化呢？社会化是社会学概念，是指个体在与社会的互动过程中，逐渐养成独特的个性和人格，从生物人转变成社会人，并通过社会文化的内化和角色知识的学习，逐渐适应社会生活的过程。社会化是一个贯穿人生始终的长期过程。不同阶段有其不同的内容和特点。

一般来讲，社会化涉及两个方面：一是社会对个体进行教化的过程，又称社会向人的内化；二是个体与其他社会成员互动，成为合格的社会成员的过程，又称人向社会的外化。社会向人的内化是指社会历史发展的文明成果作为客体，向个人过渡、渗透、转化，为其接受、吸收、消化和掌握，从而形成人的个性化及其社会本质。人向社会的外化是指人不仅是对社会文明成果的接受、吸收、消化和掌握，而且实现着人对社会的创造，人给社会创造着新的文明成果。这是人的社会化形成过程。

人的内化与外化构成了人生活动的内容、形式和过程。人生过程就是在这个复杂的社会关系中不断形成和发展的。人生就是这样一个不间断的社会化的进程。每一个人从来到人世的那天起，都从属于一定的社会群体，在我们成长过程中，会慢慢地认识自己的家人、亲戚、邻居、同学、同事等不同的人，会形成各种各样复杂的社会关系，如家庭关系、邻里关系、同学关系、同事关系等，我们正是在这样一个逐渐社会化的进程中，在各种各样的人生境遇中，在客观的不断变化的社会关系和社会实践中塑造自我，逐渐认识和领悟人生，形成了自己的世界观、人生观、价值观，从而成为真正现实的、具有个性特征的人。

大学生的社会化是个人的社会化过程中的重要阶段，是大学生通过教育、学习、实践等活动经历的阶段，是掌握专业知识和职业技能，努力形成正确的自我意识，树立科学的人生观、价值观，完成大学生到社会人转化的阶段。如果说，社会化贯穿人的一生，那么，大学生的社会化则是这终生社会化过程中的一个特殊阶段，一方面标志着初级社会化的完成，另一方面，它还要为成年的继续社会化奠定基础。从社会角度看，大学生社会化的主要内容应当包括政治社会化、道德社会化、角色社会化、职业社会化等。通过这样的"四化"，大学生才最终完成由生物人向社会人的转变。

三、搭建人生成长的舞台——处理好个人与社会的辩证关系

古希腊物理学家阿基米德说："给我一个支点，我可以撬起地球。"这话非常豪迈。但地球好撬，支点难找。人生也是这样，给的支点高，人的高度就更高；给的平台大，人的作为就更大。人生短暂又漫长，不同阶段有不同的支点。不管这个支点是什么，我们的成长舞台都是社会。

（一）社会的概念

社会，是由人与人形成的关系总和。人类的生产、消费娱乐、政治、教育等，都属于社会活动范畴。马克思主义认为，社会是在一定的物质生产活动的基础上结成相互联系的人类生活的共同体，是人们相互作用的产物。

人生如戏，生、旦、净、丑，每个人都是演员，每个人都是主角。然而，我们不只是演员，更是创作者。戏剧总有个既定的结局，人生则不同，结果总是掌控在自己手中的。这里，不仅有角色的定位，更有理想与现实的差距。在我们尚未踏入社会之前，可谓书生意气，心高气傲，心有多大，舞台就有多大，幻想着无限的空间、缤纷的世界让自己充分展示着自己的青春，可具体到社会单位，人生舞台就有很大的空间和条件的局限。在主观上，人也许能够按自己的意愿去演化人生历程，但客观上，个人的这些人生意愿多大程度能够遂愿，不是个人一厢情愿，而要受社会关系诸多因素制约。

（二）个人与社会的关系

人是社会的人，每一个人都存在和活动于具体的、基于特定历史的现实社会当中。人生的内容与复杂多样的社会关系和社会活动密不可分。个人与社会的关系问题是认识和处理人生问题的重要着眼点和出发点。我们可以从以下三方面把握个人与社会的关系：

1. 个人与社会是对立统一的关系，两者相互依存、相互制约、相互促进

社会是由一个个具体的人组成的，离开了人就没有社会，社会是人的存在形式。同时，人是社会的人，离开了社会人也无法生活。社会犹如一个有生命、有活力的有机体，个人犹如这个有机体中的细胞。只有有机体的所有细胞都充满活力，这个有机体才能是生气勃勃和生长旺盛的；细胞如果脱离了有机体，也将失去赖以存在的必要条件。社会成员素质的不断提高是社会发展的重要基础，推动和实现人的全面发展是社会发展的根本目标。

2. 个人与社会的关系最根本的是个人利益与社会利益的关系

美国社会心理学家马斯洛在1943年发表的《人类动机理论》一书中提出了需求层次理论。这种理论的构成根据三个基本假设：第一，人要生存，他的需求能够影响他的行为。只有未满足的需求能够影响行为，满足了的需求不能

充当激励工具。第二，人的需求按重要性和层次性排成一定的次序，从基本的（如食物和住房）到复杂的（如自我实现）。第三，当人的某一级的需求得到最低限度满足后，才会追求高一级的需求，如此逐级上升，成为推动继续努力的内在动力。马斯洛理论把需求分成生理需求、安全需求、社会需求、尊重需求和自我实现需求五类，依次由较低层次到较高层次。人作为独立的个体存在，有维持个体生存和发展的基本需求。但是，人的需求不同于动物的需求，即使是人的本能需求，也深深地打上了社会历史的印记，成为一种社会性的需求。人的需求的满足，只能借助于社会，凭借一定的社会关系，通过一定的社会方式实现。

马克思主义认为，社会需求是个人需求的集中体现，是社会全体成员带有根本性、全局性、长远性需求的反映。个人利益的满足只能是在一定的社会条件下、通过一定的社会方式来实现。在社会主义社会中，个人利益与社会利益在根本上是一致的。社会利益离不开个人利益，个人利益也离不开社会利益。社会利益不是个人利益的简单相加，而是所有人利益的有机统一。社会利益体现了作为社会成员的个人的根本利益和长远利益，是个人利益得以实现的前提和基础，同时它也保障着个人利益的实现。

3.人的社会性决定了人只有在推动社会进步的过程中才能实现自我的发展

个人的权利、自由是在社会中获得的，没有社会，个人的权利、自由都无从谈起。因此，享受个人的权利、自由与承担社会的责任、义务是统一的。只有人人承担起自己应尽的责任和义务，为社会多作贡献，社会的财富才能不断地增加，才能为人们享有权利和自由提供雄厚的基础，人也只有在承担社会责任、履行社会义务中，才能使自己的人格健全、品德高尚。如果人人都只是关心自己的利益，甚至以损害他人利益、社会利益的方式满足一己之私，人赖以生存的社会不仅难以发展进步，还将最终因私欲的膨胀而走向崩溃。

大学生思考人生问题，应该正确认识和处理个人与社会的关系，把小我和大我更好地统一起来，把自己的人生追求同社会的发展进步紧密结合起来，在为社会作贡献的过程中成长进步，实现自己的人生价值。

四、做好人生的选择题——人生观是人生的导航仪

古希腊哲学家苏格拉底曾经说过:"人生是一次次无法重复的选择。"传说有几个学生问苏格拉底:"人生是什么?"苏格拉底把他们带到一片苹果林,要求大家从树林的这头走到那头,每个人挑选一个自己认为最大最好的苹果,不许走回头路,不许挑选两次。在穿过苹果林的过程中,学生们认真细致地挑选着自己认为最好的果实。等大家来到苹果林的另一端,苏格拉底已经在那里等候他们了。他笑着问学生们:"你们都挑到自己最满意的苹果了吗?"大家你看看我,我看看你,都没有回答。苏格拉底见状,又问:"怎么,难道你们对自己的选择不满意吗?""老师,让我再选择一次吧。"一个学生请求说,"我刚走进果林时,就发现了一个很大很好的苹果,但我想找一个更大更好的。当我走到林子尽头时,才发现第一次看到的那个才是最大最好的。"另一个学生紧接着说:"我和他恰好相反,我走进林子不久,就摘下一个我认为最大最好的苹果,可是后来我又发现了更大更好的,所以我有点后悔。""老师,让我们再选择一次吧!"其他学生不约而同地请求。苏格拉底笑了笑,然后坚定地摇了摇头,语重心长地说:"孩子们,这就是人生,人生就是一次次无法重复的选择。"我们的一生除了无法选择出生、父母外,每天都在选择中生活:大学里,我们晚上的时间可以用来花前月下,也可以在自习室苦读;我们可以选择在同学困难的时候去关心帮助他,也可以选择熟视无睹;我们可以选择充满理想,也可以选择麻木不仁;面对自己的人生理想,我们可以选择坚持,也可以选择放弃。在大学生社会化的过程中,正确的人生观对我们的人生选择会产生深刻的影响。

(一)人生观的主要内容

人生观的主要内容包括对人生目的、人生态度、人生价值等问题的根本看法。人生面临的问题是多方面的,是复杂、变化的。这里既有人与自然的关系,又有人与人的关系;既有物质生活与精神生活的关系,又有现实生活与理想生活的关系。面对这些复杂多变的社会关系,人们自觉不自觉地产生这样的问题:"人为什么而活?""人该怎样活着?""人生的意义究竟是什么?"对这

些问题的不同回答和不同选择，构成了不同的人生观。人生观一经形成，它就作为一种价值取向制约着人的整个生命历程，调节着人的行为选择，指导着人们认识自我，处理个人与他人、个人与社会、个人与自然之间的关系。

人生目的、人生态度、人生价值三方面相互联系，相辅相成，统一为一个有机的整体。其中，人生目的是人生观的核心，它对人生道路、人生态度、人生价值等具有决定作用。

1. 人生目的

什么是人生目的呢？人生目的是指生活在一定历史条件下的人在人生实践中关于自身行为的根本指向和人生追求，人生目的是对"人为什么活着"这一人生根本问题的认识和回答，是人生观的核心，在人生实践中具有重要的作用。

主要表现在：首先，人生目的决定人生道路。人生目的规定了人生的方向，对人们所从事的具体活动起着定向的作用。为实现人生目的，人们会注重培养能力、磨炼意志、奋发进取、努力拼搏。其次，人生目的决定人生态度。在人生的旅途中，我们总要面对诸如生与死、苦与乐、得与失、美与丑等矛盾冲突，不同的人生目的会使人持有不同的人生态度。正确的人生目的可以使人无所畏惧、顽强拼搏、积极进取、乐观向上；错误的人生目的则会使人投机钻营、违法犯罪，或是虚度人生、放纵人生，或是悲观消沉、厌世轻生。最后，人生目的决定人生价值选择。正确的人生目的会使人懂得人生的价值首先在于奉献，从而在工作中尽心、尽力、尽责。错误的人生目的则会使人把人生价值理解为向社会或向他人进行索取，从而把追逐个人私利视为有价值、有意义的人生，而漠视对国家、社会、集体和他人的义务与责任。

我们来看一个案例，1921年参加中国共产党第一次全国代表大会的有13位代表。但是这13位代表却走了三条不同的人生之路：第一类是坚持信仰的。从南湖会议到开国大典，坚持到新中国成立的是毛泽东、董必武；为了信仰壮志未酬慷慨赴死的是何叔衡、邓恩铭、陈潭秋；为了理想信念奋斗，英年病逝的是王尽美。第二类是信仰动摇的。脱党而没有放弃信仰的是李汉俊、李达，李汉俊脱党后为革命做了大量工作，最后牺牲在国民党屠刀下；1949年12月，毛泽东作为历史见证人，刘少奇作为介绍人，李达重新加入了中国共产党；历经曲折迷途知返，新中国成立后为人民工作的是刘仁静、包惠僧。第三类是背信弃义、叛党投敌的，是陈公博、周佛海、张国焘。陈公博在抗日战争结束后，1946年6月3日，被当时江苏高等法院判处死刑；周佛海被国民党政府以"通谋敌国、图谋反叛本国"之罪判处死刑，死于南京老虎桥监狱；张国焘利用离开延安到陕西中部黄帝陵祭祖的机会，只身投靠国民党，从事反共活动，1966年，张国焘离开香港，移居加拿大，十几年后，在加拿大一家养老院病逝。

这13位代表的人生结局之所以有这么大的差异，就在于他们中一些人坚定自己正确的人生目的并为之努力奋斗，一些人的人生目的发生了变化，甚至放弃了共产主义的人生观。

2.人生态度

有两个人在黑夜的沙漠中行走，水壶中的水早就喝完了，两人又累又饿，体力渐渐不支。在休息的时候，其中一个人问另一个人："现在你能看到什么？"被问的人答道："我现在似乎看到了死亡，似乎看到死神在一步一步地靠近。"而发问的这个人却微微一笑说："我现在看到的是满天的星星和我的妻子、儿女等待我回家的脸庞。"同学们猜猜这两个人的结局是什么？对，最后，那个说看到死亡的人，就在快要走出沙漠的时候，用刀子匆匆结束了自己的生命。而另一个说看见星星和自己妻子、儿女脸庞的人，靠着星星的方位指示成功地走出了沙漠，并成为人们心目中的英雄。其实这两个人所处的环境完全一样，但却演绎成了截然不同的命运，仅仅是因为他们的人生态度不同。

什么是人生态度呢？人生态度，是指人们通过生活实践形成的对人生问题的一种稳定的心理倾向和精神状态。人生态度由认知、情感、意志三种心理要素构成，认知是态度作为心理过程的起点，又是态度作为一种稳定的心理倾向的基本依据，一个人对生活意义的基本看法，是制约其形成特定的人生态度的首要因素。端正人生态度实际就在于通过提高和改善这三个心理要素的质量，使其综合形成科学、乐观、进取的人生态度。

人生态度与人生观的关系表现在：首先，人生态度是人生观的重要内容。

一个人有什么样的人生观就会有什么样的人生态度，当一个人对人生观作出了某种明确的选择，实际上就在主要的方面决定了他将如何对待生活，决定了他在实践中将以怎样的方式处理各种人生问题。其次，人生态度是人生观的表现和反映。一个人的人生观如何，可以通过他的人生态度体现出来。一个人对人生的态度如何，往往又直接影响他对整个世界和人生的看法，从而对个人的世界观、人生观产生重要的影响。

一个人如果不思考人的生命应有的意义，对什么事都显得无所谓，当一天和尚撞一天钟，这实际上是庸碌无为的人生观的表现。一个人如果抱着"浮生如梦""及时行乐""今朝有酒今朝醉"的混世态度，其背后必然是低俗、庸碌和沉沦的人生观；一个人如果看破红尘，满眼只见烦恼、痛苦和荒谬，以悲怨愤懑、心灰意冷的倦怠态度对待生活，其背后必然是消极悲观的人生观。与上述情况相反，一个人如果满怀希望和激情，热爱生活，珍视生命，勇敢坚强地战胜困难并不断开拓人生新境界，其背后一定有正确的人生观作为精神支柱。

有一个人因为盗窃、抢劫、诈骗，恶贯满盈被判终身监禁，入狱时他的双胞胎儿子刚满3岁。30年后，他的大儿子因为作恶多端被判极刑，小儿子却凭着不懈的努力成了远近闻名的地产大王。记者分别采访了这两个儿子，没想到两个人的答案竟然不谋而合："有这样一个父亲，我又能怎么样呢？"面对同样的父亲，哥哥破罐子破摔，"今朝有酒今朝醉"，其背后必然是低俗庸碌沉沦的人生观；弟弟变消极为积极，认真生活，努力工作，从而取得成功，其背后一定是积极进取的人生观。

人生态度既制约着一个人对人生矛盾和问题的认识与把握，又影响着一个人的精神状态和人生走向。翻开人类浩瀚的历史画卷，爱因斯坦、诺贝尔、钱学森、袁隆平、张海迪等一个个家喻户晓、童叟皆知的人物，他们也是普通人，但他们却创造了常人无法比及的光辉业绩，推进了社会前进的时代车轮。他们与普通人不一样的是他们对待人生的态度：面对失败，他们不失志；面对挫折，他们不气馁；面对逆境，他们不放弃。他们始终用坚强的信心和不息的决心，与失败和挫折作坚强的斗争，牢牢掌握了生命的主动权。

人生态度真的这么重要吗？我们来看看生活中发生的真实案例：精神病学家维克多·弗兰克是个犹太人，在"二战"时被关在波兰的奥斯维辛集中营。他看到狱中伙伴一个个被残酷折磨而死去，心中不由得害怕起来。但他是研究精神心理的，心想："我不能这样死去，我要战胜恐惧，我要看到希特勒的灭亡。"于是，他控制自己的思想，想高兴的事，不被恐惧所吓倒。他看到，虽然狱中囚徒们处于完全相同的恶劣环境，但有的人颓废倒下了，很快死亡，而有的人却越活越坚强。这样，他心中有了信念，就有了力量，使他能坚强地活下来。希特勒败亡后，他根据狱中观察与研究，出版了《活出生命的意义》一书，详细描述了他在狱中的磨难和感受。他说："在某种意义上，人不是活在物质里，而是活在自己的精神里，如果精神垮了，没有人能救得了你。"

环境影响人，同样人也会影响控制环境，在相同环境下，由于人们对环境采取不同的态度，必然会产生不同的结果。这个故事告诉我们一个真理：人生态度会影响一个人的精神，进而影响他的行为。

20世纪末，国外一家杂志社举办征文大赛，题为《世纪展望：21世纪我最想要的》，并开出了高达1万美元的奖金。活动开始后，怀着对新世纪美好生活的憧憬，世界各地的稿件如雪片般纷至沓来，有近2万人参与了这次活动。杂志社对所有的稿件按文章标题进行分类，统计结果发现，人们最想要的是：金钱57%，家庭幸福21%，权力职位8%，漂亮贤惠妻子5%，其他9%。经过专家评审，出人意料的结果是，一篇不足300字的文章：《我最想要一个积极快乐的心态》，赢得了这次竞赛唯一的大奖。专家们的评审意见是："无论你想要金钱还是权力，无论你想要幸福的家庭还是香车豪宅，如果你拥有了积极快乐的心态，你就什么都可以得到。在未来的人生和世界里，态度是最根本的竞争力。"

美国心理学家威廉·詹姆斯曾说过："我们这一代最伟大的发现是，人类可以经由改变态度而改变自己的生命。"成功或失败，幸福或坎坷，快乐或悲伤，很大程度上是由人的心态造成的，你怎样对待生活，生活就会怎样对待你。如果你总是抱怨环境对你不公正，抱怨你的苦恼，那么你每抱怨一次，你就会失去一次快乐的机会。

走好人生之路，同学们必须正确认识、处理生活中各种各样的困难和问题，保持认真、务实、乐观、进取的人生态度。人生不如意事十之八九，每个人都不可避免地会遇到现实生活中的种种磨难和冲击，也都会经历痛苦和遭受失败。既然我们无法选择人生，那就让我们选择对待人生的态度。既然我们不能改变过去，那我们就去把握未来，我们不能决定一件事情的发展方向，但我们可以左右自己的情绪。只有善于控制情绪，才能扼住命运的喉咙。此时此刻，选择权就在你的手中。你的态度、你的选择，将会决定5年后、10年后，甚至是一生的成就。要么你去驾驭人生，要么让人生驾驭你。

3. 人生价值

（1）人生价值的概念。人生价值是指人的生命及其实践活动对于社会和个人所具有的作用和意义。选择什么样的人生目的，走什么样的人生道路，如何处理生命历程中个人与社会、现实与理想、付出与收获、生与死等一系列人生中的重大问题，人们总会有所取舍，有所好恶。对于赞成什么、反对什么、认同什么、抵制什么，总会有一定的标准，这些都与人们对人生价值的看法密切相关。对人生价值的看法，在整个人生观体系中具有重要地位，它在深层上影响、制约和指导人们的实践活动，为人们的人生目的和人生态度提供依据。

日常生活中，人们会从不同角度看待或选择人生价值。如有的人认为气节最有价值，"人生自古谁无死，留取丹心照汗青"，"粉身碎骨全不怕，要留清白在人间"；有的人认为真理最有价值，它能揭示事物的规律，使人类获得自由；有的人认为自由最有价值，"生命诚可贵，爱情价更高，若为自由故，二者皆可抛"；还有的人认为祖国最有价值，因为没有祖国的民族，就不可能生存，更不可能发展强大，没有强大的祖国，即使你是富翁，在国外也没有地位，也会被人家瞧不起。

（2）人生价值的内涵。人生价值内在地包含了人生的自我价值和社会价值两个方面。人生的自我价值，是个体的人生活动对自己的生存和发展所具有的价值，主要表现为对自身物质和精神需要的满足程度。人生的自我价值主要体现在三个方面：首先，个体对自己生命存在的肯定；其次，自尊、自爱、自强等需要的满足；最后，自我完善和自我实现。

人生的社会价值，是个体的实践活动对社会、他人所具有的价值。

我们通常把自我价值说成"索取"，把社会价值说成"贡献"。人生的自我价值和社会价值，既相互区别，又密切联系、相互依存，共同构成人生价值的矛盾统一体。一方面，人生的自我价值是个体生存和发展的必要条件，人生自我价值的实现是个体为社会创造更大价值的前提。个体的人生活动不仅具有满足自我需要的价值属性，还必然包含满足社会需要的价值属性。个体通过努力提高自我价值的过程，也是其创造社会价值的过程。另一方面，人生的社会价值是社会存在和发展的重要条件，人生社会价值的实现是个体自我完善、全面发展的保障。没有社会价值，人生的自我价值就无法存在。

人是社会的人，这不仅意味着个体物质和精神的需要必须在社会中才能得到满足，还意味着以怎样的方式和在多大程度上得到满足也是由社会决定的。

（3）人生价值的特点。人生价值具有客观性、社会性、创造性等特点。人生价值的客观性是指，人生价值只有通过对他人和社会的贡献才能表现出来。人生价值的社会性是指，人生价值必须从具体的社会关系中去把握，而不能离开具体的社会关系。人生价值的创造性是指，能动地认识和改造世界并实际地创造价值的过程。没有创造性的实践活动，社会无法对其进行肯定性的评价，就谈不上人生的价值。

人生有限，但品格的力量可以增加生命的厚度，提升生命的高度。海归战略科学家黄大年就是这样一个楷模。"国家在召唤，我应该回去！"黄大年在海外功成名就之时，毅然放弃优裕生活和优越工作回国效力，把全部精力献给国家深探事业。在黄大年的人生词典中，没有"计较""得失"等字眼，只有奋斗与奉献。为了赶超世界一流，他惜时如金、夜以继日，出差常订夜航班机，只为不耽误白天的工作；他身兼数职、手握资金上亿的项目，却从不考虑个人私利；面对荣誉头衔，他总是推辞，"先把事情做好，名头不重要"。即使被人议论"不食人间烟火"，也依然淡泊名利、一心为公。"为了理想，我愿做先行者、牺牲者。"黄大年用无私奉献、勇于担当的实际行动，把对祖国最深沉的爱融入科研事业。7年间，他带领400多名科学家创造了多项"中国第一"，为我国"巡天探地潜海"填补了多项技术空白，不少处于国际领先地位。2017年1月8日，黄大年不幸因病去世，年仅58岁。黄大年曾经说过："中国要由大国变成强国，需要有一批'科研疯子'，这其中能有我，余愿足矣！"2017年5月，习近平总书记对黄大年先进事迹作出重要指示，强调要以黄大年为榜样，学习他的爱国情怀、敬业精神和高尚情操。对一名科技工作者而言，投身祖国科技创新的时代洪流，为建设世界科技强国作出贡献，是最大的使命担当，也是最高的荣誉褒奖。这也是他人生价值的集中体现。

总之，人生目的表明人的一生追求什么，人生态度表示以怎样的心态面对生活中的问题，人生价值判定一个具体人生的价值和意义。其中，人生目的决定着人们对待实际生活的基本态度和人生价值的评判标准，人生态度影响着人们对人生目的的持守和人生价值的评判，人生价值制约着人生目的和人生态度的选择。

只有深刻理解人生目的、人生态度、人生价值三者之间的辩证统一关系，才能正确处理人生的基本问题，树立正确的人生观。

五、把握新时代奋斗人生——确立科学高尚的人生追求

人的问题，是人生观的根本问题。那么，人生到底应该是为自己还是为他人？根据马克思主义关于个人与社会辩证关系的理解，个人只有在社会进步中，才能实现自我发展；只有主动将个人发展与社会进步结合起来而确立的人生目的，才是科学高尚的人生追求。

（一）服务人民、奉献社会是科学高尚的人生追求

"服务人民、奉献社会"的人生追求，以历史唯物主义关于人民群众是历史的创造者的基本观点为理论基础，指明了人在成长和发展过程中应确立的人生目标和方法。

马克思主义唯物史观认为，社会存在决定社会意识，物质资料的生产是社会存在和发展的基础，阶级斗争是阶级社会发展的直接动力，从而确认作为物质生产和阶级斗争的主体的人民群众是历史的创造者。人民群众不仅创造着自己的历史，而且对整个社会的发展起最终决定作用。因此，马克思主义认

为，人民群众是历史的创造者，是社会发展的决定力量。正是从"人民群众是社会历史的主体，是社会物质财富和精神财富的创造者，是社会变革的决定力量"这一马克思主义的认识论出发，"服务人民、奉献社会"成为马克思主义科学高尚的人生追求。从马克思和恩格斯提出的"为绝大多数人谋利益"，到列宁提出的"为千千万万劳动人民服务"，再到毛泽东精辟概括的"为人民服务"，反映了无产阶级人生观的形成、发展和完善的过程。

"服务人民、奉献社会"的人生追求是在马克思主义科学世界观和方法论指导下形成的理论体系，代表了社会发展方向和人民群众的根本利益，正确解决了人和社会的关系问题。

"志不立，天下无可成之事。"青年时期的志向对一个人的成长成才无疑具有重要影响。马克思17岁在中学毕业时的论文中，立志要为全人类的幸福而劳动。毛泽东不到17岁就写下"孩儿立志出乡关，学不成名誓不还"的豪情诗篇。习近平在年仅15岁的时候，便来到陕北的梁家河，开始了其艰苦的下乡生活。"艰难困苦，玉汝于成。"七年知青岁月没有挫败青年习近平的意志，反而帮助他找到了人生奋斗的方向。习近平总书记后来回忆说："15岁来到黄土地时，我迷惘、彷徨；22岁离开黄土地时，我已经有着坚定的人生目标，充满自信。"他的人生目标和信念是"要为人民做实事"，展现了其高尚的人生追求。

（二）服务人民、奉献社会的人生追求具有丰富的实践性，是被中国革命、建设、改革的伟大实践证明的真理

在不同的历史时期，"服务人民、奉献社会"的人生追求，熏陶、感染一代代革命者和建设者，对中国革命、建设、改革事业产生了重要推动作用。

1944年，张思德带领战士们在陕北执行烧炭任务时，即将挖成的窑洞突然塌方，他奋力把战友推出洞去，自己却被埋在窑洞，牺牲时年仅29岁。为了悼念张思德，中央机关和中央警卫团在延安凤凰山下枣园沟口的操场上为张思德举行追悼大会。毛泽东参加了追悼会，亲笔题写了"向为人民利益而牺牲的张思德同志致敬"的挽词，并发表了《为人民服务》的演讲，高度赞扬了张思德完全、彻底为人民服务的思想境界和革命精神。张思德成为全心全意为人民服务的典范。如果没有服务人民、奉献社会的高尚追求，很难想象在艰苦的革命斗争中，会有那么多像张思德一样投身革命的人，很难想象他们会愿意为了人民而不惜献出自己的一切。在和平建设时期，同样涌现出不少心怀人民、无私奉献的建设者和劳动者。

2014年，在五四青年节即将到来之际，习近平总书记给河北保定学院西部支教毕业生群体代表回信，向青年朋友致以节日的问候，并强调指出："同人民一道拼搏、同祖国一道前进，服务人民、奉献祖国，是当代中国青年的正确方向。好儿女志在四方，有志者奋斗无悔。希望越来越多的青年人以你们为榜样，到基层和人民中去建功立业，让青春之花绽放在祖国最需要的地方，在实现中国梦的伟大实践中书写别样精彩的人生。"

个人在明确个人与社会辩证关系的基础上，确立了服务人民、奉献社会的人生追求，就意味着他深刻理解了人为了什么而活、应走什么样的人生之路等道理。他在实现这一人生目标的过程中，就能够以对人民、对国家、对社会认真负责的态度，积极处理各种困难和挑战，以昂扬乐观的精神状态正确对待人生道路的顺逆曲直。同样，一个人确立了服务人民、奉献社会的人生追求，就说明他已经明确了社会性是人的本质属性，理解了人生自我价值与社会价值的辩证关系，懂得人生的价值首先在于奉献，就会在奋斗过程中自觉以人民利益为重，主动承担对国家、社会、他人的责任，努力使自己成为有价值的人。

（三）服务人民、奉献社会并不过时

"服务人民、奉献社会"的人生追求，不仅是我们党的宗旨与优良传统，而且已经成为中国社会最基本的人生追求。"毫不利己、专门利人""无私奉献、舍己为人""顾全大局、先公后私"的人生追求是先进性的要求，也是最高层次的人生追求；"关心他人、爱护他人""爱岗敬业、办事公道""遵纪守法、诚实劳动"的人生追求是广泛性的要求，体现了人民群众日常生活所需。

"人的生命是有限的，可是，为人民服务是无限的，我要把有限的生命，投入到无限的为人民服务中去。"虽然雷锋离开我们已经几十年了，但他留下的这句名言至今读来依然振聋发聩。不论社会如何变化，时代如何变迁，雷锋精神都将在岁月长河中闪亮。雷锋的一生是短暂的，也是辉煌的。雷锋的魅力

并不在于创造了多么轰轰烈烈的丰功伟绩，而在于将奉献社会、服务人民的精神在日常生活中不断践行，这是平凡中的伟大，不因岁月的消磨而黯淡，时时刻刻感染、激励着后来者。尽管从20世纪80年代到今天，每隔一段时间，都会听到"雷锋已经过时"的声音，但一次又一次地争论，恰恰是雷锋精神依然存在的证明。随着时代的不同，雷锋精神的表现形式会有所改变，但其内核却始终如一。雷锋精神是无私奉献。何为奉献？从个人角度出发，奉献的本质是个人情操的冶炼、道德追求的升华、社会角色的实现；从社会层面演绎，奉献的本质是公共精神的培育、社会公德的完善、社会进步的源泉；从国家高度站位，奉献的本质是人民幸福的保证、时代发展的动力、复兴中华的梦想。雷锋精神脱胎于新中国建设的困难时期，发展丰富于中国特色社会主义进程中。它既具有朴素而高尚的道德情操理想，又不乏鲜明而具体的个人行为实践准则，并能在社会发展、时代演变和国家奋斗中，为价值多元、行为多样的个体确立价值坐标，给予和谐社会以正向赋能，向文明进程作眺望蓄发。雷锋精神满足个人自我实现的需求：不是享受"小确幸"，而是在关心社会与他人，在为社会服务中，获得人生的价值和成就。

几十年过去了，在雷锋精神的照耀下，许许多多的人在努力实践着自己的人生价值，传承着雷锋助人为乐、无私奉献的精神。实现中华民族伟大复兴，需要一代又一代人赓续奋斗。新时代既是我们实现民族复兴的时期，又是大学生成长为社会栋梁的阶段。大学生作为当代最有创造力、最具活力的群体，更要在这一过程中积极有为、主动担当，从一开始在确立人生目的时，就要主动将个人发展与社会进步、民族复兴结合起来，将个人融入社会，将小我融入大我，在为人民服务、为社会作贡献的过程中获得成长，为人民幸福、社会进步奉献自己的青春与智慧。

六、把握新时代奋斗人生——确立积极进取的人生态度

马克思说："一个时代的精神是青年代表的精神，一个时代的性格是青春代表的性格。"2018年5月2日，在北京大学师生座谈会上，习近平总书记引用了《永久奋斗》中的话语激励青年。他号召当代青年："在奋斗中释放青春激情、追逐青春理想，以青春之我、奋斗之我，为民族复兴铺路架桥，为祖国建设添砖加瓦。"幸福生活，需要奋斗！当代大学生既面临着难得的人生机遇，也面临着艰巨的人生挑战，在人生实践中会遇到各种各样的矛盾和困难，我们要以什么样的态度面对人生矛盾和问题呢？下面，我们讲解青年人如何确立积极进取的人生态度。

（一）人生须认真

生命是人生的载体，没有生命也就谈不上人生；而人的生命过程，既是一个时间过程，也是一个实践过程、创造过程、体验过程。人生的意义在于认真地实践、创造和体验人生。大学生要以认真的态度认识和处理人生中遇到的各种问题，不能得过且过、放纵生活、游戏人生，否则就是虚掷光阴，甚至误入歧途。

2017年暑期，吴京带领着他的"狼群"突袭暑期档。《战狼Ⅱ》以56.8亿元票房登顶国产电影历史最高票房纪录，并在中国内地创下累计观影人次1.4亿的成绩，荣登"单一市场观影人次"全球榜首。《战狼Ⅱ》是吴京执导的军事动作电影，该片讲述了脱下军装的冷锋被卷入了一场非洲国家的叛乱，本来能够安全撤离的他无法忘记军人的职责，重回战场展开救援的故事。该片之所以成功，与吴京的认真、拼命的工作态度是密不可分的。《战狼》筹备了7年，吴京在特种部队待了18个月，体验军营生活。《战狼Ⅱ》一个跳水动作，彩排时他一共跳了26次，体力不支被救生员救回来；片头6分钟的水下戏，他拍了半个月，演员们每天在水里的时间超过10个小时；一般三四个月就拍完的电影，剧组上千人硬是顶着艰苦的条件，在非洲耗了10个月。吴京用他的经历告诉我们这样一个道理：这个时代，不会辜负认真努力的人。

有梦想，一定要付出实际行动，一分耕耘，一分收获。在追求梦想的道路上，难免会遭受挫折和失败，坚持心中的梦想，不抛弃、不放弃，一步一步朝着梦想前进，就算需要很长的时间，需要付出巨大的代价，也是值得的！

（二）人生当务实

人生不是虚无和梦幻，它具有客观实在性。要走好人生之路，就必须脚踏实地，以科学的态度看待人生，以务实的精神创造人生，以求真务实的作风做好每一件事。

2020年6月23日9时43分，西昌卫星发射中心长征三号乙运载火箭喷薄着烈焰拔地而起，北斗第55颗也是组网的最后一颗卫星，发射成功。55颗北斗卫星环绕琼宇正式宣告中国第一"巨星天团"——北斗三号全球卫星导航系统星座部署全面完成。然而，很多人可能不知道，55颗北斗卫星"出道"的背后，还有一个中国当之无愧的"天团"级别的队伍。他们的队伍庞大，人数竟有30万人之多。在过去20多年的时间里，他们把一颗颗北斗卫星送上天。从几十人的项目小组，到如今30万人的团队；从最初北斗一号的2颗、3颗、4颗卫星，到北斗三号覆盖全球计划；从当年被欧美技术封锁，到今天100%实现国产化！"连一颗螺丝钉都是我们自己的！"20多年过去了，曾经的年轻人，"60后""70后"们已经渐生华发，今天，"80后""90后"们已经挑起了大梁。正是因为这些北斗人把远大的理想寓于具体的行动中，从小事做起，从身边事做起，一步一个脚印地奔向他们的人生目标，才会有今天的成就。55颗卫星组成的北斗已经超越31颗卫星的美国GPS，成为真正意义上的"全球卫星定位系统"。当我们每个人在手机里看到北斗、听到北斗、用到北斗的时候，请大家记住这支年轻的"北斗天团"。他们，才是夜空中最亮的星！

（三）人生应乐观

乐观向上、热爱生活、对人生充满自信，体现了对自己、对社会、对生活的积极态度，这种态度是人们承受困难和挫折的心理基础。

2019年5月17日凌晨，华为海思总裁何庭波发出致员工的一封信："今天，是历史的选择，所有我们曾经打造的备胎，一夜之间全部转'正'！""今天，这个至暗的日子，是每一位海思的平凡儿女成为时代英雄的日子！"当天，这封信在网络热传，引发网友的强烈点赞，好评如潮："为华为的前瞻性点赞！""这就和老一辈科学家研究从无到有的历程一样，加油！"这封信，是华为方面对美国商务部以国家安全为由将华为公司及其70家附属公司列入出口管制"实体名单"后的回应。在有人以为这是华为的"噩梦"时，华为却早就未雨绸缪。如信所言，华为多年前作出"极限生存的假设"：预计有一天，所有美国的先进芯片和技术将不可获得，而华为仍将持续为客户服务。他们"为了这个以为永远不会发生的假设，数千海思儿女，走上了科技史上最为悲壮的长征，为公司的生存打造'备胎'"。当这一天真的到来时，这些研究成果却能获见天日，让华为不被"卡脖子"，能够"在极限施压下挺直脊梁，奋力前行"，令人感佩，更发人思考。尽管华为还未能度过最艰难的时刻。但是，任正非不畏强权的乐观主义精神无疑感染着每一个中国人。

忧患不等于悲观，悲观主义者更多的是在杞人忧天，尤其对灾难的幻想扩大化，不敢冒险，这种情况在任正非身上几乎看不到。乐观才是任正非个性中的主基调。任正非常说一句话，一个幸福的人第一步就是不抱怨、不回忆；其次，适应环境。人很难做到不抱怨，更难做到不回忆。什么叫不回忆？不对过去的成功沾沾自喜，也不对过去的失败喋喋不休。正是因为任正非拥有远大的理想和忧患意识，才可能在危机出现时能够直面困难，因为他追求的是希望，是生命的意义。这样的人不会为个体生命的存在与否而忧虑、而悲伤。正如鲁迅先生在《纪念刘和珍君》一文中所说："真的猛士，敢于直面惨淡的人生，敢于正视淋漓的鲜血。"

（四）人生要进取

华为技术有限公司创立于 1987 年，是一家生产用户交换机（PBX）的香港公司的销售代理。30 多年来，华为从一个没有技术、没有产品的销售代理公司发展到今天的国内一流的企业，除了产品本身之外，有一个最重要的因素，那就是华为敢于突破、敢于打破欧美企业的垄断。如果只是产品本身做得好，永远成不了一个卓越的企业、一个受人尊重的企业。中兴通讯按理说在国内已经是一个非常优秀的公司，研发实力也不错，不过就因为在芯片领域没有实现突破，而被"卡了脖子"。华为多年前就预见到了今日的情形，成立了 2012 实验室，提前在操作系统和芯片领域布局，才避免了今天的被动局面。华为的进取精神还体现在很多领域，如 5G 网络、芯片设计等等。正是由于华为的不断突破，才引起一些国家的恐慌和忌惮，以致凡是华为参与的项目，都会遭到反对和阻挠。

人生实践就是这样一个创造的过程、一个奋斗的过程。适应历史发展的趋势，以开拓进取的态度迎接人生的各种挑战，就能不断领悟美好人生的真谛，体验生活的快乐和幸福。

七、寻找人生的最佳坐标——人生价值的评价与方法

国学大师季羡林在他的《人生的意义与价值》中，这样写道："根据我个人的观察，对世界上绝大多数人来说，人生一无意义，二无价值。"对这样的芸芸众生，人生的意义与价值从何处谈起呢？在人类社会发展的长河中，我们每一代人都有自己的任务，而且是绝非可有可无的。如果说人生有意义与价值的话，其意义与价值就在这里。话说到这里，我想把上面说的意思简短扼要地归纳一下：如果人生真有意义与价值的话，其意义与价值就在于对人类发展的承上启下、承前启后的责任感。

人生的意义，需要从人生价值的角度进行审视和评价。对人生价值及其相关问题的正确认识，是人们自觉朝着选定的目标努力，以全部的情感、意志、信念去创造有价值的人生的重要前提。

（一）人生价值的评价

人的社会性决定人生的社会价值。2020年注定是不平凡的一年，在这里我们见证了平凡人的不平凡。2020年8月3日，为隆重表彰在抗击新冠肺炎疫情斗争中作出杰出贡献的功勋模范人物，党中央决定开展"共和国勋章"和国家荣誉称号评选颁授。广州医科大学附属第一医院国家呼吸系统疾病临床医学研究中心主任、中国工程院院士钟南山被推为"共和国勋章"建议人选。《人民日报》曾这样评价钟南山："有院士的专业，有战士的勇猛，更有国士的担当。"一名叫fine的"00后"这样评价："01年'非典'，他站在一线；20年肺炎，他战'疫'五十天。没有谁去强迫他，只因为他内心的责任感和忧国忧民的精神。现已年逾八十的钟南山院士依然挺身而出，不畏风险。他是时代英雄、人民的英雄，如同教科书里的人物。作为'00后'的我敬畏他，国家有难时勇献身，国泰民安时低调。我们'00后'一代已经成年，应向钟南山院士学习，担负起为国为民的责任，为实现中华民族伟大复兴的中国梦而不断努力。我们是国家的未来，民族的希望，应该将个人的梦想与国家的梦想相结合，一同创造更美好的未来！"

2003年，钟南山入选感动中国年度人物，颁奖词这样写道：面对突如其来的SARS疫情，他冷静、无畏，他以医者的妙手仁心挽救生命，以科学家实事求是的科学态度应对灾难。他说："在我们这个岗位上，做好防治疾病的工作，就是最大的政治。"这掷地有声的话语，表现出他的人生准则和职业操守。他以令人敬仰的学术勇气、高尚的医德和深入的科学探索给予了人们战胜疫情的力量。

从上述案例，我们可以看出：评价人生价值的根本尺度，是看一个人的实践活动是否符合社会发展的客观规律，是否促进了历史的进步。衡量人生价值的标准，最重要的就是看一个人是否用自己的劳动和聪明才智为国家和社会真诚奉献，为人民群众尽心尽力服务。一个人对国家和社会所作的贡献越大，他在社会中获得的人生价值的评价就越高。

（二）人生价值评价的方法

客观、公正、准确地评价社会成员人生价值的大小，除了要掌握科学的标准外，还需要掌握恰当的评价方法。

第一，坚持能力有大小与贡献须尽力相统一。每个人的职业不同、能力大小不同，对社会贡献的绝对量也不同，不能简单地认为能力大的人就实现了人生价值，能力小的人就没有实现人生价值。考察一个人的人生价值，要把个人对社会的贡献同他的能力以及与能力相对应的职责联系起来。任何人只要在自己的岗位上尽职尽责、兢兢业业，就应该对他的人生价值给予积极肯定的评价。毛泽东有句名言："人民，只有人民才是创造历史的动力。"杰出人物不可能单枪匹马地去推动历史发展。他们必须依靠群众，发动群众，以实现其远大的志向。因此，普通人也能为社会作出贡献，也同样实现着自己的人生价值。

第二，坚持物质贡献与精神贡献相统一。人的生产劳动是物质生产劳动和精神生产劳动的统一及两种生产劳动成果的相互转化。社会的发展与进步是物质文明和精神文明的共同发展与进步。评价人生价值，既要看一个人对社会作出的物质贡献，也要看他对社会作出的精神贡献。

第三，坚持完善自身与贡献社会相统一。人生的社会价值是实现人生自我价值的基础，评价人生价值的大小应主要看一个人对社会所作的贡献，但这并不意味着要否认人生的自我价值。人的自我完善和全面发展、人生自我价值的实现，是社会发展的根本目标；而人生自我价值的实现，又有助于个体为社会创造更大价值。

2020年8月5日，华为201万招聘天才少年的消息火了。她叫姚婷，湖南益阳人，就读于华中科技大学武汉光电国家研究中心计算系统结构专业，直博五年级，入选华为"天才少年"计划，年薪156万，实力诠释了"美貌与智慧并重"。面对公众铺天盖地的赞扬，姚婷十分清醒："我觉得一个人的成功是要看他创造了多少价值，并不是说我拿到了156万年薪我就成功了，人生不是在乎一城一池的得失。我现在即使被大多数人认为是巅峰，它也不一定就是一个巅峰，而我中考的时候2A4B的成绩，它也不一定就是失败。这种节点上的得失，都没有什么价值。如果能够真正创造出有价值的产品或科研成果那才是有价值的。"

当然，姚婷之所以入选"天才少年"计划，有她自身的禀赋。现实中，人在自然天赋上有这样那样的差异，在实现人生价值的过程中不可避免地要受到自身条件的限制，但这并不是说，人的主观努力不起作用。个人的主观努力，在相当大的程度上决定着一个人的人生价值的实现程度。人的能力有累积效应，能够通过不断学习、锻炼而得到强化。大学生可塑性强，正处于增长知识才干的关键时期，可以通过各种方式和途径，全面提高自身的综合素质和能力，努力创造实现人生价值的良好条件。

八、驾驭自己的命运之舟——人生价值的实现条件

古往今来，人们一直都在思考命运，关注命运、希望自己能够有一个好命运。但是，什么是命运？这个问题却一直没有人能够作出正确的回答。

20世纪80年代初期，两位同村的青年被同一列列车拉进同一所军营。新兵训练结束后，他们一起被分到连队当卫生员，又一起考上军医大学。大学期间，他们在同一个班，学习成绩不分伯仲。然而，大学毕业后，他们此前雷同的人生轨迹戛然而止，两个人的命运出现了巨大的反差。青年甲被分配至边防

哨所,当了一名军医。那里人迹罕至,想买一本书,要翻山越岭几十公里才能到达最近的一家书店。与此同时,青年乙正如鱼得水地工作在大城市的大医院里,身边医学名家云集,随时随地都可以接触到最前沿的专业理论。两个原本处于同一起跑线的青年,彼此的境遇不经意间判若云泥。

两年中,两个人彼此偶有通信。突然有一天,青年甲写信说:"我接到命令,要奔赴老山前线。"青年乙回信:"我接到录取通知书,要到北京读研了。"在炮声隆隆的前线,青年甲在野战医院负责救治伤员,在一次次血与火、生与死的考验中,他的应急救治能力得到快速提升。而忙于花前月下的青年乙,此时却经历了人生的第一次挫折:他考试多科没过。

谁也想不到,两个人各自命运的转变,在这一刻埋下了伏笔。从前线归来,青年甲被分配至一所小医院工作,虽然条件简陋,但他非常知足。他开始如饥似渴地"充电",拼命想补回曾经耽搁的时光。他的勤奋与踏实得到院领导的认可,一步步走上科室领导的岗位。之后,他决定考研。虽然曾两次名落孙山,但是一想到那些牺牲的战友,他便咬着牙坚持了下来。从35岁那年起,青年甲的命运迎来了柳暗花明:考研通过,科研成果丰硕,免试直读博士。博士论文答辩会上,他清晰的思路与前瞻的眼光,赢得了一名评委的青睐。这名评委,正是青年乙的科主任。也正是35岁那年,青年乙的好运似乎走到了头。考博失败,科研成绩垫底,手术不慎引起医疗纠纷,此前顺风顺水的他再也经不住这一连串的打击,自暴自弃起来。有一天,科主任当着全科同事的面隆重介绍一位新成员:青年甲,青年乙目瞪口呆。青年甲如今已人到中年,成了著名的心胸外科专家,并接任了科主任一职。虽然,命运和两个人开了一个不大不小的玩笑,但是,成就他们命运的也正是他们自己。百度公司创始人、董事长兼首席执行官李彦宏说过这样一句话:"命运是一个人一生所走完的路,是一个人用一辈子所完成的作业。有的人认为,命运是天注定的,是不可改变的。但在我看来,命运不过是人生的方向盘,驶往哪个方向它掌握在每个人自己的手中。"

人生之所以有价值,是因为人能够自觉地、有意识地认识和改造客观世界与主观世界,创造物质财富和精神财富,通过创造性的社会实践把人生提升到一个更高的境界。因此，社会实践是人生价值真正的源头活水，是实现人生价值的必由之路。但是，人生价值的实现并不是随心所欲的，任何人都只能在一定的主客观条件下去实现自己的人生价值。因此，正确把握人生价值实现的条件至关重要。

（一）实现人生价值要从客观条件出发

客观条件，是指不以人的意志为转移的外在条件。客观条件包括社会经济条件、社会政治条件和社会文化条件等。人生价值是在社会实践中实现的。人的创造力的形成、发展和发挥都要依赖于一定的社会客观条件，都必须利用社会和他人提供的各种物质条件和知识成果。

在人类历史上，许多有抱负有才能的人之所以未能实现自己的人生价值目标，就是因为缺乏实现人生价值的社会客观条件，常常是"出师未捷身先死，常使英雄泪满襟"。如"嫦娥奔月"在技术条件还不具备的社会只能成为幻想。个人主观上，也许能够按人生意愿去演化自己的人生历程，但客观上，个人的这些人生意愿多大程度能够遂愿，不是个人一厢情愿的，而是受社会关系中诸多因素制约。

当前，中国特色社会主义制度的自我完善和发展，为大学生实现人生价值提供了广阔的舞台，同学们要珍惜难得的历史机遇，把自己的人生价值建立在正确把握当今中国社会发展实践的基础上，努力实现自己的人生价值。

（二）实现人生价值要从个体自身条件出发

个体自身条件，是与个体家庭和社会条件相对的条件。个体自身条件主要包括一个人的思想道德素质、科学文化素质、生理心理素质等方面的要素。每个人的自身条件都会与其他人有一定的差异，某一个具体的价值目标，对这个人来说是恰当的、比较容易实现的，而对另一个人来说却未必如此。因此，应当实事求是地根据自身的条件来确定自己的人生价值目标。青年时期是一个人自身条件变化较大的阶段，再加上社会经验、人生阅历等方面的限制，人们往往容易把主观的想象当作对自身条件的认知，夸大或者低估自身的能力，不切实际地抬高或者贬低自己，从而给人生价值的实现带来意想不到的障碍。因此，客观地认识自己，是确定人生价值目标的重要前提。

（三）不断增强实现人生价值的能力和本领

人生价值是一个从个人的潜在价值转化为现实的社会价值的动态过程，从人生价值能力的形成、人生价值的创造到人生价值的实现，除具备客观条件外，还需要个人的主观努力。个人的主观努力包括：一是要选择正确的人生价值目标，这是人们追求人生价值的精神支柱。二是要自觉提高自我的素质和能力，这是实现人生价值的关键。个人的主观努力，在相当大的程度上决定着一个人的人生价值的实现程度。因为人的能力具有累积效应，能够通过学习、锻炼而得到强化。三是要有自强不息的精神，这是实现人生价值的重要条件。人生价值的实现仅仅有能力是远远不够的，人生实践的曲折性和复杂性决定了人生价值只有在砥砺自我中才能走向成功，这需要我们充分发挥主观能动性。在一定的客观条件下，主观能动性发挥得越充分，个人条件就越成熟，个人对社会的贡献就越大，人生价值就具有更大的价值。

不同的人所遇到的困难和障碍是不一样的，但是，任何实现人生价值追求都不可避免地在不同的程度上要与各种艰苦条件、困难作斗争。所以，自强不息的精神是实现人生价值非常重要的条件。

九、创造有意义的人生——要辩证对待人生矛盾

丰富而复杂的人生，是一个充满矛盾的过程。大学生在成长过程中，会面临各种人生矛盾和问题，要健康成长，就要学会在科学的人生观指导下，正确对待人生矛盾，自觉抵制错误观点，努力提升人生境界，成就出彩人生。

（一）正确看待得与失

得与失是对立统一的关系，而且两者是密切相连、可以相互转化的。大家都知道一个成语，叫作："塞翁失马，焉知非福。"这个成语讲的就是有得必有失的道理，并且好事可能会变成坏事，失去局部的利益可能会得到完整的人生。

纵观我国历史，得失案例比比皆是。陶渊明弃官隐居田园，失去了五斗米的富足，却得到了"采菊东篱下，悠然见南山"的闲适与恬静，领悟到了大自然的意蕴与人生的真谛；李白失去了升迁的难得机会，在无比抑郁和苦闷中

却立下了"长风破浪会有时,直挂云帆济沧海"的鸿图远志,为人生道路的继续前行,积聚了更大的力量与奋斗的目标;杜甫放弃了官位上的舒适享受,行走于广大民众之间,体会民间疾苦,听取老百姓的申诉与苦衷,发出了"安得广厦千万间,大庇天下寒士俱欢颜"的深切愿望,冷酷的社会,便多了一份温暖和希望。所以,人生发展过程中的得与失是人生的常态,正确认识和处理得与失体现着一个人的智慧和修养。

大学生要以积极进取的态度去面对生活中的成败得失,使一时的成败得失成为人生的财富而不是人生的包袱。首先,不要拘泥于个人利益的得失。个人利益的得失只能部分地衡量人生价值的大小,在奉献社会中才能实现更大的人生价值。只有追求高尚的道义,跳出对狭隘利益的计较,才能赢得他人和社会的尊重。其次,不要满足于一时的得。一个人如果总是满足于一时的得,往往会停步在小小的成功和已有的成绩之上,放弃接下来的努力,以致造成最后的失败。历史上无数成败、得失的事例都诠释了这条人生道理。最后,不要惧怕一时的失。正所谓"吃一堑,长一智","塞翁失马,焉知非福",得到的不一定是好事,失去了也不一定是坏事。在失意之际坚持不懈,在坎坷之时不断努力,这样的人生才能更有意义。

(二)正确看待苦与乐

苦乐观是人们对痛苦和快乐及其关系的基本见解,属于人生观范畴,是人们在精神和物质生活中产生的不同感受和认识。苦乐观是由人生观决定的,有什么样的人生观就有什么样的苦乐观。在阶级社会,它带有明显的阶级性。处于不同阶级地位的人,苦乐观也截然不同。

苦与乐既对立又统一,并在一定条件下可以相互转化。西方有这样一则寓言故事:"一群年轻人到处寻找快乐,却遇到许多烦恼、忧愁和痛苦。他们向苏格拉底请教:'快乐到底在哪里?'苏格拉底说:'你们还是先帮我造一条船吧!'这群年轻人暂时把寻找快乐的事儿放到一边,找来造船的工具,用了七七四十九天,锯倒了一棵又高又大的树,挖空树心,造出了一条独木船。独木船下水了,他们把苏格拉底请上船,一边合力划桨,一边齐声唱起歌来。苏格拉底问:'孩子们,你们快乐吗?'他们齐声回答:'快乐极了!'"这个故事告诉我们，如果刻意去寻找快乐，遇到的绝大部分是苦恼，但当你全身心地投入生活，投入有意义的工作，投入创造，你会发现，快乐就在你的身边。

2016年9月25日，这是一个令人难忘的日子，也是"天眼之父"、我国著名天文学家、中国科学院国家天文台研究员、FAST工程总工程师兼首席科学家南仁东无比欣慰的日子。这一天，世界上最大、最灵敏的单口径射电望远镜"天眼"正式启用。当时，南仁东已经罹患肺癌，但他依旧克服困难从北京赶往贵州参加了启动仪式。因为这一天，是他努力了23年换来的结果。为了这一天，他无怨无悔。媒体对南仁东的评价为：23年时间里，他从壮年走到暮年，把一个朴素的想法变成了国之重器，成就了中国在世界上独一无二的项目。

古人云："梅花香自苦寒来。"当你面对苦难、艰苦的时候，其实快乐就在另一端等待着你，只要战胜苦难，战胜困难，快乐就是属于你的。

（三）正确看待顺与逆

顺境与逆境是人生历程中两种不同的境遇。在实现人生理想的道路上，人们会遇到各种各样的顺与逆。

什么是顺境呢？顺境是指在追求美好生活、实现美丽梦想的过程中，可以一帆风顺地到达理想彼岸的优越环境条件。顺境有时也指人们渴求的万事如意、心想事成的理想境遇。顺境的优势在于占有天时、地利、人和等发展的资本，可以使个人的才能得以自由充分的发挥。但人们在身处顺境时，容易滋生停滞不前、骄傲自满、心浮气躁、意志消沉等问题。

什么是逆境呢？逆境则是指人们所处的环境荆棘丛生，不尽如人意，在生存与发展的道路上障碍和阻力频生。身处逆境时，容易产生消沉、空虚、寂寞、苦闷、惆怅和无助等心理倾向。但在逆境中奋斗，会有顺境中难以得到的获得感和成就感。逆境的恶劣环境，对于挑战者而言，可以磨炼意志、陶冶品格、积累战胜困难的经验、积累丰富的人生阅历。

司马迁在《史记·报任安书》中曾有感而发："盖文王拘而演《周易》；仲尼厄而作《春秋》；屈原放逐，乃赋《离骚》；左丘失明，厥有《国语》；孙子膑脚，《兵法》修列；不韦迁蜀，世传《吕览》；韩非囚秦，《说难》《孤愤》；《诗》三百篇，大底圣贤发愤之所为作也。"乐观的心态和坚定的信念是战胜逆境的精神动力，积极的行动和顽强的意志是走出逆境的有效途径。

在实现理想的过程中，顺境和逆境会交替出现。顺势而快上，乘风而勇进，这是身处顺境的学问，是善于抓住机遇、不断丰富与完善自己的途径；处低谷而力争，受磨难而奋进，这是身处逆境的学问，是将压力变成动力之所为。在人生旅途中没有永远的顺境，也没有永远的逆境。人生就是一个不断挑战的过程，不论处于何种境遇，都应该正视现实。无论是顺境还是逆境，对人生的作用都是双重的，关键是怎样去认识和对待它们。只有善于利用顺境，勇于正视逆境和战胜逆境，人生价值才能够实现。

（四）正确看待生与死

何谓生死观，顾名思义，主要指对生与死的基本看法，其中包括：如何看待生命、人到底为什么活着、生命的意义何在以及如何看待生命进程中必定会降临的死亡等一系列问题。人生在世，无论贫富贵贱，不管职位高低，也不论年龄大小，生死问题是谁都无法逃避的。

生命的历程是一个从生到死的过程，有生必有死，这是千古不变的自然现象。生与死是贯穿人生始终的一对基本矛盾。从一定意义上说，正是因为人终有一死，生命短促而无常，才更体现出人生的弥足珍贵。不同的人有着不同的生死观，不同的生死观塑造着不同的人生轨迹。如何正确认识、对待生与死，体现了一个人人生境界的高低。

在中国历史上，不少思想家对生死问题提出了许多有价值的看法。孔子谓"杀身成仁"，孟子曰"舍生取义"，司马迁认为"人固有一死，或重于泰山，或轻于鸿毛"，这些千古名句说明，人的生命是有限的，而生命的价值却是无限的。我们无法增加生命的长度，但却能追求生命应有的高度。

"人最宝贵的是生命，生命每个人只有一次。人的一生应当这样度过：当回忆往事的时候，他不会因为虚度年华而悔恨，也不会因为碌碌无为而羞愧；在临死的时候，他能够说：'我的整个生命和全部精力，都已经献给了世界上最壮丽的事业——为人类的解放而斗争。'人应当赶紧地充分地生活，因为意外的疾病或悲惨的事故随时都可以突然结束他的生命。"这是苏联作家尼古拉·奥斯特洛夫斯基所著的一部长篇小说《钢铁是怎样炼成的》中的一句名言。小说通过记叙保尔·柯察金的成长道路告诉人们，一个人只有在革命的艰难困苦中战胜敌人也战胜自己，只有在把自己的追求和祖国、人民的利益联系在一起的时候，才会创造出奇迹，才会成长为钢铁战士。

大学生应珍爱生命、珍惜韶华，在服务人民、投身民族复兴伟大事业中开发出生命所蕴藏的巨大潜能，努力给有限的个体生命赋予更有价值的意义。

（五）正确看待荣与辱

荣辱作为一对基本的道德范畴，内含社会和个人对特定事件与人物的价值判断，反映人的道德价值、生存价值和社会价值，是一种特殊的道德情感。

"荣"即荣誉，是指社会对个人履行社会义务所给予的褒扬与赞许，以及个人所产生的自我肯定性心理体验；"辱"即耻辱，是指社会对个人不履行社会义务所给予的贬斥与谴责，以及个人所产生的自我否定性心理体验。荣辱观是人们对荣辱问题的根本看法和态度，是一定社会思想道德原则和规范的体现和表达。

中国自古以来就重视荣辱观和羞耻感的培养。《说文解字》对"耻"的解释："耻，辱也。从心，耳声。""耻"是一个会意字，有闻过心生惭愧之意。羞愧乃心有所愧而生，故从心；又因耳为听闻的器官，人每因闻过而耳赤面热，故"耻"从耳声。人如果一有恶念，便生羞耻之心；一行恶事，就有愧恐的感觉，又耻又恐，一定会因此而停止自己的恶念恶行。中国古人向来注重荣与辱，并通过"知耻"来进行道德评价和判断。孔子提出"知耻近乎勇"，孟子认为"无羞恶之心，非人也"，管仲提出"礼义廉耻，国之四维"，把知耻之心与人的文明程度、社会的治乱安危紧密联系在一起。

知荣辱，明是非，对于中华民族的伟大复兴具有重要意义。英国19世纪伟大的道德学家，被誉为"西方成功学之父"的塞缪尔·斯迈尔斯曾经指出："一个国家的前途，不取决于它的国库之殷实，不取决于它的城堡之坚固，也不取决于它的公共设施之华丽，而在于它的公民的文明素养，即在于人们所受的教育、人们的学识、开明和品格的高下。这才是利害攸关的力量所在。"

党的十八大以来，党中央站在战略的高度来思考和筹划道德建设问题。

习近平总书记指出，道德是社会关系的基石，是人际和谐的基础，他强调要始终把弘扬中华民族传统美德、加强社会主义思想道德建设作为极为重要的战略任务来抓，为实现中华民族伟大复兴的中国梦提供强大精神力量和有力道德支撑。

以"八荣八耻"为具体内容的社会主义荣辱观的提出，体现了中华民族传统美德与时代精神的有机结合，体现了社会主义基本道德规范和社会风尚的本质要求，体现了社会主义核心价值观的鲜明导向，是大学生成才的道德导向。荣辱观对个人的思想行为具有鲜明的动力、导向和调节作用。大学生只有具备正确的荣辱观，明确是非、对错、善恶、美丑的界限，用"八荣八耻"律己，才会在纷繁复杂的社会生活中明确应当坚持和提倡什么，反对和抵制什么，从而为自身判断行为得失，作出道德选择，确定价值取向，提供基本的价值准则和行为规范。

十、创造有意义的认识——要反对错误人生观

著名作家柳青说过："人生的道路虽然漫长，但紧要处常常只有几步，特别是当人年轻的时候。"这句话启示我们：正确的人生观对一个人的成长成才与社会进步发展有着重要影响。青年处在价值观形成和确立的时期，抓好这一时期的价值观养成十分重要。这就像穿衣服扣扣子一样，如果第一粒扣子扣错了，剩余的扣子都会扣错。人生的扣子从一开始就要扣好。在现实生活中，因为种种原因，还存在着拜金主义、享乐主义和极端个人主义等种种错误的观念和看法，它们容易侵蚀大学生的心灵，不利于大学生树立科学高尚的人生观和价值观。

（一）反对拜金主义

拜金主义是一种认为金钱可以主宰一切，把追求金钱作为人生至高目的的思想观念。

在人类历史上，视钱如"神"的观念早已有之，但拜金主义作为一种社会思潮却是伴随着资本主义的发展而形成的。拜金主义将金钱神秘化、神圣化，视金钱为圣物，把追逐和获取金钱作为人生的目的和生活的全部意义，金

钱成为衡量人生价值的唯一标准。用拜金主义指导生活实践，并由此确立人生目的，其危害显而易见。

电视剧《人民的名义》中有这样一个情节：一位国家部委项目处长被举报受贿，当最高检侦查人员在其豪宅搜出一面墙的钱后，该处长心理防线瞬间崩溃以至痛哭流涕。4年多时间贪污2个多亿，用这位贪官处长的话说，"一直坐立不安，但又收不住手"，而这一切都开始于收到的第一张50万元的银行卡，在激烈思想斗争了1个月后他还是取出了50万元，对金钱的贪欲之门一旦打开，就再也关不住了。民族英雄岳飞曾说过，只要武士不怕死，文官不贪钱，国家就有希望。国家部委项目处长可谓权高位重，可他却用不光彩的贪婪给自己的光环涂了黑，沦为金钱的俘虏，用钱财为自己铸就了挣脱不掉的枷锁。所以，拜金主义是引发钱权交易、行贿受贿、贪赃枉法等丑恶现象的重要思想根源。

（二）反对享乐主义

享乐主义是一种把享乐作为人生目的，主张人生就在于满足感官的需求与快乐的思想观念。人们在辛勤劳作之后适度享受生活，这是正当的需求，也有利于经济社会的发展。但是，把享乐视为人生唯一的目的和意义，则是对人的需求的一种错误的理解，它片面夸大了"人"的自然属性，漠视甚至蔑视"人"的社会属性，即人类对精神世界、对真善美的追求。

2019年12月，一名18岁大一女生的求助帖上了热搜。她希望母亲给自己每月4500元的生活费，但却遭到了母亲的拒绝。这个女生觉得自己很委屈，认为一个月2000元的生活费根本不够花。"每次我都是月底就空了，要去吃食堂。""女孩本来就花钱多啊，护肤品什么的。""高中肯给我好几千补课，怎么大学就不给我了呢？"这是个刚刚离开家庭的大学新生，她对金钱、对父母、对社会所持有的态度显然易见是错误的。父母轻易满足子女要求，不计成本地付出，日子久了，孩子就觉得理所当然。所以，父母对子女的爱并不是越多越好，无底线的爱，培养不出懂得感恩的孩子。

享乐主义是一种对社会、对个人都具有极大危害性的人生观。就社会而言，享乐主义人生观使得人们只专注于经济的片面发展而漠视自然环境的不断恶化，造成人们精神世界的流浪和人与自然的对立。就个人而言，享乐主义人生观使得人们只专注于"物质家园"而冷漠"精神家园"，这种人生观不仅未使人生的意义更加丰富，反而使人生的意义趋于贫乏，使人类陷入深重的精神危机之中。因此，同学们一定要深刻认清我国的国情，摆脱享乐主义人生观的陷阱，重塑精神超越的人生追求，以正确的人生观、价值观指导人生实践。

（三）反对极端个人主义

个人主义是以个人利益为出发点和归宿的一种思想体系和道德原则，它主张个人本身就是目的，具有最高价值，社会和他人只是达到个人目的的手段。

个人主义是随着私有制而出现的，是私有制商品经济关系在人们意识中的反映。个人主义是资产阶级世界观的核心。17至18世纪，在西方，是资产阶级与封建贵族阶级斗争最激烈、资本主义取得迅速发展和真正具有资产阶级性质的时期。随着资本主义制度的确立，到19世纪资产阶级个人主义发展到一个里程碑阶段，个人主义一词正式现身，并用于概括资产阶级的整个意识形态体系。这时，资产阶级便以赤裸裸的个人主义取代那种受到封建宗教关系制约的、披着一层脉脉温情的个人主义。个人主义在资产阶级身上发展到了顶峰，形成了一种极端形式的个人主义：极端个人主义。极端个人主义突出强调以个人为中心，否认社会和他人的价值，在个人与他人、个人与集体、个人与社会的关系上表现为极端的利己主义和狭隘的功利主义。在这种错误人生观念的影响下，有些人信奉事不关己，高高挂起，想待遇多，想贡献少；想个人好处多，想自身责任少；想个人后路多，想集体事业少；一事当前，先替自己打算，在自身利益面前，其他人都是工具。长此以往，不仅个人会迷失在极端个人利益的狭隘追逐中，国家的各项事业也会受到影响。

错误的人生观念，尽管在形式上五花八门，内容不尽一致，但它们却有着共同的特征：其一，片面理解了人的本质，以人生的某方面需求甚至是较低层次的需求替代全部人生需求；其二，错置了个人与社会的关系，忽视或否认社会性是人的存在和活动的本质属性，它们讨论人生问题的出发点和落脚点都是偏狭的一己之私利。这样的人生观念在实际生活中不但无法指导人们追求有意义的人生，反而会把人们的生活拖入低俗的深渊，必须坚决反对。

综上所述，人生观不是可有可无的，树立科学高尚的人生观对于同学们的健康成长具有重要的指导意义：一方面，它是方法论，是我们观察人生、认识人生、评价人生的理论武器；另一方面，它是人生导航仪。在科学理论的指导下，我们要认清这些错误思想和腐朽观念的实质，选择并追求高尚的人生目的，在奉献社会和服务人民的人生实践中完善自我、创造人生的美好价值。

十一、创造有意义的人生——在奋斗中成就出彩人生

人生价值的实现不仅是一个理论问题，更是一个实践问题。人生之所以有价值，是因为人能够自觉地、有意识地认识和改造世界，通过创造性的实践赋予人生意义。2014年，在五四青年节即将到来之际，习近平总书记给河北保定学院西部支教毕业生群体代表回信，向青年朋友致以节日的问候，并强调指出：同人民一道拼搏、同祖国一道前进，服务人民、奉献祖国，是当代中国青年的正确方向。总书记的青春寄语，清晰地标定了当代青年学生实践之于国家和民族的分量。

（一）在实践中创造有价值的人生

人生价值目标的实现是一个实践的过程，人生价值的评价也是对实践及其成果的评价。社会实践是人生价值真正的源头活水，是实现人生价值的必由之路，也是青年大学生锻炼成长的有效途径。对于大学生而言，在实践中创造有价值的人生具有特殊的要求。

1. 与历史同向

青年大学生在实践中实现自己的人生价值，必须与历史同向。历史深刻昭示我们，青年是祖国的未来、民族的希望。在中华民族苦难深重之时，一代代热血青年上下求索"中国向何处去"的历史命题，为民族独立、人民解放挺身而出。1921年，出席党的一大的13位代表，平均年龄只有28岁，最小的还不满20岁。无数年轻的共产党人，为理想信念而前赴后继，为人民利益而奉献牺牲。在革命、建设、改革年代，正是广大青年"以青春之我，创建青春之家庭，青春之国家，青春之民族"，和亿万人民一道创造辉煌，使伟大的祖国巍然屹立于世界东方，迎来中华民族伟大复兴的光明前景。抚今追昔，莫不

令人深深感怀：青年一代有理想、有担当，国家就有前途，民族就有希望。

历史长河滚滚东流，顺应历史发展方向，做时代的弄潮儿，是青年的使命。回顾历史上的青年英俊，无不是在顺应历史大方向中实现人生出彩，打造人生灿烂事业的。辛亥革命中的青年，五四运动中的青年，抗日战争中的青年，解放战争中的青年，社会主义建设时期的青年，无不是在与历史同向上书写了自己的美丽青春。与历史同向，青年必然志向高远，乐观向上，激情昂扬。今天，实现中华民族的伟大复兴，实现中国梦是我们的历史方向，作为青年大学生，必须沿着这样的方向去努力、去拼搏，在这个大方向上走好自己的人生路，打造自己的事业舞台。

2. 与祖国同行

2018年5月2日，习近平总书记在北京大学师生座谈会上的讲话中指出："当代青年是同新时代共同前进的一代。我们面临的新时代，既是近代以来中华民族发展的最好时代，也是实现中华民族伟大复兴的最关键时代。广大青年既拥有广阔发展空间，也承载着伟大时代使命。青年是国家的希望、民族的未来。我衷心希望每一个青年都成为社会主义建设者和接班人，不辱时代使命，不负人民期望。"

现在，全国人民都在为中华民族伟大复兴目标而拼搏，这就是今天的时代步伐。作为青年学生，必须与这个步伐同行，在实现中华民族伟大复兴的道路上发挥自己的聪明才智，为全面小康作出贡献；在实现两个一百年的奋斗目标的征途上，拼搏进取，留下自己的青春。作为青年大学生，无论在怎样的岗位，从事怎样的工作，打造怎样的事业，只要坚守与时代同行，与祖国同行，就能谱写人生的华章，就能让青春闪烁出璀璨的光辉。

3. 与人民同在

人民群众是历史的创造者，是国家的主人。作为新时代中国青年，要在为人民群众服务、实现人民群众利益的过程中，实现自己的人生价值。只有走与人民群众相结合的道路，向人民群众学习，从人民群众中汲取营养，做中国最广大人民根本利益的维护者，才能使自己的人生大有作为。正如2015年7月24日习近平总书记致全国青联十二届全委会和全国学联二十六大的贺信中指出的:"当代中国青年要有所作为,就必须投身人民的伟大奋斗。同人民一起奋斗,青春才能亮丽;同人民一起前进,青春才能昂扬;同人民一起梦想,青春才能无悔。"

(二)在奋斗中成就出彩人生

青春由磨砺而出彩,人生因奋斗而升华。在2020年新春之际,面对突如其来的新冠肺炎疫情,人们看到,中国的"90后""00后"挺身而出,据统计,在4.2万多名驰援湖北的医护人员中,有1.2万多名是"90后",其中相当一部分还是"95后",甚至"00后"。曾经,在抗击"非典"、汶川地震……中,"90后"是一群被大人们悉心保护的孩子;如今,这些"当年的孩子"正成长为抗击新冠肺炎疫情的中流砥柱,为人民健康奉献自己的光和热。那句广为流传的"哪有什么白衣天使,不过是一群孩子换了一身衣服,学着前辈的样子,治病救人,和死神抢人罢了"。这些年轻人用实际行动证明,他们是有担当的一代,是"奔涌的后浪"。

战"疫"中书写的精彩篇章,只是新时代中国青年为人民战斗、为祖国献身、为幸福生活奋斗的缩影。在圆梦中华民族伟大复兴的历史上,新时代中国青年从来就不是旁观者。从奋战在扶贫第一线的党员干部,到扎根大山的乡村教师;从守卫世界和平的维和官兵,到用生命灭火英勇牺牲的消防战士;从以十一连胜夺取世界杯冠军的女排姑娘,到助力中国"奔月"梦想照进现实的年轻"嫦娥人"……无数这样的奋斗者,满怀对祖国和人民的赤子之心,以国家任务为己任,把人民利益放心上,把个人梦融入国家梦,在祖国需要的各行各业积极行动、热诚付出,把最美好的青春献给了祖国和人民,谱写了一曲又一曲壮丽的青春之歌。正是无数这样的奋斗者,创造了我们的幸福生活,也不断定义着创造者的人生价值。他们的奋斗不仅成就了属于他们自己的人生精彩,也铸就了为国为民奉献的崇高精神。可见,实现人生价值,不仅靠机遇,更要靠奋斗,只有奋斗的人生才是幸福的人生。

新时代呼唤新使命,新使命需要新担当,希望在于青年。今天,新时代青年面临着难得的建功立业的人生际遇,也面临着"天将降大任于斯人"的时代使命:全面建成小康社会和实现社会主义现代化强国需要大学生的参与,中华民族的伟大复兴更需要青年大学生去奋斗。青春只有在为祖国和人民的真诚奉献中才能更加绚丽多彩，人生只有融入国家和民族的伟大事业中才能闪闪发光。同学们只有把个人的命运同祖国的命运紧密相连，与历史同向、与祖国同行、与人民同在，才能在服务人民、奉献社会的实践中成就精彩人生。

第三部分 教学拓展

一、课后思考

1. 为什么说"服务人民、奉献社会"是科学高尚的人生追求？
2. 如何正确认识和处理人生矛盾？
3 如何理解人生的自我价值与社会价值之间的关系？
4. 新时代大学生应该如何成就出彩人生？

二、备课参考

1. 马克思：《青年在选择职业时的考虑》，《马克思恩格斯全集》第一卷，人民出版社 1995 年版。

2. 毛泽东：《为人民服务》，《毛泽东选集》第三卷，人民出版社 1991 年版。

3. 习近平：《在纪念五四运动 100 周年大会上的讲话》，人民出版社 2019 年版。

4. 《习近平与大学生朋友们》编写组：《习近平与大学生朋友们》，中国青年出版社 2020 年版。

5. 贺麟：《论人的使命》，商务印书馆 2015 年版。

6. 爱因斯坦：《社会和个人》《我的世界观》，《爱因斯坦文集》第三卷，商务印书馆 2010 年版。

7. 冯友兰：《人生哲学》，广西师范大学出版社 2005 年版。

8. 《〈思想道德与法治〉辅导用书》编写组：《〈思想道德与法治〉辅导用书》，高等教育出版社 2020 年版。

9.《钱学森》，张建亚执导，西部电影集团有限公司与中国人民解放军原总装备部电视艺术中心 2012 年发行。

10.《黄大年》，成科执导，长影集团、北京忠石影业 2018 年发行。

三、实践活动

1. 主题演讲

内容一：让青春在奋斗中飞扬。

目的：青春只有在为祖国和人民的真诚奉献中才能更加绚丽多彩，人生只有在不断提升自身综合素质的积极进取中才会更有意义和价值。

素材：人的一生只能享受一次青春；青春时期是人生观、价值观确立的重要阶段；当代青年肩负着中华民族伟大复兴的历史使命；青年时期是学习知识、增长才干的黄金时期；与实践相结合、与人民齐奋进，是实现人生价值的必由之路。

操作：联系自身实际，思考当代大学生如何正确选择和充分实现人生价值目标，创造无悔的青春。在此基础上，以班级为单位，举行一次主题演讲。

内容二：身边的时代楷模。

目的：寻找身边的时代楷模，共享心灵的感动，树立人生的标杆。

提纲：你所敬佩的人是谁；他（她）的感人事迹和话语；他（她）的人格魅力和让你敬佩的理由；他（她）对你的触动和影响。

操作：以班级为单位，举行一次主题班会。

2. 电影观后感：他们的人生

目的：讴歌楷模人物的事迹与言行，感悟短暂人生的意义和价值。

素材：《雷锋》《张思德》《焦裕禄》《孔繁森》《钱学森》《黄大年》等。

操作：以班级为单位，选取一部组织收看，并联系大学生实际，写一篇观后感，进行班级交流。

3. 微话题辩论

目的：通过辩论，启发思考，锻炼能力。

辩题一，正方：成才靠个人；反方：成才靠社会。

辩题二，正方：市场经济条件下，竞争比合作更重要；反方：市场经济条件下，合作比竞争更重要。

操作：以班级为单位，按照大专辩论赛规则，由各班级选派4人参赛。

4. 组织公益活动

目的：在"服务人民、奉献社会"中领悟人生的价值，在奉献中体验人生的快乐。

素材：在校内外志愿服务，到敬老院进行走访慰问，资助失学儿童等。

操作：以班级为单位开展活动，并总结、交流心得体会。

5. 教学游戏

目的：以游戏方式，深化学生对教学内容的理解。

游戏一：逃生。

假设一艘轮船在海上航行时，遇上大风浪不幸触礁，将要沉没。请从船上的12人中选出6人，用唯一的一只皮划艇逃生：（1）船长；（2）精通航海的罪犯；（3）健壮的青年打工人；（4）老医生；（5）患绝症的女孩；（6）智障的男孩；（7）中年科学家；（8）个体暴发户；（9）貌美的卖淫女；（10）国家干部；（11）年迈的方丈和尚；（12）大学生。

问题：请陈述选择的理由，并在班级分享。

游戏二：风雨同舟。

将一张报纸放在地上，自由结组，站在报纸上人数最多者胜出。在班级分享同舟共济的感受。

6. 测试"我的价值观"

目的：通过这项活动，使学生测试自己的价值观和生活目标，对个人价值观进行审视和反思，引导学生对人生价值作出理性选择。

操作：在一张纸上写出个人生命中最珍贵的五项事物；选出最能体现你人生价值的一项；你作出上述选择的出发点是：是否符合国家和社会的利益，是否符合所属团体的利益，是否符合家庭的利益，是否符合自己的利益？谈谈为什么作出这样的选择，小组交流，班级分享。

第二章　追求远大理想　坚定崇高信念

第一部分　教学概况

本章概述	本章主要包含三个方面的内容：一、理想信念的内涵及重要性；二、坚定信仰信念信心；三、在实现中国梦的实践中放飞青春梦想。
学时安排	理论学时4学时（含课堂活动）
教学目的与教学目标	本章的教学目的：使大学生正确理解理想信念的含义与特征，明确理想信念对于自身成长成才的重要意义；自觉树立建设中国特色社会主义的共同理想，正确认识共产主义远大理想，坚定马克思主义信仰；正确面对理想与现实的矛盾，把个人理想融入社会理想中，在实现中国梦的伟大实践中放飞青春梦想。 　　本章教学目标包括知识、价值、能力三个目标。 　　知识目标：了解理想信念的内涵及联系，明确理想信念对大学生成长成才的重要意义；深刻理解马克思主义信仰；掌握理想与现实、个人理想与社会理想的关系。 　　价值目标：坚定理想信念，准确把握个人理想与社会理想的关系，让青春梦与中国梦交相辉映。 　　能力目标：学会运用马克思主义的立场、观点和方法分析理想与现实的矛盾和问题，提升正确把握个人理想与社会理想关系的能力。

本章 教材分析	本章以理想信念为主线，在阐述理想信念的内涵及重要性的基础上，阐释了为什么要信仰马克思主义，胸怀共产主义远大理想与树立中国特色社会主义共同理想的关系；指出了在实现中国梦的实践中放飞青春梦想必须正确处理理想与现实、个人理想与社会理想的关系。 　　第一章"领悟人生真谛　把握人生方向"与本章"追求远大理想　坚定崇高信念"同属于思想政治教育的内容，既涉及世界观、人生观、价值观，也涉及理想与信念及思维方式。而这些内容作为一个观念体系，是内在统一的。理想信念是人们世界观、人生观和价值观在奋斗目标上的集中体现。 　　教材把本章的内容设置在第一章之后，凸显了理想信念教育在人生观、价值观教育中的地位和作用。
教学 重点难点	教学重点： 1. 为什么要信仰马克思主义； 2. 确立中国特色社会主义共同理想； 3. 胸怀共产主义远大理想； 4. 准确把握个人理想与社会理想的统一。 教学难点： 1. 为什么要信仰马克思主义； 2. 准确把握个人理想与社会理想的统一。
教学设计	采用线上和线下混合式教学方法。本课程线上教学在中国大学MOOC平台。 线下教学专题： 一、理想信念的内涵与作用； 二、确立崇高科学的理想信念。

第二部分　教学转化

一、导学——坚定理想信念，把好人生航向

同学们，大家好！今天，我们这一讲的主题是——追求远大理想，坚定崇高信念。

不知道大家有没有思考过这个问题：在我们成长成才的过程中，是什么力量在我们遇到困难和挫折时给予支持和鼓舞？又是什么力量在我们身处顺境时给予提醒和引领？从整个人类发展史来看，是怎样的力量支撑着人类战胜滔天的洪水、肆虐的瘟疫，从蛮荒走向文明？又是怎样的信念鼓舞着人类与无边的灾荒、残酷的战争顽强抗击，从远古走到今天？

在《红星照耀中国》一书中，有这样一段话："这些千千万万青年人的经久不衰的热情，始终如一的希望，令人惊诧的革命乐观情绪，像一把火焰，贯穿着这一切，他们无论在人力面前，或者在大自然面前，上帝面前，死亡面前，都绝不承认失败。"这里，"始终如一的希望"是指什么？英国思想家罗素在《自由之路》中的一段话或许能为我们找到答案，他说："在漫漫黑夜中，人们渴望一座光明灯塔的指引，这就是明确的信仰、基础稳固的希望，以及由此产生的能够超越一切险阻的沉稳的勇气。"这就是崇高的理想信念。

理想信念是人类特有的精神现象，是人们对人生和社会终极目标的追求，是构成一个人价值系统的核心，体现着人们对精神家园和终极关怀的寻觅，是我们每个人成长发展的精神向导，在根本上影响着我们的精神生活和社会活动。习近平总书记形象地把理想信念称之为"人的精神之钙"，人一旦精神上"缺钙"，不仅会得软骨病，而且容易精神空虚甚至陷入精神荒漠，找不到人生的方向和前进的动力。

所以，年轻的朋友，在我们成长成才的道路上，追求远大理想，坚定崇高信念，尤为重要。如果把生活比作一条奔腾不息的江河，那么，理想信念就是这条大河上的航标灯，我们每一个人就像一只逆流而上的小船，这只小船能

不能搏风击浪、逆水行舟，顺利到达理想的彼岸，关键看我们能不能把握正确的航向。

这就是这一章我们要探讨和回答的问题：

1. 理想信念的内涵与特征；

2. 理想信念的重要性；

3. 增强对马克思主义、共产主义的信仰；

4. 增强对中国特色社会主义的信念；

5. 增强对实现中华民族伟大复兴的信心；

6. 在实现中国梦的实践中放飞青春梦想。

朋友们，在我们拔节向上的关键时期，就让所有的努力从追求远大理想、坚定崇高信念开始吧。

二、理想信念——人的精神之钙

提到理想，大家都不陌生。小时候，我们亲手栽下一棵小树，希望它快快长大，能够抵御风沙；看过一次航展，心里便暗暗许下一个愿望：将来要成为一名科学家、宇航员等等，这些是我们对理想最初的诠释。任何一个远大的理想，或许就始于童年时期一份小小的好奇，一次印象深刻的经历。

（一）理想的内涵与特征

1. 理想的内涵

追溯理想的来源，不难发现，理想并不是一个远离我们、远离生活的高深的理论概念，它就根植于人类社会生活的实践，是人们在实践中形成的、有实现可能性的、对未来社会和自身发展目标的向往与追求，是人们的世界观、人生观和价值观在奋斗目标上的集中体现。不同的生活实践、不同的追求，就会形成不同的理想，所以，理想是多方面和多类型的，根据不同的标准，可以进行不同的划分：从层次上，可分为崇高理想和一般理想；从时序上，可分为长远理想和近期理想；从主体上，可分为个人理想和社会理想；从性质上，可分为科学理想和非科学理想；从内容上，可分为政治理想、道德理想、职业理想、生活理想；等等。

2. 理想的特征

首先,理想具有超越性。理想之所以称之为理想,就在于,它虽然来源于现实,但并不是对现实的简单描绘,而是与奋斗目标相联系的未来的现实,是人们对未来美好生活的憧憬和期待,所以,理想一定是超前的,是高于现实、超越于现实的。

其次,理想具有实践性。理想是实践的产物。再美好的理想,如果不付诸行动,也只能是水中花、镜中月。理想之所以能够成为一种推动我们不断实践以创造美好生活的巨大力量,就在于它具有实践性,不是纸上谈兵。实践产生理想,理想付诸实践,在实践中再产生更高层次的理想……如此循环,不断升华,才有了人类的今天和不断进步。

最后,理想具有时代性。我国著名诗人流沙河在一首诗里,对这一点作了很好的诠释:饥寒的年代里,理想是温饱;温饱的年代里,理想是文明。离乱的年代里,理想是安定;安定的年代里,理想是繁荣。

理想不是与生俱来的,也不是从天而降的,归根到底是一定时代的产物,既受时代条件的局限,也必然带有时代的烙印。

(二)信念的内涵与特征

1. 信念的概念

信念和理想一样,也是人类特有的精神现象。信念是人们在一定的认识基础上确立的对某种思想或事物坚信不疑并身体力行的精神状态。怎么理解这句话呢?

一方面,信念是以认知为基础,信念中包含一定的认识,但是,信念又不是单纯的认知或知识,而是代表着一种情感上的认同,这种情感认同越强烈,信念表现出来的行为和意志就越坚定;另一方面,信念不是仅仅深藏于人内心的精神的东西,它总要向外表现为行为和实践意志。正是在此意义上,我们说信念是认知、情感、意志的有机统一体,为人们矢志不渝、百折不挠地追求理想目标提供了强大的精神动力。

2. 信念的特征

第一,信念具有执着性。意思是说,信念一旦形成,就不会轻易改变。

当一个人抱有坚定的信念时,他就会全身心投入到为实现目标而努力奋斗的事业中去,精神上高度集中,态度上充满热情,行为上坚定不移。古往今来,成大事者,多是如此。

第二,信念具有支撑性。任何一种理想的实现都不是轻而易举的,会遇到各种各样的困难和波折,人必须有坚定不移的决心和坚韧不拔的意志,才能不断战胜困难,把理想变为现实。有这样一个人,靠着一双义肢和40多年的努力,终于登上了珠穆朗玛峰的峰顶,这就是信念的力量。

第三,信念具有多样性。信念不是一成不变的。由于社会环境、思想观念、利益需要、人生经历和性格特征等方面的差异,不同的人会形成不同甚至截然相反的信念。即使是同一个人,也会因不同的社会生活而形成不同类型、不同层次的信念。正是由于信念的多样性和多层次性,才构成高低不同的信念体系。其中,高层次的信念决定并影响着低层次的信念,低层次的信念服从于高层次的信念。人类最高层次的信念是信仰,它具有最大的统摄力。科学的信仰来自人们对自然界和人类社会发展规律的正确认识。盲目的信仰是对虚幻的世界、不切实际的观念、荒谬的理论等的迷信和狂热崇拜。比如对"法轮功""全能神"等一些邪教组织的信奉就属于不科学的、盲目的信仰,容易使人走入歧途、害人害己。对此,一定要有清醒的认识。

作为人类特有的一种精神现象,理想与信念总是相互依存的。理想是信念所指的对象,信念则是理想实现的保障。理想决定方向,信念决定成败。离开理想,信念无从产生;离开信念,理想寸步难行。理想和信念总是难以分割地紧密联系在一起。也正因如此,人们常将理想与信念合称为理想信念。

(三)理想信念对人生的作用

理想信念对我们的人生有什么作用呢?

第一,理想指引方向,信念决定成败。托尔斯泰有句名言:"理想是指路明灯。"没有理想,就没有坚定的方向,而没有方向,就没有生活。理想信念对于个人而言,并不是可有可无的,它是人生发展的内在动力。大学期间,我们不仅要提高知识水平,增强实践才干,更要树立崇高的理想信念。

第二,理想信念昭示奋斗目标。人生本就是一个在实践中不断奋斗的过程。理想信念是这一奋斗的定向器，一旦确立就可以使人方向明确、精神振奋，不论前进的道路如何曲折、人生的境界如何复杂，都可以使人透过乌云，看到未来的希望，永不迷失前进的方向。2021年8月1日，来自河北的运动员巩立姣，在东京奥运会女子铅球决赛中，夺得冠军。练习铅球21年来，巩立姣的梦想从省冠军，到全国冠军，再到亚洲冠军，直到拿下奥运冠军。目标在变化，但她追梦的脚步从不曾停歇。正所谓"志之所趋，无远勿届，穷山距海，不能限也。志之所向，无坚不入，锐兵精甲，不能御也"。

第三，理想信念催生前进动力。高尔基有一句名言："一个人追求的目标越高，他的才力就发展得越快，对社会就越有益，我坚信这是一个真理。"的确，一个人一旦有了坚定正确的理想信念，就会以惊人的毅力和不懈的努力，成就事业，创造奇迹。而理想信念缺失，则很容易失去生活的力量。所以，坚定的理想信念是激励人们向着既定目标奋斗前进的动力。长征就是中国共产党人一次理想信念的伟大远征。据统计，长征途中，红军将士纵横10余省，进行重要战役战斗600多次，跨越近百条江河，攀越40余座高山险峰，穿越了被称为"死亡陷阱"的茫茫草地，粉碎了国民党百万军队的围追堵截，以常人不可想象的勇气和毅力，闯过了人类生存极限的挑战，创造了气吞山河的人间奇迹。正如习近平总书记所说："长征路上的苦难、曲折、死亡，检验了中国共产党人的理想信念，向世人证明了中国共产党人的理想信念是坚不可摧的。"今天，不论时代如何变化，也不论条件如何变化，弘扬伟大长征精神，走好新时代的长征路，坚定的理想信念都是始终不可动摇的。

第四，理想信念提供精神支柱。有这样一位女性，她扎根云南贫困山区40多年，为了改变农村女娃的命运，推动创建了中国第一所免费女子高中，至今已帮助近2000名女孩圆梦大学校园。那么，她是谁？是怎样的力量支撑她以孱弱之躯取得如此壮举？对，她就是今天已家喻户晓的张桂梅，张桂梅的故事告诉我们什么道理呢？和平年代，血与火的生死考验少了，但其他考验仍无处不在。理想信念是一个人在精神生活领域安身立命的根本。没有理想信念的支撑，人的精神世界就如同无根之木，无基之塔。只有筑牢理想信念之魂，才能经受得住各种考验，创造人生事业的辉煌。

第五,理想信念提高精神境界。理想信念是衡量一个人精神境界高下的重要标尺。一个人的理想信念越崇高,所追求的精神境界也就会越高尚。这是因为在追求理想和实现理想的过程中,人们要不断面对各种挑战,抵御各种诱惑,突破各种局限,克服各种困难。这个过程是人的精神世界从狭隘走向高远、从空虚走向充实、从犹豫走向执着的过程,也是一个人沿着自我成长和完善的阶梯不断攀登、逐步提升精神境界的过程。马克思在青年时代就立下为人类谋幸福的崇高志向;青年毛泽东,身无半文,却心忧天下;周恩来,为中华之崛起而读书;习近平总书记,"我将无我,不负人民"。一个人只有树立崇高的理想信念,才能激发起为民族复兴和人民幸福而发奋学习的强烈责任感和使命感,才能掌握建设祖国、服务人民的本领,使理想信念之花结出丰硕的成长成才之果。

三、追问信仰——为什么要信仰马克思主义

习近平总书记在庆祝中国共产党成立 100 周年大会上强调:"中国共产党为什么能,中国特色社会主义为什么好,归根到底是因为马克思主义行!"一句话,明确回答了为什么要信仰马克思主义。

(一)为什么要信仰马克思主义

其一,马克思主义是科学的理论,创造性地揭示了人类社会的发展规律。马克思主义的科学性主要体现在:深刻揭示了自然界、人类社会、人类思维发展的普遍规律,为人类社会发展进步指明了方向;揭示了事物的本质、内在联系及发展规律,为我们正确地提出问题、分析问题和解决问题,提供了科学的思想方法。时代在变化,社会在发展,但马克思主义作为科学理论,依然发挥着真理的光芒。这是我们坚定马克思主义、共产主义信仰的科学根据。

其二,马克思主义是人民的理论,第一次创立了人民实现自身解放的思想体系。马克思主义全部理论都立足于实现和维护最广大人民的根本利益,把全人类解放和人的全面发展作为最高价值追求,不谋求任何私利,不抱有任何偏见,第一次站在人民的立场探求人类自由解放的道路,以科学的理论为最终建立一个没有压迫、没有剥削、人人平等、人人自由的理想社会指明了方向。

历史上，也曾经有过种种同情、关注人民群众的思潮和学说，但从来没有一种理论像马克思主义那样，与各国工人阶级和广大劳动人民的命运如此紧密地联系在一起。

其三，马克思主义是实践的理论，指引着人民改造世界的行动。马克思主义不仅致力于科学解释世界，而且致力于积极改变世界。在伦敦海格特公墓的马克思墓碑上，镌刻着马克思的一句名言："哲学家们只是用不同的方式解释世界，问题在于改变世界。"这句话鲜明地表明了马克思主义重视实践、以改造世界为己任的基本特征。正是在马克思主义的指导下，社会主义由空想变成科学，由科学理论转变为现实实践。尤其是中国特色社会主义的成功实践，以无可辩驳的事实说明，马克思主义所具有的强大的改造世界和改造社会的威力，不是在书斋里，也不是在讲台上，而是实实在在存在于现实的人类实践中。

其四，马克思主义是不断发展的开放的理论，始终站在时代前沿。马克思主义诞生于19世纪中叶，但并没有停留在19世纪。马克思一再告诫人们，马克思主义理论不是教条，而是行动指南，必须随着实践的变化而发展。作为一个以指导革命与建设为己任的开放的理论体系，马克思主义不但不排斥而且最能够吸收、提炼人类创造的一切科学知识和文明成果，并将其运用于推动社会历史的进步。100多年来，马克思主义不断总结无产阶级革命与社会主义建设成功和失败的经验教训，吸收、借鉴、融合各种优秀的思想文化成果，在继承中发展，在创新中前进。在实践上，中国等一系列社会主义国家革命和建设的成功，将马克思主义由理论变成了现实，并使之不断发展。在理论上，它形成了中国化的马克思主义、西方的马克思主义等不同的学说和体系。实践证明，无论时代如何变迁，马克思主义只要与各国具体国情相结合，与时代共进步，与人民共命运，就能焕发出强大的生命力、感召力和创造力。

（二）胸怀共产主义远大理想

在人类几千年的历史长河中，尤其是出现人压迫人、人剥削人的现象以来，人们从未停止过对未来理想社会的憧憬与追求，在传统中国有圣王之世、大同社会等，在西方有理想国、乌托邦、太阳城等。马克思主义最重要的科学价值之一就是科学预测了未来社会的理想状态——实现共产主义，为人类社会发展指明了方向。

那么，什么是共产主义？怎样理解共产主义远大理想呢？

其一，共产主义是现实运动和长远目标相统一的过程。

共产主义是崇高的社会理想，是关于无产阶级解放的学说，同时也是一种现实运动。共产主义远大理想既是面向未来的，又是指向现实的，不仅反映了人们对未来社会的美好向往，更是一个从现实的人出发，不断满足人的现实利益需求、推进人的全面发展、推动社会发展进步的历史过程与现实运动。

首先，共产主义是人类崇高的社会理想。马克思、恩格斯在批判继承以往理想社会的基础上，对共产主义社会作出了这样的描述："在那里，每个人的自由发展是一切人自由发展的条件"，"只有在那个时候，才能完全超出资本主义法权的狭隘眼界，社会才能在自己的旗帜上写上：各尽所能，按需分配"。也只有在这样一个社会中，广大劳动人民、无产阶级才会获得真正的自由和解放，自由地发挥和发展他们的全部才能和力量，成为真正的主人。

毛泽东在1940年1月发表的《新民主主义论》中，对中国共产党为什么选择共产主义作为自己的理想信念作了这样的说明："共产主义是无产阶级的整个思想体系，同时又是一种新的社会制度。这种思想体系和社会制度，是区别于任何别的思想体系和任何别的社会制度的，是自有人类历史以来，最完全最进步最革命最合理的。"他认为以往的封建主义、当时的资本主义、形形色色的社会主义都不能代表人类文明进步的方向，都不能将中国带入一个光明的世界，都不能为广大的劳苦大众带来真正的幸福生活，而唯有"共产主义无限美妙"，深受广大农民工人的欢迎，使劳动者可以获得真正的自由与解放。由此，对这种美好社会的追求就成为中国共产党人矢志不移的远大理想，成为中国共产党带领亿万人民为之浴血奋斗的最高纲领。

其次，共产主义还是一种现实的运动。马克思、恩格斯曾深刻指出："共产主义对我们来说不是应当确立的状况，不是现实应当与之相适应的理想。我们所称为共产主义的是那种消灭现存状况的现实的运动。"（《德意志意识形态》）这段话明确说明，共产主义作为崇高的社会理想，同时也是一种现实运动。纵观世界历史，法国巴黎公社运动、俄国十月革命、中国为实现民族独立进行的一系列革命以及第二次世界大战以后出现的社会主义运动等，无不是历史上共产主义运动的现实表现。我国目前正在进行的中国特色社会主义建设也是共产主义运动的现实形态。所以说，共产主义既是面向未来的远大理想，同时也是指向人的解放与全面发展的现实运动。

有人认为，"共产主义理想离现实太遥远，是无法实现的"，这一观点实际上割裂了共产主义远大理想与现实运动的辩证统一关系。事实上，共产主义的理想和实践早已存在于我们的现实生活中，我们正处在实现共产主义远大理想的现实运动之中。那种认为"共产主义是渺茫的幻想""共产主义没有经过实践检验"的观点，是完全错误的。

其二，共产主义远大理想的最终实现是一个漫长、艰辛的历史过程，需要一代又一代人付出艰苦的努力。

回顾共产主义运动的历史进程，从1848年《共产党宣言》问世到1917年第一个社会主义国家建立，从东欧剧变、苏联解体，社会主义事业遭遇重创，到新时代中国特色社会主义焕发出前所未有的生机和活力，社会主义和共产主义的理想与实践不仅没有戛然而止，没有像西方某些人所预言的那样进入历史博物馆，反而在长期的艰辛探索中展现出更加光明的前景。一部国际共产主义运动史，就是一部不断从理想走向现实的历史。前途是光明的，道路是艰难曲折的，共产主义远大理想的实现更是需要一代又一代人的不懈奋斗和接续努力。

习近平总书记也强调指出："共产主义决不是'土豆烧牛肉'那么简单，不可能唾手可得、一蹴而就，但我们不能因为实现共产主义理想是一个漫长的过程，就认为那是虚无缥缈的海市蜃楼，就不去做一个忠诚的共产党员。革命理想高于天。实现共产主义是我们共产党人的最高理想，而这个最高理想是需要一代又一代人接力奋斗的。如果大家都觉得这是看不见摸不着的东西，没有必要为之奋斗和牺牲，那共产主义就真的永远也实现不了了。"

所以，我们要正确认识共产主义远大理想和中国特色社会主义共同理想之间的关系。实现共产主义是我们的远大理想，坚持和发展中国特色社会主义，就是向着远大理想所进行的实实在在的努力。今天，历史的接力棒传到我们这一代手中，我们要自觉做共产主义远大理想和中国特色社会主义共同理想的坚定信仰者和忠实实践者，为崇高的理想信念而矢志奋斗。

四、坚定信念——坚持中国特色社会主义共同理想

从《共产党宣言》发表到今天，国际共产主义运动已经走过了170多年的发展历程。其间，既有高歌猛进的灿烂辉煌，也经历过艰难坎坷的挫折失败。

社会主义运动能否健康发展，关键是怎样解决好共产主义的远大理想与现实运动的关系问题。

在这一问题上，共产党人面临的困难是：今天的社会主义运动并没有像马克思、恩格斯当时构想的那样在生产力高度发展的西方发达国家取得胜利，而是在东方落后国家率先成功的，比如旧中国和俄国。当时这些国家生产力不够发达，大多处于农业经济社会，市场化程度较低，无产阶级人数不占优势。

这使得社会主义运动面临前所未有的难题：一方面，它既不是资本主义社会，也不符合马克思主义创始人所理解的共产主义社会第一阶段的条件；另一方面，它又不像马克思主义创始人所理解的那样，是一个短暂的过渡时期，而是一个相当长的历史时期。

面对这一难题，中国特色社会主义给出了"中国答案"——那就是在坚持马克思主义基本原则的基础上，将共产主义远大理想划分为不同阶段，使远大理想一步步成为现实，从而成功化解了共产主义的理想性与现实性之间的难题。

所以，在当代中国，我们为共产主义奋斗，就要在中国共产党领导下，坚持和发展中国特色社会主义，为实现中华民族伟大复兴，为中国特色社会主义共同理想而奋斗。

第一，中国特色社会主义是科学社会主义，不是别的什么主义。

在中国特色社会主义与科学社会主义的关系问题上，习近平总书记给出明确回答："中国特色社会主义是社会主义而不是其他什么主义。科学社会主义基本原则不能丢，丢了就不是社会主义。"这就是说，中国特色社会主义是

科学社会主义基本原则同当前中国具体实际相结合的结晶：一方面，中国特色社会主义坚持了科学社会主义基本原则；另一方面，又根据中国国情和时代条件，被赋予鲜明的中国特色，以全新的视野深化了对共产党执政规律、社会主义建设规律、人类社会发展规律的认识，使我们国家快速发展起来，使我国人民生活水平快速提高起来。

所以，中国特色社会主义，并不是一种有别于科学社会主义的"独立形态的社会主义"，而是科学社会主义在中国的成功实践与创新发展，二者是"源"与"流"的关系，离开科学社会主义，中国特色社会主义就失去了根本和源头。所以，新时代坚持和发展中国特色社会主义，总任务是实现社会主义现代化和中华民族伟大复兴，在全面建成小康社会的基础上，分两步走，在本世纪中叶建成富强民主文明和谐美丽的社会主义现代化强国。在当代中国，坚持中国特色社会主义，就是真正坚持科学社会主义。

第二，中国特色社会主义不是从天上掉下来的，而是中国共产党带领人民历经千辛万苦找到的实现中国梦的正确道路。

这句话实际上说明了中国特色社会主义的历史渊源。中国特色社会主义不是从天上掉下来的，而是科学社会主义发展历史进程中的一个阶段。

20世纪末，东欧剧变，苏联解体，社会主义国家纷纷改旗易帜，科学社会主义遇到了重大挫折，中国也面临着何去何从的重大考验。对此，中国共产党没有退缩，更没有放弃，而是继续在实践中坚持和发展科学社会主义，创造性地探索出一条适合中国国情的中国特色社会主义道路，形成了中国特色社会主义理论体系，确立了中国特色社会主义制度，发展了中国特色社会主义文化，使科学社会主义在中国焕发出无限生机和强大生命活力，使中华民族成功实现了从站起来、富起来到强起来的伟大飞跃，迎来了实现中华民族伟大复兴的光明前景，使中国特色社会主义进入新时代。这一路走来，中国特色社会主义既坚持了科学社会主义基本原则，又是科学社会主义在中国的成功实践，既是我们必须不断推进的伟大事业，又是我们开辟未来的根本保证。

第三，中国共产党的领导是中国特色社会主义最本质的特征。

中国共产党是中国工人阶级的先锋队，同时也是中国人民和中华民族的先锋队，是中国特色社会主义事业的领导核心。中国共产党自诞生之日起，就把为中国人民谋幸福、为中华民族谋复兴作为自己的初心和使命，并团结带领全国各族人民不懈奋斗，战胜各种艰难险阻，不断取得革命、建设、改革的伟大胜利。

党的领导，是历史的必然，人民的选择。办好中国的事情关键在党，这是实践证明的颠扑不破的真理。是中国共产党领导中国人民，使具有5000多年文明历史的中华民族全面迈向现代化，使具有500多年历史的社会主义主张，在世界上人口最多的国家，成功开辟出具有高度现实性和可行性的正确道路，使具有70多年历史的新中国建设取得举世瞩目的成就，使中国这个世界上最大的发展中国家在短短30多年里摆脱贫困并跃升为世界第二大经济体。

党政军民学、东西南北中，党是领导一切的。坚持党的领导是当代中国最高政治原则。所以，把我国建设成为一个富强、民主、文明、和谐、美丽的社会主义现代化强国，实现两个百年奋斗目标，实现中华民族伟大复兴，也必须坚持党的领导。

五、增强信心——实现中华民族伟大复兴的中国梦

信心，关乎着既定目标的实现，是初心与使命的现实表达。2021年4月，习近平总书记在广西考察时强调："要增强对实现中华民族伟大复兴的信心，教育引导广大党员、干部牢记初心使命、增强必胜信心，坚信我们党一定能够团结带领人民在中国特色社会主义道路上实现中华民族伟大复兴，努力创造属于我们这一代人、无愧新时代的历史功绩。"

（一）实现伟大复兴是中华民族近代以来最伟大的梦想

中华民族是人类历史上的伟大民族，在漫长的历史长河中，创造了灿烂悠久的中华文明，为人类作出了卓越贡献。但是，近代以来，中国逐渐沦为半殖民地半封建，中华民族遭受了前所未有的苦难。无数革命先辈奋起抗争，纷纷投身于国家独立、民族复兴的历史洪流之中。孙中山高呼"驱除鞑虏，恢复中华"之豪言，李大钊发出为挽救"神州陆沉"奋斗终身之决心。然而，各种道路、各种方案的探索都无疾而终。以马克思主义为指导的中国共产党的诞

生，从根本上改变了这种局面，给近代饱受战乱、苦难深重的中国人民送来了光明和希望。正如习近平总书记在"七一"重要讲话中指出："中国共产党一经诞生，就把为中国人民谋幸福、为中华民族谋复兴确立为自己的初心使命。一百年来，中国共产党团结带领中国人民进行的一切奋斗、一切牺牲、一切创造，归结起来就是一个主题：实现中华民族伟大复兴。"

（二）百年奋斗取得的四个伟大成就是实现中华民族伟大复兴的信心之基

2021年，习近平总书记在"七一"重要讲话中概括了中国共产党带领中国人民经过一百年的不懈奋斗，取得了新民主主义革命、社会主义革命和社会主义建设、改革开放的新篇章以及中国特色社会主义建设进入新时代，这四个伟大成就奠定了社会条件、根本政治前提和制度基础、体制保证和快速发展的物质条件，为实现中华民族伟大复兴提供了更为完善的制度保证、更为坚实的物质基础、更为主动的精神力量。这些是习近平总书记宣告"实现中华民族伟大复兴进入了不可逆转的历史进程"的信心之基。

第一，中国共产党成立之初就将民族复兴大任作为不懈追求的目标，在艰苦卓绝的斗争中，无数共产党人百折不挠、视死如归，经过28年的浴血奋战，取得了新民主主义革命的胜利，建立了新中国，实现了民族独立、人民解放。新民主主义革命的伟大成就为实现中华民族伟大复兴创造了根本社会条件。

第二，新中国成立后，在中国共产党的领导下，人民当家作主，全国人民团结一心，迸发出前所未有的社会主义革命和建设的热情，为了建设美好新生活自力更生、艰苦奋斗、发愤图强，敢教日月换新天，创造了社会主义革命和建设的伟大成就，为实现中华民族伟大复兴奠定了根本政治前提和制度基础。

第三，改革开放是我们党的一次伟大觉醒，正是这个伟大觉醒孕育了我们党从理论到实践的伟大创造，也使中国人民和中华民族发展史上迎来一次伟大革命，这个伟大革命使党和国家从危难中重新奋起，创造了改革开放和社会主义现代化建设的伟大成就，为实现中华民族伟大复兴提供了充满新的活力的体制保证和快速发展的物质条件。

第四，党的十八大以来，中国特色社会主义进入新时代，以习近平同志为核心的中国共产党以一往无前的勇气和力量，团结带领全国人民，自信自强、守正创新，统揽伟大斗争、伟大工程、伟大事业、伟大梦想，创造了新时代中国特色社会主义的伟大成就，为实现中华民族伟大复兴提供了更为完善的制度保证、更为坚实的物质基础、更为主动的精神力量。

六、理想与现实——辩证看待理想与现实的关系

关于理想与现实的关系，网络上流传着很多经典语录，比如，有人说"理想很丰满，现实很骨感"，也有人说"理想与现实的距离，是飞鸟与池鱼的距离"，等等。不可否认，在追求理想的过程中，我们常常要面对理想与现实之间的矛盾。那么，理想与现实之间是否横亘着不可逾越的鸿沟？我们应该如何看待和把握理想和现实之间的关系？

理想与现实是对立统一的。首先，二者的对立主要体现在现实是理想的基础，理想是现实的升华和发展趋势，二者之间的矛盾属于"实然"和"应然"的矛盾。假如理想与现实完全等同，那么理想的存在还有什么意义？

其次，理想与现实又是统一的。理想受现实的规定和制约，是在对现实认识的基础上发展起来的。一方面，现实中包含着理想的因素，孕育着理想的发展；另一方面，理想中也包含着现实，既包含着现实中必然发展的因素，又包含着由理想转化为现实的条件，在一定的条件下，理想就可以转化为未来的现实。所以，在现实生活中，我们要辩证看待理想与现实的关系，不能只看到二者的对立，看不到二者的统一，也不能用理想否定现实或用现实否定理想，否则，都会走向认识的误区。

最后，理想的实现是一个过程。理想越是远大，其实现过程就越复杂，需要的时间就越长。航天英雄杨利伟在一次报告中谈到，航天员的梦想是在太空飞行，而实现这个梦想需要付出很多努力，不管是在平时训练还是在执行任务的过程中，宇航员都承受着很大的压力。在做超重耐力训练的离心机项目时，他们要承受8个G的重力负荷，也就相当于8倍的体重。航天员在进行这项训练时，面部经常被拉变形，眼泪不由自主地往下流。即使在这种情况

下，航天员们依然要完成各项操作。在训练过程中为了防止出现意外，航天员都是一手拿着操作器一手拿着报警器，一旦感觉身体承受不住，可以按下报警器停止训练。杨利伟说："15年来，我们国家所有的航天员在接受离心机项目训练时，都没有按下过报警器。大家之所以能做到，是因为每个人都知道自己肩上有一份责任，只有坚持这份责任，才能实现梦想。"

2020年7月7日，习近平总书记在给中国石油大学（北京）克拉玛依校区毕业生的回信中也指出："这场抗击新冠肺炎疫情的严峻斗争，让你们这届高校毕业生经受了磨炼、收获了成长，也使你们切身体会到了'志不求易者成，事不避难者进'的道理。前进的道路从不会一帆风顺，实现中华民族伟大复兴的中国梦需要一代一代青年矢志奋斗。""志不求易者成，事不避难者进"，这句话出自《后汉书·虞诩传》，讲的是东汉刚正名臣虞诩的经历。当虞诩被派往贼寇横行的朝歌作朝歌长时，朋友都为他担心，他却笑着表示"志不求易，事不避难"。排忧解难本是人臣之责，不遭遇盘根错节的困境，怎能判断是否为国之利器？虞诩的态度体现了志存高远、知难而进的君子人格。

志存高远必然要求知难而进。知难而进是中国文化自强不息精神的重要表现。《易传》讲："天行健，君子以自强不息。"君子要效仿天字健动不息，无论遭遇何种困境，都不能停下奋斗的脚步，要以坚忍和顽强自立于世。自强不息反映了中国文化刚健创生的特质，它发自人的内在生命力量，又被君子对家国的责任和使命所强化，最终产生如孔子"知其不可而为之"的担当气魄，从而使人敢于直面一切艰难险阻。《论语·泰伯》有言："士不可以不弘毅，任重而道远。仁以为己任，不亦重乎？死而后已，不亦远乎？"以天地苍生为己任，弘扬仁爱道德于四方，追求这一高远志向必要付出百倍艰辛，历经千难万险。虽然最终未必成功，但过程本身已经彰显了生命的意义，不成功则成仁。正因如此，历史上不断有仁人志士为中华民族的前途命运呕心沥血、百死不辞，充分彰显了以民族大义为志向所激发的知难而进的无畏精神。

所以，理想的实现，尤其是远大理想的实现，不是一蹴而就的，常常伴随着曲折、复杂的挑战与考验，这就需要我们作好充分的思想准备，善于利用顺境，勇于正视和战胜逆境，知难而上。如今新冠肺炎疫情尚未结束，国内外均呈现错综复杂的局面。我们不仅是这段历史的见证者，还是书写者。人的境遇虽各有不同，所承担的使命也因人而异，但如果每个人都勇担重任，志不求易，事不避难，履行好自己的社会责任，那国家的未来就会充满希望。

七、艰苦与奋斗——艰苦奋斗是实现理想的重要条件

前段时间，一位大一女生的求助帖走红网络，她找家里要每月4500元的生活费，却遭到拒绝，觉得很委屈，上网求助，结果招来一片骂声。有网友说："你委屈的样子真的不美丽。"

的确，今天，我们的国家前所未有的富强和强大，我们的生活水平也达到了一个前所未有的高度，不少年轻朋友追求高消费，对提倡和发扬艰苦奋斗精神产生了怀疑，认为我们搞市场经济和改革开放就是为了让人们富裕起来，提高生活水平，艰苦奋斗，那是老一辈的事，今天，已经不需要了。可能很多年轻朋友都没有过过吃糠咽菜、补丁贴补丁的生活，那么，在物质生活日益丰富的今天，艰苦奋斗的精神是不是也过时了？

答案当然是否定的。

其一，从内涵看，艰苦奋斗是指不畏艰难困苦，进行坚持不懈的斗争，是为了革命和建设的胜利而不畏艰苦、知难而进、乐于奉献的精神。它具体表现为：政治上有旺盛的斗志，为实现远大理想而奋斗不息；工作上不畏艰苦，不怕牺牲，勇挑重担；生活上艰苦朴素，勤俭节约，情操高尚；在新形势下，艰苦奋斗还具有更广泛、更丰富的内容，比如对人力物力的格外珍惜、对提高工作效率的执着努力、对生活方式尽善尽美的追求等等。

其二，从历史的角度看，艰苦奋斗是中华民族的传统美德。人类从刀耕火种发展到卫星遥控，从落后愚昧发展到文明进步，从原始社会发展到社会主义社会，每前进一步都离不开艰苦奋斗。在中华大地上，我们的祖先历尽沧海桑田，百折不挠，自强不息，创造了光辉的历史、灿烂的文化；在我们民族的文明史上，有着发达的农业和手工业，有众多伟大的思想家、科学家、发明家、政治家、军事家和文学艺术家；有浩如烟海的文化典籍和灿若星辰的文物古迹。我们民族靠什么来创造如此辉煌的业绩呢？靠的是克勤克俭、厌恶奢靡

的生活态度，靠的是藐视困难、顽强搏击的精神状态，靠的是立志高远、舍命为之的特殊品格，一句话，靠的是艰苦奋斗的传统美德。

晚唐诗人李商隐有感于"万世基业多毁于糜费"的历史悲剧，写下了"历览前贤国与家，成由勤俭败由奢"的名句。北宋欧阳修则告诫世人："忧劳可以兴国，逸豫可以亡身。"有副对联"一粥一饭，当思来之不易；半丝半缕，恒念物力维艰"，倡言节俭，不畏艰苦，一语道出了中华民族繁衍至今、生生不息的真谛。从"勾践尝胆""唐僧取经""女娲补天""愚公移山"等不胜枚举的典故中，也可以窥见中华民族艰苦奋斗的思想光辉。

其三，艰苦奋斗是我们党克敌制胜、战胜一切困难的传家宝。我们党领导人民进行革命和建设的历史，就是一部不怕牺牲、英勇顽强、艰苦奋斗、一往无前的历史。在漫长的战争岁月，艰苦奋斗的传统美德获得了崭新的内容和形式，艰苦奋斗精神是我们党在前进道路上战胜各种困难和风险、不断夺取新胜利的重要力量支撑。

在井冈山，这个红色政权的摇篮，红军生活异常艰苦，吃的是红米饭，喝的是南瓜汤，住的是窑洞和草棚，天当被，地当床，就是在这样艰苦的环境中，以"星星之火，可以燎原"之势，开辟了一条"前无古人，后无来者"的"农村包围城市"、最后夺取胜利的光辉之路。

抗日战争，艰苦奋斗精神得到更加充分的体现。1941年，由于日本帝国主义疯狂的进攻和扫荡，以及国民党顽固派的军事包围和经济封锁，我们党领导的抗日根据地财政经济发生了极为严重的困难。解放区没有油盐、没有纸张、没有衣被，为克服困难，全军上下开展了轰轰烈烈的大生产运动，王震率领一二〇师三五九旅开进了灌木丛生、虎豹出没的南泥湾。他们披星戴月，把沉睡千年的荒地改造成五谷丰登的米粮川。周恩来在百忙之中学习纺线。在边区人民中间，周恩来参加纺线比赛时被评为"纺线英雄"的故事广为流传。

解放战争时期，在革命胜利即将到来的时候，毛泽东在1949年3月党的七届二中全会上告诫全党："务必使同志们继续保持谦虚谨慎、不骄不躁的作风，务必使同志们继续保持艰苦奋斗的作风。"我们党正是保持了艰苦奋斗的精神，战胜了重重困难和强大的敌人，顶住了"糖衣炮弹"的袭击，打出了一个新中国，开创了社会主义建设大业的基础。

新中国成立后，物质生活水平有所提高，但毛泽东却将一件睡衣穿了20余年，打了73个补丁。身为共和国的主席，他不是没有条件穿一件新睡衣，而是没有忘记艰苦奋斗的革命精神。1965年，毛泽东重上井冈山的时候说："日子好过了，艰苦奋斗的精神不要丢了。"不要丢，是因为艰苦奋斗的精神还有意义和价值，有意义和价值，它就不会过时。

其四，从当下看，坚持艰苦奋斗的精神是对朴素生活方式的选择，它依然重要。今天再提艰苦奋斗，不是要我们过"新三年旧三年，缝缝补补又三年"的节衣缩食的生活，也不是要我们回到窑洞草屋过封闭的小农生活，而是以艰苦奋斗作为一种强大的精神力量，保持勤俭节约的高尚品德和锐意进取的精神气质。黄炎培曾提出过"其兴也勃焉，其亡也忽焉"的兴亡周期律，称历朝历代都没有能跳出其中，他还分析了造成这个周期律的原因：一是外部环境的稳定和改变，让人精神松懈；二是干事者惰性发作，且形成社会风气；三是干部人才绝竭。美国中央情报局对华的《十条戒令》里也写道："尽量用物质来引诱和败坏他们的青年，鼓励他们藐视、鄙视、进一步公开反对他们原来所受的思想教育，让他们不以肤浅、虚荣为羞耻，一定要毁掉他们强调过的刻苦耐劳精神……摧毁他们的自尊自信的钥匙，就是尽量打击他们刻苦耐劳的精神。"今天，我们要跳出黄炎培所说的历史周期律，走一条新路，并在干扰不断的环境中坚持自信、坚定不移地走下去，就必须克服精神松懈、贪图安逸的消极意志，必须保持崇尚艰苦朴素、奋发图强的高尚品德。所以，艰苦奋斗精神没有过时，而且也永远不会过时。如果你认为它过时了，那么可以说，不是艰苦奋斗过时了，是你的思想过时了！

其五，广大青年一定要矢志艰苦奋斗，艰苦奋斗是实现理想的重要条件。习近平总书记强调："'宝剑锋从磨砺出，梅花香自苦寒来'，人类的美好理想，都不可能唾手可得，都离不开筚路蓝缕、手胼足胝的艰苦奋斗。"艰苦奋斗是成就伟业、实现理想不可或缺的重要条件。历史上，凡有成就者，多是从艰苦奋斗中得来的。所以说，艰苦奋斗绝不是一时的权宜之计。艰苦奋斗的精神在任何时期都不会过时。革命年代，它是革命取得胜利的重要支撑；建设时期，它是成就伟业的原动力。"两个一百年"奋斗目标的实现，仍然需要坚持和发扬艰苦奋斗的精神，就算目标实现之后，艰苦奋斗的精神会依然有其传承价值和时代意义。

当然，新时代，讲艰苦奋斗，也并不是不讲物质利益，而是强调广大青年要把敢于吃苦、勇于奋斗的精神落实到日常的学习、生活和工作中。在学习上，刻苦钻研、不畏艰难，孜孜不倦地学习理论和专业知识，不断提高思想道德和专业知识水平；在生活上，艰苦朴素、勤俭节约，抵制和反对铺张奢华的思想和生活作风；在工作上，奋发图强、不怕困难、不避艰险，努力完成各项任务。

八、小我与大我——正确把握个人理想与社会理想的关系

（一）个人理想与社会理想的概念

前面在第一小节中，我们了解了理想信念的内涵与作用，理想从对象上可以分为个人理想和社会理想。

个人理想是指处于一定历史条件和社会关系中的个体对于自己未来物质生活、精神生活所产生的种种向往和追求。它主要包括个人的生活理想、职业理想和道德理想等。比如说，我们每个人都有对未来生活的憧憬和期盼、对未来职业或个人发展的预期和规划、对将来自己想要做一个怎样的人以及怎样做人的追求和向往等，这些对个人未来生活、工作以及道德品质、道德人格等的想象和设计，就是我们的个人理想。

社会理想是指社会集体乃至社会全体成员的共同理想，即在全社会占主导地位的共同奋斗目标。在这方面，中西方的先贤们提出了很多设想和方案。在我国古代，老子提出了"小国寡民"的社会构想；《礼记·礼运》篇描述了世界大同的社会图景。在西方，柏拉图的"理想国"、莫尔的"乌托邦"、康帕内拉的"太阳城"，以及欧文等人对社会主义的设计，都集中体现了那个时代西方人对理想社会的愿景。

（二）个人理想与社会理想的关系

理想对一个人的成长成才来说是十分重要的，它支配着一个人前进的方

向，同时也是我们前进的精神动力。因此，树立正确的理想可以引导人走向成功，也可以为其提供强大的精神支持。但是如果没有远大、正确的理想，对人生的发展将是十分不利的，有可能走上错误的道路或者走向失败。那是不是意味着，我们只要树立正确的个人理想，社会理想就不需要了呢？当然不是。社会理想与个人理想并不是彼此孤立的，而是相互联系、相互影响、相互制约的。

一方面，个人理想以社会理想为指引。人是社会的人，社会理想规定、指引着个人理想，个人理想的实现依赖于社会理想的实现。也就是说，在整个理想体系中，社会理想是最根本、最重要的，而个人理想则从属于社会理想，个人理想的确立要以社会理想为引导，个人理想的实现也依赖于社会理想的实现。个人理想只有同国家的前途、民族的命运相结合，个人的向往和追求只有同社会的需要和人民的利益相一致，才可能变为现实。这也是为什么中西方的古圣先贤们提出了那么多美好愿景，但最终都没有实现的原因所在。在私有制、等级制度、阶级制度没有消亡之前，无论是中国的"大同社会"，还是西方的"乌托邦""太阳城"，都是不可能实现的。再比如，我们在填报志愿或选择专业的时候，也要遵循个人兴趣和国家需求相结合的原则，将个人理想融入国家发展的大需求当中，个人理想才更容易实现。

另一方面，社会理想是对个人理想的凝练和升华。社会是个人的联合体，社会理想与个人理想是密不可分的。社会理想不是凭空产生的，也不是由外在力量强加的，而是建立在众多个人理想的基础之上。社会理想归根到底要靠全体社会成员的共同努力来实现，并具体体现在每个社会成员为实现个人理想而进行的具体实践中。当社会理想同个人理想有矛盾冲突的时候，有志气、有抱负的人总是作出最大的自我牺牲，使个人的理想服从于全社会的共同理想。这在我国无论是历史上还是现代化建设时期，都有无数的仁人志士"先天下之忧而忧，后天下之乐而乐"，从精忠报国的岳飞、甲午军魂邓世昌、维新烈士谭嗣同到人民公仆焦裕禄、党的好干部孔繁森等等，他们不畏苦难、不怕牺牲，坚持个人奋斗目标与国家、民族的奋斗目标相统一，是个人理想服从并服务于社会理想的生动写照。

从以上两个方面看,个人理想与社会理想的关系实质上是个人与社会关系在理想层面的反映。个人与社会是有机联系在一起的,二者相互依存、相互制约、共同发展。同样,社会理想与个人理想也是如此,相互联系、相互影响、相互制约。

进一步,我们可以从中国文化传统来看个人理想与社会理想的辩证关系。在中华文化传统中,一直比较推崇从大局出发、服从大局的思想意识和文化。《中庸》提出了人的最高生命理想是,通过自己的积极努力,助推他人和万物实现各自的本性和价值,即"赞天地之化育"。能够参赞天地化育,就是"与天地参",与天地并立为三。这种人生追求把人提升到与天地鼎足的至高地位,使人因担负天地职责而拥有无上尊严。如此说来,人的一生有担当、有责任才有意义,为他人、为家国才有意义。《左传》给出"三不朽"路径:立德、立功、立言,即道德修养、建功立业、千古文章都能使人跳出个体生命和个人理想的局限,将个人的有限追求与他人、社会的历史命运紧密关联起来,在承担天地、家国职责的过程中,被时代和历史所铭记,正所谓"人生自古谁无死,留取丹心照汗青"。北宋张载将这一追求进一步表述为:"为天地立心,为生民立命,为往圣继绝学,为万世开太平。"这"横渠四句"表明,天地苍生、古往今来、家国天下皆是有志之士的志向和追求。这一文化传统延续发展到今天,我们再从当下的中国来看个人理想与社会理想的关系,无疑就是"个人梦"与"中国梦"的关系。中国梦是民族振兴、国家富强、人民幸福之梦,是中国社会主义事业兴旺发达之梦,也是每个大学生的成长成才之梦。正所谓,"得其大者可以兼其小"。个人只有把人生理想融入国家和民族的事业中,才能最终成就一番事业。2020年7月7日,习近平总书记给中国石油大学(北京)克拉玛依校区的毕业生们回信,肯定他们到边疆基层工作的选择,并寄语广大高校毕业生要"志存高远、脚踏实地,不畏艰难险阻,勇担时代使命,把个人的理想追求融入党和国家事业之中,为党、为祖国、为人民多作贡献"。

青年向上,国家向前。2020年以来,从抗疫前线的青年医务工作者,到后方居家战"疫"的青年志愿者,从2020珠峰高程测量登山队成功登顶,到北斗系统完成全球组网部署……每一件大事背后,都有着年轻人的奋斗身影,都彰显着年轻人的青春力量。始终保持艰苦奋斗的前进姿态，把小我融入大我，勇立潮头、奋勇搏击，就一定能在祖国最需要的地方奏响新时代的青春之歌。

九、立志与躬行——大学生怎样坚定理想信念

2017年五四青年节到来之际，习近平总书记到中国政法大学考察，勉励广大青年要立志做大事，不要立志做大官。这一深刻论述为广大青年指明了价值追求和人生方向。

首先，立志要高远。立志是人生奋斗的前提。强调立志，乃至把立志放在求学、做人的第一位，是中华民族的优秀传统。古人说："非学无以广才，非志无以成学。"墨子强调"志不强者智不达"，诸葛亮指出"志当存高远"。这里的"志"具有双重含义：一是对未来目标的向往，二是实现奋斗目标的顽强意志。志向，就是理想信念；立志，就是确立理想信念。远大的志向如太阳，唯其大，才有永不枯竭的热能；如灯塔，唯其高，才能照亮前进的航程。有志者，事竟成；有大志者，人生事业才能辉煌。志向高远，就是要放开眼界，不满足于现状，也不屈服于一时一地的困难与挫折，更不要斤斤计较个人私利的多少与得失。

有一分志，成一分事。古今多少第一等事业，都是那些早早树立了第一等志向的人做出来的。年轻的霍去病以"匈奴未灭，何以家为"激励自己，后来为西汉扫除边患、开疆拓土，立下汗马功劳。青年周恩来"为中华之崛起而读书"，终成为新中国的缔造者之一。青年马克思在中学时代就立下了为全人类解放而奋斗的誓言，终成彪炳史册、影响深远的千年伟人。我们当代青年生长于改革开放的大好年代，担负着实现"两个一百年"奋斗目标、实现中华民族伟大复兴的中国梦的历史责任，更应与时代同心同行，早定志向，力争做出超越前人的一流功业，方不负青春韶华。

其次，立志做大事。有什么样的志向，成就什么样的事业。有大志，才能成大业。当代青年应该树立什么样的大志？中国民主革命的先行者孙中山曾激励广大青年，要立志做大事，不要立志做大官。其中的道理就是希望青

年以国家、民族的命运为己任，而不要以个人的荣华富贵为人生的理想。如果一个人不顾自身所处时代的召唤，脱离自己所归属的国家和民族繁荣发展的需要，一切以自我为中心，天马行空、独来独往，那么，不仅他的人生价值取向是错误的，而且这种追求因为脱离了国家、民族和时代的需要，往往也是难以实现的。

当前，中国处于近代以来最好的发展时期，世界处于百年未有之大变局，两者同步交织、相互激荡。以习近平同志为核心的党中央，用治国理政的新理念、新思想、新战略，推进全面建成小康社会、全面深化改革、全面依法治国、全面从严治党的战略布局，带领中国这艘巨轮驶向光明灿烂的前方。身处这样一个伟大的变革时代，当代青年是幸运的，因为这是最需要年轻人拼搏的时代，这是只要拼搏就会出彩的时代，这是需要用青春书写历史的时代。小我升华为大我，超越小确幸走向大抱负，把个人的历史写进中国大地，把一己的汗水融入时代大潮，让伟大的时代因"我"更灿烂，这是时代赋予当代青年的伟大使命。立志做大事，是当代青年人生的主旋律。

最后，立志需躬行。中国古代先哲老子说："合抱之木，生于毫末；九层之台，起于累土；千里之行，始于足下。"说明崇高理想的实现需要一点一滴地奋斗。不踏踏实实打好基础，就无法攻尖端、攀高峰，有时表面上看好像是爬上去了，但实际底子是空的。所以，习近平总书记告诫大学生要牢记"空谈误国、实干兴邦"，志存高远、脚踏实地、埋头苦干，充分展现自己的抱负和激情，用勤劳的双手成就属于自己的人生精彩。

1920年，时年29岁的陈望道在一间柴房里翻译出了《共产党宣言》的首个中文全译本，这是他第一次品尝到了真理的甘甜味道，并找到了自己的终生信仰。之后，这本小册子在中国不断传播，影响了一批又一批为寻找中国未来而奔走的中国共产党人，为引导大批有志之士树立共产主义远大理想、投身民族解放振兴事业发挥了重要作用。

2020年6月27日，习近平总书记给复旦大学《共产党宣言》展示馆党员志愿服务队全体队员回信，勉励他们继续讲好关于理想信念的故事，并对全国广大党员特别是青年党员提出殷切期望。习近平总书记强调，"心有所信，方能行远"。面向未来，走好新时代的长征路，我们更需要坚定理想信念、矢志拼搏奋斗。希望广大党员特别是青年党员认真学习马克思主义理论，结合学习党史、新中国史、改革开放史、社会主义发展史，在学思践悟中坚定理想信念，在奋发有为中践行初心使命，努力为实现"两个一百年"奋斗目标、实现中华民族伟大复兴的中国梦贡献智慧和力量。

心有所信，方能行远。今天，历史的接力棒传到了我们手中。面向未来，走好新时代的长征路，我们更需要坚定理想信念、矢志拼搏奋斗，不断创造新精彩，续写新荣光。

第三部分　教学拓展

一、课后思考

1. "理想很丰满，现实很骨感"，"我已经是一只咸鱼了，为什么还要翻身"，谈谈你对这些网络话语的理解。

2. "以青春之我，创建青春之家庭，青春之国家，青春之民族。"这是李大钊对青年人的勉励。你怎样去践行自己的青春誓言呢？

3. 习近平总书记说："现在青春是用来奋斗的，将来青春是用来回忆的。"你如何理解这句话？

4. 结合自身实际，谈谈如何在新时代把个人理想变为现实？

二、备课参考

1. 习近平：《在纪念五四运动 100 周年大会上的讲话》，人民出版社 2019 年版。

2. 习近平：《在纪念马克思诞辰 200 周年大会上的讲话》单行本，人民出版社 2018 年版。

3. 陈先达：《马克思主义信仰十讲》，人民出版社 2018 年版。

4. 中央党校采访实录编辑室：《习近平七年知青岁月》，中共中央党校出版社 2017 年版。

5. 毛泽东：《青年运动的方向》，《毛泽东选集》第二卷，人民出版社 1991 年版。

6. 电影《觉醒年代》，张永新执导，中共北京市委宣传部、中共安徽省委宣传部、北京市广播电视局和安徽省广播电视局联合摄制，由北京北广传媒影视股份有限公司和安徽华星传媒投资有限公司承制，由北京北广传媒影视股份有限公司、安徽华星传媒投资有限公司、优酷信息技术（北京）有限公司和上海克顿文化传媒有限公司联合出品。

三、实践活动

1. 主题演讲

内容：以"青春"为帆，开启人生远航；把握时代要求，树立人生理想。

目的：掌握理想信念的含义及其基本内容，理解个人理想与社会理想的关系。

操作：以小组为单位，围绕"正确把握个人理想与社会理想的关系"这一主题，准备演讲稿，演讲稿字数不低于 800 字，并在班级进行演讲。

2. 朗读比赛

内容：诵读《共产党宣言》《马克思给燕妮的信》等。

目的：通过阅读，激励了解马克思、学习马克思的内在动力。

操作：以小组为单位，进行朗读比赛，交流学习体会，撰写一篇活动感想。

第三章 继承优良传统 弘扬中国精神

第一部分 教学概况

本章概述	本章主要包含三个方面的内容：一、中国精神是兴国强国之魂；二、做新时代的忠诚爱国者；三、让改革创新成为青春远航的动力。
学时安排	理论学时4学时（含课堂活动）
教学目的 与 教学目标	本章的教学目的：引导和帮助学生深刻理解中国精神的内涵，正确认识弘扬中国精神的时代价值，为其成长为担当民族复兴大任的时代新人提供正确的精神指引；帮助学生全面理解爱国主义的基本内涵，科学把握新时代弘扬爱国主义精神的主要内容，引导学生积极弘扬爱国主义精神，做新时代的坚定爱国者；帮助学生认识改革创新是时代要求，应当以时代使命为己任，勇做改革创新的生力军。 本章的教学目标包括知识、价值、能力三个目标。 知识目标：掌握中国精神的内涵及构成，理解中国精神的时代价值；掌握爱国主义的基本内涵及新时代爱国主义的基本要求；理解创新创造是中华民族最深沉的民族禀赋，改革创新是时代要求。 价值目标：培育家国情怀，能够将中国精神作为精神指引并转化为青春行动，自觉将爱国之情、强国之志、报国之情统一起来，在创新创造中不断积累经验，争做新时代忠诚的爱国者和改革创新的生力军。 能力目标：培养理论联系实际的应用能力，能够运用中国精神的内涵、新时代爱国主义的基本要求等相关知识认识、分析社会生活中的实际问题。

本章 教材分析	本章以弘扬中国精神为逻辑主线，在阐述中国精神是中华民族优秀传统的基础上，阐明了中国精神是民族精神与时代精神的有机统一，是实现中国梦的强大精神支柱和方向指引。 本章与第一章、第二章同属于思想政治教育的内容。这一章在思想政治教育内容体系中具有承上启下的作用。它既是第一章"人生青春之问"的思想基础，也是第二章"坚定理想信念"的必然的延伸和落脚点。 弘扬中国精神，是建设中国特色社会主义、实现中华民族伟大复兴的不竭动力之源，也是树立科学的理想信念的根本要求。同时，理想信念、民族精神、时代精神教育作为思想政治教育的"灵魂"和基础，重在阐明正确理想信念、民族精神、时代精神对人生发展有积极的作用。这一逻辑线索贯穿于教材体系的始终。
教学 重点难点	教学重点： 1. 中国精神的内涵、构成及意义； 2. 爱国主义的基本内涵； 3. 新时代的爱国主义的含义以及如何做忠诚爱国者； 4. 改革创新的重要作用及意义，做改革创新的生力军。 教学难点： 1. 中国梦与中国精神的相互关系； 2. 弘扬中国精神对于实现中国梦的重要意义； 3. 如何做忠诚爱国者以及如何做改革创新的生力军。
教学设计	采用线上和线下混合式教学方法。本课程线上教学在中国大学MOOC平台。 线下教学专题： 一、什么是中国精神？ 二、为什么实现中国梦必须弘扬中国精神？ 三、如何弘扬中国精神？

第二部分　教学转化

一、导学——弘扬中国精神，凝聚中国力量

同学们好！从今天开始，我们将学习第三章——继承优良传统，弘扬中国精神。

2020年年初，突如其来的新冠肺炎疫情牵动着中华儿女的心。时至今日，中国抗击疫情取得扎实战果，防控形势持续稳定向好，这既是对中国治理能力的一次大考，又是展现中国精神的一场战役。习近平总书记指出："人无精神则不立，国无精神则不强。精神是一个民族赖以长久生存的灵魂，唯有精神上达到一定的高度，这个民族才能在历史的洪流中屹立不倒、奋勇向前。"中华民族正是在党中央领导下，依靠着伟大的中国精神，团结一心，众志成城，攻坚克难，打响了抗击新冠肺炎疫情的人民战争、总体战、阻击战，并统筹推进新冠肺炎疫情防控和经济社会发展。中华民族正是依靠着伟大的中国精神，5000多年来历经磨难，依然不断地奋勇向前。

那么，什么是中国精神呢？中国精神，是产生于中华5000多年的民族精神中的、积淀于现代中华民族复兴历程，特别是在近些年中国的快速崛起中迸发出来的具有很强的民族聚集、动员与感召效应的精神及其气象，是中国文化软实力的重要显示。

中国精神孕育于中华民族5000多年的文明发展中，形成于近代中国人民前仆后继地反抗外敌入侵、争取民族独立与解放的伟大斗争中。我们从中华民族自古至今的发展中能够深深感受到，这种在漫长的历史进程中传承并沉淀于中国人民血液之中的巨大精神力量：5000多年的历史发展中，中华民族生生不息，中华文明绵绵不绝；180多年的民族奋斗历程中，中华儿女在历史的转折点上苦苦求索、救亡图存、开创未来；新中国成立70多年来，尤其是改革开放40多年来，中国发生了翻天覆地的巨大变化，中国人民取得了举世瞩目的伟大成就……历史的传承穿越了千年的岁月尘封走到今天，

明显地标识出了独特的中国人、中国文化。这样的传承，其实就是那些洪荒年代和激扬岁月馈赠给我们的宝贵财富——中国精神。当人们谈论中国历史、中国文化、中国哲学时，当人们感受和热议中国现象、中国速度、中国奇迹时，当人们思考中国模式、中国道路、中国力量时，这其中无不贯穿着中国精神。

中国精神与今日全球时代中国应有的国家利益、国家责任以及国家荣誉相匹配。对于处于社会发展变化之中的我们每个人，中国精神都是一个重要的精神力量。它融汇在中国力量的凝聚和迸发之中，是中华民族生命力、凝聚力、创造力的源头活水，不断推动无数中华儿女在实现中国梦的征途中前行。

本章共分三节：第一节，中国精神是兴国强国之魂；第二节，做新时代的忠诚爱国者；第三节，让改革创新成为青春远航的动力。我们将以"崇尚精神是中华民族的优秀传统"这一问题为起点，分别对"中国精神的丰富内涵""实现中国梦必须弘扬中国精神""做新时代的忠诚爱国者"等问题进行讲解，使我们理解、领悟作为时代新人，我们应如何继承优良传统，弘扬中国精神。

二、精神溯源——重精神是中华民族的优良传统

中国自古以来就是一个有自己伟大民族精神的国度，也正是因为如此，中华儿女才创造了光辉灿烂的文明，这股强大的中国精神激励着中华儿女不断创造历史，不断书写人类社会发展的奇迹。中国精神作为积极生长的精神因素，其生成与传承有着极其深刻的精神溯源，那就是崇尚精神是中华民族的优秀传统。这一传统贯穿在中华民族筚路蓝缕的奋斗历程中，推动着中华民族的一路向前、发展壮大，是中华民族重要的精神标识。

（一）为什么"崇尚精神"是中华民族的优秀传统

在回答这个问题之前，我们先认识一个概念，那就是："什么是精神？"

从哲学的角度上讲，精神与物质相关，又与物质相对。在马克思主义哲学看来，精神是高度组织起来的物质，即人脑的产物，是人们在改造世界的社会实践中通过人脑产生的观念、思想上的成果。人们的社会精神生活，即

社会意识，是人们的社会物质生活即社会存在的反映。但是，精神又具有极大的能动性，通过改造世界的社会实践活动，精神的东西可以转化为物质的东西。

"精神的东西可以转化为物质的东西"所彰显的就是精神的力量。马克思对精神转化为物质的思想作过经典的表述，他有一段名言讲道："批判的武器当然不能代替武器的批判，物质力量只能用物质力量来摧毁；但是理论一经掌握群众，也会变成物质力量。"在人类发展的历史长河中，精神力量曾经发挥并且正在发挥极其重要的作用，它推动着人们对包含科学技术在内的客观世界的真理性认识，也鼓舞着人们孜孜不倦为追求更加美好的社会与实现更加美好的梦想而努力奋斗。

毛泽东说过："人总是要有点精神的。"一个国家、一个民族更是如此。梁启超先生曾在《新民议》一文中指出："凡一国之能立于世界，必有其国民独具之特质。上自道德、法律，下至风俗、习惯、文学、美术，皆有一种独立之精神。祖父传之，子孙继之，然后群乃结，国乃成。"说的就是精神对于一个国家的重要意义，只有具备了某种国家精神，"群"才能"结"，"国"才能"成"。

中华民族历经5000多年的风风雨雨，对于民族精神的强大力量体会得尤为深刻，并将重视和追求崇高的精神境界作为中华民族的优秀传统，经过一代又一代的中华儿女传承下来，不断在苦难中创造辉煌。2020年2月23日，面对新冠肺炎疫情的严峻形势，习近平总书记在统筹推进新冠肺炎疫情防控和经济社会发展工作部署会议上强调："中华民族历史上经历过很多磨难，但从来没有被压垮过，而是愈挫愈勇，不断在磨难中成长、从磨难中奋起。""时穷节乃见，一一垂丹青"，中华民族的精神力量在那些战"疫"中的"逆行者"身上熠熠生辉。84岁的钟南山院士，在疫情暴发后亲临湖北武汉最前线，这位兢兢业业的耄耋老者，成为中国人心中的定海神针。他以生命不息、奋斗不止的科学精神，挺起了保护人民的"民族脊梁"。"恢复以后我还是要上一线，疫情还在扩散，不想当逃兵。"——作为一名身处抗疫一线的大夫，李文亮医生在生命的最后时刻，也没有选择退缩，他以令人动容的担当与乐观，带着全体中国人的痛惜和哀悼，用实际行动告诉世人什么叫"医者仁心"。"如果发生意外，遗体捐献医学解剖研究；如果脑死亡，捐献所有器官用于移植。"——贵州医科大学附属医院妇产科医生李健伟接到支援湖北的紧急通知后，写下这样一份特殊的"遗书"，来不及与家人告别的他，迅速奔赴抗疫一线。闻令而动、逆风而行，每当危难关头，千千万万中华儿女万众一心、众志成城的民族精神激发出无穷的力量。所以，"重精神"成为中华民族的优秀传统，并从古至今一直被传承下来。

（二）崇尚精神是中华民族优秀传统的具体表现

1. 中华民族崇尚精神的优秀传统，首先表现在对物质生活与精神生活相互关系的独到理解

我国教育家、儒家创始人孔子说："饭疏食饮水，曲肱而枕之，乐亦在其中矣，不义而富且贵，于我如浮云。"就是说，粗茶淡饭，弯曲手臂而枕在上面休息，朴实的生活之乐也就在其中了；不讲道义、富有、地位高贵，对于我来说，就像浮云一样。我国近代学者辜鸿铭在《中国人的精神》中曾提道："真正的中国人过着一种情感的生活，一种灵魂生活，这样可能让他显得更超脱，甚至超脱了在这个物质和灵魂构成的世界上一个人生活的必需条件。"可见，对待物质生活和精神生活的态度上，中华民族更崇尚和重视精神生活。

2. 中华民族崇尚精神的优秀传统，也表现在中国古人对理想的不懈追求上

万户，原名陶广义，元末明初人，因在战争中屡建奇功被封为"万户"。他不爱官位爱科学，投入了巨大精力研制火箭，是第一个想到利用火箭飞天的人。晚年，他手持两个大风筝坐在捆绑着47支火箭的蛇形飞车上，想利用火箭的推力和风筝的助力飞上天空。当他身边的人担心实验失败会伤及性命时，万户坚定地说道："飞天，乃是我中华千年之夙愿。今天，我纵然粉身碎骨，血溅天疆，也要为后世闯出一条探天的道路来。"不幸的是，火箭升空后发生爆炸，万户为追寻梦想献出了生命。然而，中国人并未放弃飞天梦想，从未停止探索太空的脚步，直到2019年嫦娥四号实现人类首次月球背面软着陆，遨游太空的理想终于化为现实。可见，矢志不渝地坚守理想，是中国古

人崇尚精神的典型体现，更是我们中华民族的优良传统。正是因为有了这种理想主义情怀，无数志士仁人心怀天下，利济苍生，为追求道义、实现理想而上下求索。

3.中华民族崇尚精神的优秀传统，亦表现为对品格养成的重视

孟子曾说道："生，亦我所欲也，义，亦我所欲也。二者不可得兼，舍生而取义者也。"《论语·里仁》中写道："见贤思齐焉，见不贤而内自省也。"说明了我国古人对理想人格的追求与推崇。理想人格的塑造离不开道德修养与道德教化。《大学》中写道："自天子以至于庶人，一是皆以修身为本。"中华民族高度关注人的品格养成，重视道德修养和道德教化，同时，还提出了修身养性的具体方法以及家箴家训、乡规民约等教化方式。所有这些均表明了中华民族对精神世界的高度关注。

三、兴国之魂——中国精神的基本内容

德国前总理赫尔穆特·施密特曾在其著作《理解中国》中写道："一个高度文明的国家，存在了四千年以上，而且现在依然生机勃勃，这样的国家世界上只有一个。古罗马、古希腊、古埃及都已成过眼云烟，拉丁美洲文明已经逝去，可是中国还在。""中华文明五千年来绵延不绝，而且至今充满活力。"施密特从一个国际友人的视角评价中国，赞誉中华文明的历史魅力和现实力量。而支撑中华民族走过漫漫5000多年的文明历程，使中华文明绵延不绝而且至今充满活力的精神动力，则是我们下面所要讲的中国精神。

那么，什么是中国精神？

（一）中国精神的内涵

在几千年的历史进程中，中国人民用勤劳和智慧书写了辉煌的中华历史，也培育铸就了独特的中国精神，为中国发展和人类文明进步提供了强大的精神动力。伟大创造精神、伟大奋斗精神、伟大团结精神、伟大梦想精神，传承中华民族的宝贵精神基因，汲取时代的丰厚精神滋养，是对中国精神内涵的系统阐释。

1. 伟大创造精神

中华文化能够绵延至今仍然保持强大生命力就在于中华民族能够以这种革故鼎新的开创精神，不断调整、创新以适应不同历史时期的发展变化。我国产生了老子、孔子等闻名于世的伟大思想巨匠，有"四大发明"等深刻影响人类文明进程的伟大科技成果，创作了《诗经》《楚辞》等伟大文艺作品，传承了格萨尔王等震撼人心的伟大史诗，建设了万里长城、都江堰等气势恢宏的伟大工程。马克思主义哲学认为，创造是实践的鲜明特质，是人的本质和本质力量的呈现，因此，也是最具实践精神的马克思主义理论革命品质的根本要求。近代以来，中国人民伟大的创造精神，在马克思主义指导下得到了转化和发展。中国共产党在唯物史观的基础上，把创新创造更密切地与推进生产力发展和社会进步相结合，并力图在社会生产发展中促进人的全面发展。改革开放以来，邓小平等以解放思想、实事求是的理论勇气，突破各种禁区，开拓出了中国特色社会主义道路，取得了举世瞩目的成就，改革创新成为时代精神的集中体现。自党的十八大以来，习近平总书记更是以开拓进取的精神深化改革，并实施创新驱动发展战略。他说："我们要把推进经济、政治、文化、社会、生态等各方面改革开放有机衔接起来，把推进理论创新、制度创新、科技创新、文化创新以及其他各方面创新有机衔接起来，整体推进，重点突破，形成推进改革开放的强大动力。"只有弘扬和光大创造精神，我们才能把中国特色社会主义推进到新时代，开启新征程。

2. 伟大奋斗精神

任何创造都要经过在实践的艰难险阻中不懈探索和努力奋斗才有可能实现。正如马克思所说："在科学上没有平坦的大道，只有不畏劳苦沿着陡峭山路攀登的人，才有希望达到光辉的顶点。"伟大奋斗精神也是中华民族的基本精神象征。鲁迅说："我们从古以来，就有埋头苦干的人，有拼命硬干的人，有为民请命的人，有舍身求法的人。"正是这些"中国的脊梁"，支撑起中华民族文明的发展史。因此，中华民族总是能够在相对恶劣的自然环境中，在外敌入侵的困厄中，披荆斩棘，创造出一片新天地。亦如习近平总书记所说："中国人民自古就明白，世界上没有坐享其成的好事，要幸福就要奋斗。"

3. 伟大团结精神

中华民族源远流长，具有极强的民族凝聚力。历史上统一的文字与浩瀚的史书，强化了中华民族的民族主体性意识；长期统一的国家制度，在推动社会的繁荣发展中，凝聚着爱国主义精神。近代以来，面对西方列强的入侵，面临着民族存亡之大变局，无数志士仁人前仆后继、奔走呼号，力图唤起民众。中国共产党成立以后，领导人民进行了轰轰烈烈的反帝反封建革命运动。"伟大的中国人民抗日战争，使中华民族的觉醒和团结达到了前所未有的高度。"取得了民族解放斗争的伟大胜利之后，在社会主义建设、改革中，在党的坚强领导下，各民族人民团结互助，携手推进了中国特色社会主义伟大事业。团结不仅是中华民族基本精神，其价值意蕴也已经融入了我国人民政协制度、统一战线制度等基本制度中，成为体现我国政治制度的重要价值理念。

4. 伟大梦想精神

伟大梦想精神是中华民族不断创造、不懈奋斗和坚强团结的、更深沉的精神指引。中华民族历来有对美好社会的追求。《诗经·大雅·民劳》提出了"小康"期望，孔子修《春秋》，《公羊传》解《春秋》提出了社会发展的"据乱世、升平世、太平世"之说，《礼记·礼运》篇关于"大道之行，天下为公"的"大同"理想社会的描述，更是影响深远。正是有了对未来美好梦想的不懈追求，中华民族才能历经5000多年不断进取、创造出灿烂的中华文明，在困厄中浴火重生，创造出新的辉煌。

伟大创造精神、伟大奋斗精神、伟大团结精神和伟大梦想精神是一个有机统一体，四者密不可分。其中，伟大梦想精神是中国精神的指引和基础。如果没有梦想，中华民族的创造、奋斗和团结将失去方向；伟大创造精神是中华民族为了实现伟大梦想而进行的实践和努力。因为人类的自我超越性，不安于现状，才有了理想、梦想，而实践是将理想变为现实的唯一途径。所以，只有实践、只有创造，才能够实现伟大梦想。然而，实现伟大梦想的路途并非一帆风顺，也不能凭借一己之力，需要艰苦奋斗的毅力、意志和团结一心的凝聚力量，因此，伟大奋斗精神是中华民族实现伟大梦想的内在意志，伟大团结精神是中华民族的精神纽带，为实现伟大梦想凝聚提供了精神力量。

（二）中国精神的丰富和发展

中国共产党是中国精神的忠实继承者和坚定弘扬者。经过中国共产党人的传承和弘扬，中国精神的内涵得到了丰富和发展。

在中国共产党诞生之日起，中国共产党就铸就了坚持真理、坚守理想，践行初心、担当使命，不怕牺牲、英勇斗争，对党忠诚、不负人民的伟大建党精神，并使之成为中国共产党精神谱系的起点。百年来，从井冈山精神、长征精神、遵义会议精神、苏区精神、延安精神、红岩精神到西柏坡精神，中国共产党在革命时期所凝聚的精神力量鼓舞着中国人民一步步走向民族解放和国家独立；从抗美援朝精神、大庆精神、红旗渠精神、"两弹一星"精神、雷锋精神到焦裕禄精神，中国共产党团结民族力量、一代新人，确立了社会主义制度，建立了完善的工业体系，恢复了国民经济，为社会主义事业的蓬勃发展奠定了基础；从小岗精神、特区精神、女排精神、抗洪精神、载人航天精神、抗震救灾精神、奥运精神到今天的战"疫"精神，改革开放40多年，中华民族在中国共产党人领导下铸就着伟大的精神，为中国特色社会主义建设的伟大事业提供了不竭的精神动力。

中国共产党人的精神谱系，犹如鲜活生动的历史链条，展示着中国共产党人崇高的精神风范，凝聚着中国共产党人艰苦奋斗、牺牲奉献、开拓进取的伟大品格，极大地丰富了中国精神的内涵，鼓舞和激励着中国人民攻坚克难，不断从胜利走向新的胜利。

四、强国之魄——实现中国梦必须弘扬中国精神

马克思说："一切划时代的体系的真正的内容都是由于产生这些体系的那个时代的需要而形成起来的。"中国精神是反映我国时代境遇和发展需要的思想观念体系，根植于时代发展的客观实践之中，存在于实现中国梦的全过程，激励人们在中国特色社会主义道路上向着中国梦的目标进发。2013年5月，习近平总书记在接受拉美三国媒体联合采访时强调：实现中国梦，必须弘扬中国精神。用以爱国主义为核心的民族精神和以改革创新为核心的时代精神振奋起全民族的"精气神"。

那么,为什么实现中国梦必须弘扬中国精神?

(一)中国精神是凝聚民族复兴的磅礴伟力

1. 中国精神是凝聚中国力量的精神纽带

中华民族是一个有追求、有向往的民族,是一个不断铸就辉煌、历史悠久的伟大民族。在世界文明历史中,中华民族一直在世界上处于领先地位,更有汉唐盛世、康乾盛景,直到19世纪初,中国仍然是世界经济的中心,经济总量约占世界经济总量的1/3。然而,"中国是不是有精神"却曾多次受到质疑。黑格尔在《历史哲学》中提到,造成中国落后的原因是中国人内在精神的黑暗,中国是一片还没有被人类精神之光照亮的土地,在那里,理性与自由的太阳还没有升起,人还没有摆脱原始、自然的愚昧状态。英国前首相撒切尔夫人曾说过:"中国不会成为超级大国。""因为中国没有那种可以用来推进自己的权利、从而削弱我们西方国家的具有国际传染性的学说。今天中国出口的是电视而不是思想观念。"这些说法固然有其偏颇之处,但面对这样的质疑,不得不让我们反思历史,曾经拥有辉煌历史的泱泱大国为什么会陷入不堪回首的屈辱历史?在那段历史中,中国精神如何呢?对于甲午战争,梁启超曾说道:"中国人不知群之物为何物,群之义为何义也,故人人心目中但有一身之我,不有一群之我。昔日本将构衅于中国,或有以日本之小,中国之大,疑势力不敌者。日相伊藤博文曰,'中国名为一国,实则十八国也。其为一国,则诚十余倍于日本;其为十八国,则无一能及日本之大者。吾何畏焉。'乃果也战端既起,而始终以直隶一省敌日本全国,以取大败。非伊藤之侥幸而言中也,中国群力之薄弱,固早已暴著于天下矣。……以此而立于人群角逐之世界,欲以自存,能乎不能?"历史实践证明,没有国家精神与国家命运的紧密相连,没有将无数的一人之力凝聚为一国之力,没有正确的道路方向,无论是封建地主阶级的"自强梦"、农民阶级的"天国梦",还是资产阶级改良派的"维新梦"、资产阶级革命派的"共和梦",都不会梦想成真,都没有也不可能挽救国家的前途命运。

历史和人民最终选择了中国共产党人的"中国梦"。中华民族在中国共产党铸就的中国精神的指引下凝聚成一股中国力量,坚定地沿着马克思主义革命道路,从"星星之火可以燎原"到"百万雄师过大江",真正实现了民族解放和国家独立——中华民族的第一个百年梦想。在今天,我们要实现第二个百年梦想——中华民族伟大复兴,依然需要弘扬中国精神、凝聚中国力量,推动中华民族不断向前。

2. 中国精神是激发创新创造的精神动力

从历史的大视野看,实现中华民族伟大复兴的中国梦的历史起点是在近代中国陷入历史发展的低谷之时。从那时起,图强自救的中国人就开始了漫长的变革历程。从晚清洋务派的"变器物",到资产阶级的"变制度",再到最终取得成功的中国共产党人的"变社会",一路艰辛实践,无论其成功与否,都离不开变革,都期许着创新。历史证明,唯有最彻底的变革才能带来最后的成功,唯有改革创新才是推动社会发展的动力。面向未来,不论是经济领域,还是政治领域、文化领域,不论是国家的富强、民族的振兴,还是人民的幸福,任何一点进步都不会来自故步自封和墨守成规,所有进步的可能性都潜藏在改革创新的实践中。

3. 中国精神是推进复兴伟业的精神支柱

世界上没有一个民族能够亦步亦趋走别人的道路实现自己的发展振兴。只有自觉弘扬中国精神,增强民族自尊心和自信心,坚定不移走自己的路,才能使全体人民在实现复兴伟业的征途中拥有坚如磐石的精神和信仰力量。伟大的时代孕育伟大的精神,伟大的精神支撑伟大的梦想。在实现中国梦的新征途中,只有大力弘扬中国精神,让凝心聚力的兴国之魂、强国之魂融入现代化建设的全过程,我们才能更加朝气蓬勃地迈向未来,谱写伟大复兴的精彩乐章,中华民族才能更加自信、更加昂扬地屹立于世界民族之林。

(二)弘扬以爱国主义为核心的民族精神

什么是民族精神?民族精神就是一个民族在长期共同生活和社会实践中形成的,为本民族大多数成员所认同的价值取向、思维方式、道德规范、精神气质的总和,是一个民族赖以生存和发展的精神支柱。

一般来说,一个民族的历史越悠久、文明越发展,民族精神就越深厚,民族的精神特质就越鲜明。一个民族，没有振奋的精神和高尚的品格，不可能自立于世界民族之林。中华文明源远流长、博大精深，积淀着中华民族最深沉的精神追求，代表着中华民族独特的精神标识，孕育了中国人民的宝贵精神品格和崇高价值追求，构建了中国人民的独特精神世界，形成了以爱国主义为核心的伟大民族精神。

从历史看，一部中华民族的发展史，就是一部中华儿女的爱国奋斗史。以爱国主义为核心的民族精神有着对中国传统厚重底蕴的深刻思考，也有着对中华民族5000多年文明的崇高敬意。自古以来，爱国的思想和行为就备受人们的推崇和敬仰。刻骨铭心的爱国之情、矢志不渝的报国之志、生死不移的爱国之行，写满了中华民族的光辉史册。"苟利国家生死以，岂因祸福避趋之""位卑未敢忘忧国""报国之心，死而后已"等名言，都寄托了中国人对祖国矢志不渝的热爱和一片赤诚之心。从现实看，以爱国主义为核心的民族精神有着对近代中国苦难辉煌的感同身受，有着对180多年来仁人志士前仆后继、上下求索的深切体认。在180多年的民族奋斗历程中，中华民族经历了历史的低点、国运的衰败、民族的危亡、三千年没有的大变局，在历史的转折点上支撑着中华民族救亡图存、民族复兴、走向未来的毅然是一种坚定的力量和信念。从未来看，以爱国主义为核心的民族精神有着对未来中国光明前景的坚定自信，有着面向"两个一百年"目标、面向社会主义现代化强国进军的满腔激情，为实现中华民族伟大复兴提供了不竭的精神力量。

（三）弘扬以改革创新为核心的时代精神

如果说民族精神决定了一个民族的精神厚度，那么时代精神则决定了一个民族的精神高度。每个时代都具有每个时代特有的精神特质，都有属于每个时代的时代精神。

那么，什么是时代精神呢？

时代精神是一个国家和民族在新的历史条件下形成和发展的，体现民族特质并顺应时代潮流的思想观念、行为方式、价值取向、精神风貌和社会风尚的总和。

时代铸造精神，精神映射时代。在革命时代，无产阶级及共产党铸就了五四精神、井冈山精神、长征精神、南泥湾精神、延安精神和西柏坡精神等革命精神；在新中国成立之初的社会主义建设时期，形成了艰苦奋斗、勇于开拓的北大荒精神，自力更生、团结协作的红旗渠精神，独立自主、为国分忧的大庆精神，全心全意为人民服务的雷锋精神，大力协同、勇于攀登的"两弹一星"精神；自改革开放、建设中国特色社会主义以来，形成了无私奉献、团结进取的女排精神，万众一心、众志成城的抗洪精神，胸怀全局、勤奋敬业的杨善洲精神，精益求精、一丝不苟的工匠精神等。虽然以上这些诸多精神，提出的时间不同、观察的侧面不同、针对的问题不同，表达上既有相互交叉的共性，也有各自特色的个性，但它们共同赋予时代精神以丰富内容。

中国改革开放40多年的历史进程，不仅带来了生产力的提升，还塑造了以改革创新为核心的时代精神。正如邓小平所言："改革促进了生产力的发展，引起了经济生活、社会生活、工作方式和精神状态的一系列深刻变化。"人们的思想日益解放、观念不断更新，积极性、主动性、创造性迸发，整个社会焕发出强大的生机和活力。这是改革开放结出的精神成果，也是新时代中国特色社会主义实践的精神保障。

以改革创新为核心的时代精神既是对中华民族优良传统的继承弘扬，也是中国人民在实现中国梦的伟大实践中体现出来的精神品格和精神特征。

五、精神支柱——爱国主义的基本内涵

2017年7月，在那个炎热的夏季，各大媒体的新闻都被电影《战狼Ⅱ》刷屏，大家都称赞这部电影大获成功，短短4个小时突破1亿元的票房，可谓前无古人。《战狼Ⅱ》真正令人激动的，绝不仅仅是动作的刺激、故事的传奇、男儿的血泪，而是影片中一直洋溢着的爱国情怀。"犯我中华者，虽远必诛"，这句源自西汉标签式的复古口号，在商业大潮席卷、消费主义横行的当下，在中华民族日益崛起的当今中国，激活了中国人对中华民族复兴的渴望和为强大的人民军队自豪的爱国情怀。在《战狼Ⅱ》片尾出现的中国护照上写着这样一段话："中华人民共和国公民，无论你在海外遇到了怎样的危险，

请你记住,你的背后有一个强大的祖国。"看到这一幕,许多观众情不自禁地热泪盈眶,更有人在看完电影后在影院里唱起了国歌,引发观众大合唱。这就是爱国主义的感召力。

那么,到底什么是爱国主义?它的基本内涵是什么?

(一)爱国主义的概念

爱国主义是千百年来人们在社会实践中形成的对祖国极其忠诚和热爱的深厚情感。这种情感集中地体现为人们对自己祖国的忠诚和热爱,揭示了个人对祖国的依存关系,是人们对自己故土家园以及民族和文化的归属感、认同感、尊严感与荣誉感的统一。它是调节个人与祖国之间关系的道德要求、政治原则和法律规范,也是中华民族精神的核心。

(二)爱国主义的基本内涵

1. 爱国主义是人们在社会实践中形成的对祖国极其忠诚和热爱的深厚情感

爱国主义是人们对祖国最深沉、最持久的情感。这种情感集中地体现为人们对自己祖国的忠诚和热爱,揭示了个人对祖国的依存关系,是人们对自己故土家园以及民族和文化的归属感、认同感、尊严感与荣誉感的统一。国学大师季羡林在《中国精神·中国人》一书中说道:"我生平优点不多,但自谓爱国不敢后人。即使把我烧成了灰,我的每一粒灰也还会是爱国的,这是我的肺腑之言。"季羡林先生的这段话表达出他对国家深切的热爱之情。

正是因为爱国主义是人们对祖国产生的深厚而强烈的情感,所以我们爱国是一种融入骨血之中的行为自觉。正是因为爱国主义是人们对自己故土家园以及民族和文化的归属感、认同感、尊严感与荣誉感的统一,所以爱国主义不是空洞的、抽象的,而是生动的、具体的,主要表现为四个层面:一是爱祖国的大好河山;二是爱自己的骨肉同胞;三是爱祖国的灿烂文化;四是爱自己的国家。

在抗击新冠肺炎疫情中,我们从众多医务工作者不顾生死奋战在救死扶伤一线中,从解放军官兵、武警部队闻令而动、英勇奋战中,从一线建筑工人不计酬劳火速建成火神山、雷神山医院中……从不计其数的无名英雄在战"疫"中舍生忘死、英勇奋斗中感受着中华儿女对祖国的深厚而强烈的情感。

正是出于对自己故土家园、骨肉同胞和灿烂文化的眷恋与热爱，中华民族才能够求同存异、团结统一，在自己的国土上繁衍生息，共同劳动、共同生活、共同发展，创造了灿烂的中华文明。在中华民族5000多年的历史长河中，爱国主义始终是贯穿其中的一条主线，是各族人民共同的精神支柱。

2.爱国主义是调节个人与国家关系的准则

主要表现为：

第一，爱国主义是道德要求。杭州有座岳王墓，是人民为纪念民族英雄岳飞所建。坟前用生铁铸成了世世代代受人们唾骂的秦桧奸党四人的跪像，让参观的人以自己的方式来表达对这些人的痛恨之情。正如法国军事家、政治家拿破仑曾经说过的："人类最高的道德标准是什么？那就是爱国心。"

第二，爱国主义是政治原则。爱国主义不仅是一个基本的道德要求，也是一项重要的政治原则。这里说的政治原则，是指关系到国家和民族利益的根本问题。热爱祖国，就是维护国家的根本利益，就是坚持正确的政治原则的重要体现。

第三，爱国主义是法律规范。作为法律规范的爱国主义，是国家的一种强制性的准则，是国家与民族意志的法律体现，也是个人依法享有权益的基础和前提。经全国人民代表大会一致通过的《中华人民共和国宪法》和《中华人民共和国刑法》，对什么是爱国主义、爱国主义的内容有哪些、如何履行爱国义务等问题作出许多明确而具体的规定，同时，又对出卖国家主权、危害国家安全、破坏民族团结等反爱国主义的行为在法律上予以约束，体现了权责的高度统一。

六、时代要求——新时代的爱国主义

我国国学大师季羡林曾说道："多少年以来，总有一个问题萦回在我的心中：什么是中华民族最优秀的传统？几经思考的结果，我认为是爱国主义。"作为中华民族最优秀的传统，爱国主义不仅是生动的、具体的，而且还是历史的，在不同的历史条件和文化背景下所形成的爱国主义，总是具有不同的内涵和特点。从苏武牧羊不释汉节到王昌龄的"不教胡马度阴山""不破楼兰终不还",从文天祥"留取丹心照汗青"到林则徐"苟利国家生死以",封建社会的爱国主义是同治国安邦、反抗外敌相联系的,表现为仁爱天下,忠君爱国。近代以来的爱国主义与争取国家独立和民族解放相联系,从秋瑾的"一腔热血勤珍重,洒去犹能化碧涛"到朱德的"从来燕赵多豪杰,驱逐倭儿共一樽",主要表现为救亡图存,致力于推翻帝国主义、封建主义和官僚资本主义的反动统治,把黑暗的旧中国改造成光明的新中国。进入新时代,站在新的历史发展方位上的中国特色社会主义赋予了爱国主义新的时代内涵。

那么,什么是新时代的爱国主义呢?

一是坚持爱国和爱社会主义相统一,是新时代爱国主义的本质体现。习近平总书记指出:"祖国的命运和党的命运、社会主义的命运是密不可分的。只有坚持爱国和爱党、爱社会主义相统一,爱国主义才是鲜活的、真实的,这是当代中国爱国主义精神最重要的体现。今天我们讲爱国主义,这个道理要经常讲、反复讲。"在当代中国,爱国是与爱党和爱社会主义联系在一起的,具有不可分割的统一性。

当前,西方一些人企图借经济全球化推行其本国的政治制度,极力鼓吹政治一体化,损害别国的主权和尊严。在这种错误思潮的影响下,曾有一种观点说:"我虽然不爱社会主义,但我是爱国的。"这一观点,看上去似乎有些道理,但深入思考,却是站不住脚的。国家不是一个抽象的概念,而是与一定的社会形态与社会制度紧密联系在一起的实体。历史证明,只有社会主义才能救中国,只有中国特色社会主义才能发展中国。在当代中国,国家的繁荣发展是与中国特色社会主义联系在一起的,爱国就应爱中国特色社会主义,所以新时代爱国主义的本质体现就是坚持爱国与爱社会主义的统一。

二是维护祖国统一和民族团结,是新时代爱国主义的重要内容。在新时代,我们在看到全球化的同时,也要看到全球化背后的"分裂"和"冲突"。国际宗教极端主义、民族分裂主义和恐怖主义的暴力活动依然猖獗。"疆独""藏独"和"台独"的分裂活动影响着我们国家和社会的稳定。它们的共同点都是打着"民族"独立的旗号,企图把西藏、新疆、台湾从中国版图中分裂出去。

2016年11月，习近平总书记在纪念孙中山先生诞辰150周年大会上讲道："实现祖国完全统一，是中华民族根本利益所在，也是全体中华儿女的共同愿望和神圣职责。确保国家完整不被分裂，维护中华民族根本利益，是全体中华儿女共同意志，是不可阻挡的历史潮流。"所以，在新时代，作为中华儿女，我们要弘扬爱国主义，维护国家利益，就要维护国家统一和民族团结。

三是尊重和传承中华民族历史和文化，是人们爱国主义情感培育和发展的重要条件。在经济全球化背景下，外来文化的侵入不断冲击着中国传统文化，越来越多的中国人开始热衷于外来文化，他们吃西餐，看日剧、韩剧，过西方节日，甚至有些人连有关中国传统节日的常识都缺乏，不知道端午节吃粽子的由来，不知道重阳节就是中国的父亲节、母亲节。

历史和现实都表明，一个抛弃了或者背叛了自己历史文化的民族，不仅不可能发展起来，而且很可能上演一场历史悲剧。中华优秀传统文化是中华民族的精神命脉，是中华民族得以延续的文化基因，也是我们在世界文化激荡中站稳脚跟的根基。对祖国悠久历史、深厚文化的理解和接受，是人们爱国主义情感培育和发展的重要条件。在新时代，我们要弘扬爱国主义就必须尊重和传承中华民族历史和文化，以时代精神激活中华优秀文化的生命力。

四是坚持立足民族又面向世界，是新时代爱国主义的突出特征。在经济全球化发展趋势下，国家之间合作日益加深，彼此间利益高度融合，越来越成为你中有我、我中有你的命运共同体。随着中国日益走近世界舞台中央，中国的命运与世界的命运紧密相关。

坚持新时代的爱国主义，要正确处理好立足民族和面向世界的辩证统一关系，既要坚持立足民族，维护国家发展主体性，又要面向世界，构建人类命运共同体。正如习近平总书记所说："弘扬爱国主义精神，必须坚持立足民族又面向世界。中国的命运与世界的命运紧密相关。我们要把弘扬爱国主义精神与扩大对外开放结合进来，尊重各国的历史特点、文化传统，尊重各国人民选择的发展道路，善于从不同文明中寻求智慧、汲取营养，增强中华文明生机活力。我们要积极倡导求同存异、交流互鉴，促进不同国度、不同文明相互借鉴、共同进步,共同推动人类文明发展进步。"

七、报国之志——做新时代的忠诚爱国者

2016年里约奥运会,中国派出了400多位运动员。在厚厚的奥运名册当中,有一项比赛,只有两个人和一匹马,其中一人还是主管官员。而介绍手册上,不过一页纸而已。没有教练,没有很多经费,没有很多观众,也没有很多关注,但是,他却坚持了下来,他的名字叫华天。为了代表中国参赛,华天放弃了英国国籍,加入了中国国籍。早在2008年奥运会,因为有华天的参赛,我国第一次在28个大项的比赛当中,都有了中国运动员的身影。赛后,有记者问他:"你的梦想是什么?"当时只有18岁的华天回答说:"代表中国,参加10届奥运会。"2016年里约奥运会,华天从8年前的天才少年,已经成长为稳重的、皮肤略显黝黑的青年。他所代表的中国马术队,一匹马、一个人、一位兽医而已。在最终入围决赛的25人当中,华天和他的战马在马术个人三日赛中,取得了第八名的好成绩,8年前是他一个人代表中国,8年后依然是他一个人。他笑着说,8是他的幸运数字。他还是坚持说,要带着中国的国徽,参加10届奥运会。

在当今经济全球化的新时代,爱国主义不仅没有过时,而且被时代赋予了新的内涵。特别是在奥运赛场上,运动员所表现出的奥运精神正是其爱国主义情感的强烈表达。华天作为中国奥运历史上第一个正式亮相的马术三项运动员,创造了中国奥运的新辉煌,更难能可贵的是,他不愿为名利而比赛,唯一的理想是代表中国参加奥运会马术比赛,填补中国奥运的此项空白。

这位马背上英姿飒爽的青年,以他那颗火红的爱国心感染了他的14亿同胞,以其实际行动深刻诠释了如何做新时代忠诚的爱国者。

作为新时代的大学生,我们如何做一名忠诚的爱国者呢?

(一)以理性爱国为指导原则

孙中山曾说:"做人最大的事情是什么呢?就是要知道怎样爱国。"在革命时期,爱国是救国救民,血洒疆场;而在和平的新时代,我们要做忠诚的爱国者,首先就要以理性爱国为指导原则。

那么，什么是理性爱国？毛泽东曾说："爱国主义的具体内容，看在什么样的历史条件之下来决定，有日本侵略者和希特勒的'爱国主义'，有我们的爱国主义。对于日本侵略者和希特勒的所谓'爱国主义'，共产党员是必须坚决地反对的。"所以，我们要理性爱国，就要弘扬一种正义的爱国主义。此外，我们理性爱国的核心是"理性"。

从理论上讲，爱国主义作为一种"主义"，具有一定抽象性，是对社会生活中千千万万爱国现象的高度概括，具有自身的理论完整性和学理支撑。但爱国主义不是抽象的，它必然要落实到每个具体的人身上，体现在每个爱国者的认知、情感和意志行为中。

理性的爱国者对本国民族同样怀有深厚的情感，但这种情感是清醒的，受理智的制约，不以仇视或歧视别国民族为前提。特别是在处理国际关系问题上，即使受到不公正的对待，理性的爱国者尽管不是犯而勿校和无条件的宽恕，但亦不是任意制造事端，激化矛盾，而是有礼有节，从全民族的长远利益出发，冷静、理性地处理。

此外，我们理性爱国，还要注意将爱国融入日常生活中。爱国不是空洞的口号，而是具体的情感表达和实际行动。鲁迅先生在《且介亭杂文》中写道："我们从古以来，就有埋头苦干的人，有拼命硬干的人，有为民请命的人，有舍身求法的人……虽是等于为帝王将相作家谱的所谓'正史'，也往往掩不住他们的光耀，这就是中国的脊梁。"所以，在新时代，只要我们爱岗敬业，用自己勤劳的双手为社会贡献自己的力量，就是在爱国；只要我们善行社会，用精神的力量构建和谐家园，就是在爱国；只要从我做起，将爱国主义情感融入日常生活中的点点滴滴，即使我们是平凡的人，但同样也能够成为我们民族的脊梁。

（二）以促进民族团结、维护国家统一及增强国家安全意识为着力点

做新时代忠诚的爱国者，我们不仅要以理性爱国为指导原则，还要坚持以促进民族团结、维护国家统一及增强国家安全意识为爱国主义的着力点。

1. 维护和推进祖国统一

做新时代忠诚的爱国者，首先就要担负起维护和推进祖国统一这一历史

使命。

2017年度"感动中国"人物卢丽安，生于台湾高雄，从小受家人影响对大陆有着特殊感情。1997年，卢丽安夫妇到上海复旦大学任教。几年下来，卢丽安成为复旦大学最受欢迎的教授之一。2015年，卢丽安加入中国共产党，2017年，被选举为党的十九大代表。卢丽安在党的十九大会议期间接受采访时说道："我以台湾的女儿为荣，我以生为中国人为傲。"党的十九大会议结束后，"卢丽安效应"在慢慢蔓延。很多台胞朋友为她点赞，因为她说出了广大台胞的心声。还有她的学生，默默地留言支持老师，向老师学习回报社会。卢丽安效应所彰显的绝不只是她个人能够加入中国共产党，并成为中共十九大党代表那般简单，而在很大程度上表明了两岸关系发展的历史趋势。卢丽安所代表的也不仅仅是她个人，而是代表了心系祖国的台湾人民。正如在"感动中国"人物评委会致卢丽安的颁奖词中所讲："台湾的女儿，有大气概。祖国为大，乡愁不改；把握现在，开创未来。分离再久，改不了我们的血脉；海峡再深，挡不住人民追求福祉的路。"

2019年6月，香港反对派和一些激进势力以"反修例"为幌子，借和平游行集会之名，进行各种激进抗争活动，企图分裂国家，颠覆国家政权。在香港"修例风波"中，有坚守岗位、止暴制乱，维护香港和平稳定的香港警察，还有众多在风波中"逆行"的爱国者，他们用实际行动彰显着香港人的爱国心。2019年8月3日17时40分左右，香港暴徒拆走海港城前面旗杆上的国旗，扔入海中！8月4日凌晨，十几名爱国爱港人士自发来此重新升起国旗。发起升旗活动的召集人陈净心告诉记者，当她看到示威者将国旗从旗杆上撤下扔到海里，觉得非常气愤，于是她和其他几位爱国爱港人士一起，自发地来举行升旗仪式。爱国爱港人士钟华新告诉记者，他看到国旗被扯下扔到海里觉得非常痛心，保护国旗是每一个中国人应该做的。这场持续半年之久的"修例风波"牵动着海内外中华儿女的心。在美国、英国、澳大利亚、法国、德国、加拿大、菲律宾、日本等地，当地华侨华人和中国留学生自发举行集会，他们向全世界宣布："香港是中国的一部分！"声援香港特区政府和香港警察，呼吁止暴制乱，还香港以和谐安宁。对于华侨华人和留学生自发集会反对暴力、声援祖国的行为，网友纷纷点赞——赤子之心，爱国不分海内外！

保持香港、澳门长期繁荣稳定，实现祖国统一，是实现中华民族伟大复兴的必然要求，也是不可阻挡的历史进程。做新时代忠诚的爱国者，维护和推进祖国统一是义不容辞的责任和担当。

2.促进民族团结

我们做新时代忠诚的爱国者不仅要维护和推进祖国统一，还要促进民族团结。

在漫长的历史岁月中，中国一直是一个统一的多民族国家。虽有分和离乱，但统一的时期远远多于分裂的时期，其根本原因就在于中华民族具有高度一致的整体感、责任感和忠实于国家民族利益的价值取向，以及各个民族之间和睦相处、友好相待、共赴国难、共渡难关的优良传统。自古以来，我国杰出的政治家、思想家及爱国人士无不重视民族团结，主张用信义、和平的方式处理复杂的民族矛盾，使各民族能够和睦相处、友好相待。民族团结是社会稳定的前提，是国家统一的基础。2015年9月8日，在西藏自治区成立50周年庆祝大会上，西藏各族各界干部群众约2万人欢聚拉萨市布达拉宫广场。习近平总书记在贺匾上题词"加强民族团结建设美丽西藏"，体现了党中央对我国民族团结和国家统一的高度重视。习近平总书记在会见基层民族团结优秀代表时强调："民族团结就是各族人民的生命线。船的力量在帆上，人的力量在心上。做民族团结重在交心，要将心比心、以心换心。各民族同胞要手足相亲、守望相助，共同维护民族团结、国家统一。"

2015年度"感动中国"人物买买提江·吾买尔，是新疆伊宁县布力开村村支部书记，维吾尔族。3岁时，吾买尔的父亲就过世了，第二年母亲也改嫁了。就这样，吾买尔是吃着村里维吾尔族、哈萨克族、汉族等各族人家的百家饭长大的，也由此对乡亲们产生了化都化不开的浓浓感情。当上村支书之后，吾买尔把"不让一个人受穷，不让一个人掉队"作为自己的工作宗旨，全力带领村民奔小康。在布力开村，各族群众和谐相处，从没有红过脸，更没有出现过民族歧视。吾买尔说，只有民族团结经济才能发展。如今，布力开村已成为全国新农村建设示范点。截至2015年年底，布力开村1120户村民全都盖起了有网有电话的新房，铺上了总长42千米的柏油路，全村1/3的人家买上了小汽车。在民族团结的大道上，布力开村实实在在享受到了团结带来的生产力。

我们从买买提江·吾买尔的事迹中感悟到，民族团结关系到一个地方的社会稳定和经济发展，同样也关系到国家的长治久安和繁荣昌盛。新时代忠诚的爱国者，不仅是祖国和平统一的推动者、拥护者，还应是民族团结进步事业的建设者、维护者、促进者。

3. 增强国家安全意识

新时代忠诚的爱国者除了肩负维护和推进祖国统一及促进民族团结的责任和担当，还要增强国家安全意识。

当今世界，和平与发展虽然成为主流，但世界各国在帷幕下的交锋一刻也未停止。隐蔽战线上的斗争依然硝烟弥漫，中华民族伟大复兴的壮丽征程就如在汹涌波涛中乘风破浪，绝非坦途，我国的国家安全面临着严峻挑战。

2007年3月、2009年8月，两位日本公民佐藤正光、水上和则未经测绘行政主管部门批准，先后两次分别以考古、学术交流为名，携带高精度手持卫星定位仪到江西省南丰、鹰潭、上饶、铅山等地进行非法测绘活动。江西省国家安全机关联合测绘部门对其审查，发现对象采集的坐标点位数据中有2个绝密级、4个机密级、1个秘密级，一旦外泄，将对我国国土和军事安全构成严重威胁。

2014年4月，23岁的张某在微信上添加了一个自称记者的人。此人以需要新闻报道材料为由，请张某为其提供军舰照片。张某被优厚条件吸引，想方设法进行拍摄。在境外间谍机关的指使下，张某设法进入某军工企业。到2014年8月被采取强制措施时，张某已向对方提供"辽宁舰"等目标照片500余张，其他敏感照片200余张，严重危害到我国的军事安全。2015年2月12日，张某因"为境外刺探、非法提供国家秘密罪"被判处有期徒刑6年，剥夺政治权利3年。

自2012年4月起，名为"海莲花"的境外黑客组织，针对中国海事机构、海域建设部门、科研院所和航运企业展开精密组织的网络攻击。"海莲花"使用木马病毒攻陷、控制政府人员、外包商、行业专家等目标人群的电脑，意图获取受害者电脑中的机密资料，截获受害电脑与外界传递的情报，甚至操纵该电脑自动发送相关情报，从而达到掌握中方动向的目的。

此外，西方国家对我国的文化渗透，危害着我国的文化安全；在西方分裂势力支持下，"藏独""疆独"分子策划的暴乱分裂活动，威胁着我国的政治安全；2020年年初暴发的新冠肺炎疫情，冲击着我国的公共卫生安全……

国家安全问题关系到国家安危和民族存亡。"安而不忘危，存而不忘亡，治而不忘乱。"习近平总书记强调："增强忧患意识，做到居安思危，是我们治党治国必须始终坚持的一个重大原则。我们党要巩固执政地位，团结带领人民坚持和发展中国特色社会主义，保证国家安全是头等大事。"所以，做新时代忠诚的爱国者，要增强国家安全意识，确立总体国家安全观，重视和维护国家安全；增强国防意识，自觉接受国防和军事方面的教育训练，积极履行国防义务；对境内外敌对势力的渗透、颠覆、破坏活动保持高度警惕，切实履行维护国家安全的义务，勇于担当，甘于坚守，将爱国之情、强国之志、报国之行统一起来，为国家和民族作出应有的贡献。

八、与时俱进——改革创新引领发展新时代

2018年4月17日，美国商务部宣布，今后7年内，将禁止该国企业向中国电信设备制造商中兴通讯出售任何电子技术或通信元件。这一事件不仅对包括中兴在内的高科技企业产生影响，而且在舆论场上引发深入讨论，其中的一个关注焦点是，出口禁运触碰到了中国通信产业核心技术缺乏的痛点。

这些年来，中国通信产业发展迅速，芯片自给率不断提升。华为的麒麟芯片不断追赶世界先进水平，龙芯可以和北斗一起飞上太空，而蓝牙音箱、机顶盒等日用品也在大量使用国产芯片。但也要看到，在稳定性和可靠性要求更高的通信、军事等领域，国产芯片还有较大差距。数据显示，2016年中国进口芯片金额高达2300亿美元，花费几乎是排在第二名的原油进口金额的两倍。此次事件让我们认识到：核心技术受制于人是我们最大的隐患，核心技术自主创新迫在眉睫。改革创新，是实现"中国制造2025"的迫切需要，也是实现中华民族伟大复兴的中国梦的迫切需要。

（一）改革开放是当代中国的显著特征

马克思主义认为，改革是解放和发展社会生产力的关键。实践充分证明，改革开放是党和人民大踏步赶上时代的重要法宝，是决定实现"两个一百年"奋斗目标、实现中华民族伟大复兴的关键一招，更是当代中国的显著特征。

1. 改革开放是当代中国最鲜明的特色

在庆祝改革开放40周年大会上，习近平总书记把改革开放称为是中国人民创造的"人间奇迹"，让"不可能成为了可能"。其实，视中国改革开放为奇迹，感叹中国改革开放不可思议，已经是很多外国学者和媒体相当普遍的认识，从费正清、科斯到马丁·雅克、罗伯特·库恩，这样的名字可以列出长长一串。2017年年底，奥地利《趋势》杂志网站刊登了一篇名为《中国：龙的世纪》的文章，其论述中国改革开放奇迹的立论主题词，一个是"史无前例"，一个是"绝无仅有"。像这样的文章也越来越多。确实，中国改革开放40多年创造的奇迹可谓"当惊世界殊"。习近平总书记把推进改革开放和中国特色社会主义事业与建立中国共产党、成立中华人民共和国并列起来作为近代以来实现中华民族伟大复兴的三大里程碑，这是实至名归。40多年砥砺奋进，改革开放取得举世公认的伟大成就，成为当代中国最显著的特征、最壮丽的气象。

2. 创新是改革开放的生命

改革开放取得举世公认的伟大成就，成为当代中国最鲜明的特色，这是十分确定的客观事实。于是在人们心目中就形成了一种印象，改革与开放似乎是灵丹妙药，一用就灵。只要一搞改革或者是开放，就会心想事成，就会马到功成。其实，不论改革还是开放与国家富强、与发展成功之间的关系既不必然也不当然，甚至还是一种小概率的事件。纵观现代世界历史，从20世纪下半叶以来，世界上有很多的国家进行过各种各样的改革，也实行了不同形态的开放，但真正像中国这样走向成功的屈指可数，大多数的国家或是一潭死水，或是一盘散沙，或是一片混乱，甚至有一些国家主权都遭遇了巨大挑战而一蹶不振、动荡分裂。为什么？改革开放缺少了创新这一灵魂，要么只能故步自封、老调重弹而落后；要么就是邯郸学步，落入别人设下的陷阱而沉沦。

新时代改革开放"革故"但指向是"鼎新"。完善和发展中国特色社会主义制度、推进国家治理体系和治理能力现代化是前无古人的伟大实践，这就意味着中国社会的改革不能幼稚地"本本主义"而陷入僵化，也不能轻率地"虚无主义"而动摇根本，更不能简单地"拿来主义"而犯颠覆性错误，必须以创新的精神走出一条新路，必须用创新的行动谱写新的篇章。特别是随着社会主要矛盾的重大转化，人民群众对美好生活的新期待不断提升，中国日益走近世界舞台中央，更是要求经济体制改革要有"中国创造"、政治体制改革要走"中国道路"、文化体制改革要彰显"中国精神"、社会体制改革要实现"中国治理"、生态文明改革要作出"中国贡献"等等。这一系列的"中国"，不仅意指一个有着5000多年灿烂文明传承的东方大国，更意指一个在历史前进的逻辑中前进、在时代发展的潮流中发展的现代化强国。如何走出一条中国特色的社会主义现代化强国之路，如何实现中华民族伟大复兴中国梦，新时代改革开放需要创新来破题。

（二）改革创新是新时代的迫切要求

无论是"日新之谓盛德"还是"苟日新，日日新，又日新"，都说出了一个道理，变革是时代潮流，创新是时代品格。当今，改革创新已成为新时代的迫切要求。主要表现在：

1. 创新始终是推动人类社会发展的第一动力

创新始终是推动人类社会发展的第一动力。2014年8月18日，习近平总书记在中央财经领导小组第七次会议上的讲话中指出："纵观人类发展历史，创新始终是推动一个国家、一个民族向前发展的重要力量，也是推动整个人类社会向前发展的重要力量。"党的十九大报告提出"加快建设创新型国家"，明确"创新是引领发展的第一动力，是建设现代化经济体系的战略支撑"。

回顾近代以来世界发展历程，我们可以清楚地看到，一个国家和民族的创新能力，从根本上影响甚至决定国家和民族的前途命运。16世纪以来，人类社会进入前所未有的创新活跃期，几百年里，人类在科学技术方面取得的创新成果超过过去几千年的总和。特别是18世纪以来，世界发生了几次重大科技革命，由此带动世界经济发生多次工业革命，每一次科技和工业革命都深刻改变了世界发展面貌和格局。一些国家抓住了机遇，经济社会发展驶入快车道，经济实力、科技实力、军事实力迅速增强，甚至一跃成为世界强国。发端于英国的第一次工业革命，使英国走上了世界霸主地位；美国抓住了第二次工业革命机遇，赶超英国成为世界第一。从第二次工业革命以来，美国就占据世界第一的位置，这是因为美国在科技和工业革命中都是领航者和最大获利者。

我国发展历史上长期处于世界领先地位，我国思想文化、社会制度、经济发展、科学技术以及其他许多方面对周边发挥了重要辐射和引领作用。近代以来，我国逐渐由领先变为落后，一个重要原因就是我们错失了多次科技和工业革命带来的巨大发展机遇。可以说，创新决定着世界政治经济力量对比的变化。创新始终是引领发展的第一动力。

2. 创新能力是当今国际竞争新优势的集中体现

"唯创新者进，唯创新者强，唯创新者胜"。当今世界，经济社会发展越来越依赖于理论、制度、科技、文化等领域的创新，谁在创新上先行一步，谁就能拥有引领发展的主动权。

2013年11月，习近平总书记在视察国防科学技术大学时说："我们要在激烈的国际军事竞争中掌握主动，就必须大力推进科技进步和创新，大幅提高国防科技自主创新能力。"

通过几年的努力，我国自主研发的电磁炮、高科技舰艇、高超音速滑翔器等五项创新成果横空出世，引起世界瞩目。据美国全国广播公司网站2018年2月17日报道，华盛顿智库新美国安全中心的副研究员埃尔莎·卡尼亚就中国的五项创新发表评论说："美国不再拥有明显的军事技术优势，中国正在迅速成为未来的超级科技大国。"可见，只有改革创新，才能使我国在国际竞争中立于不败之地。改革创新是我国赢得未来的必然要求。

3. 改革创新是我国赢得未来的必然要求

一个懂得自新的社会，必须是在精神上能不断自求革新的社会，必然是一个能让民族精神不断时代化的社会。诚如社会学家殷克斯所说："虽然现代环境能够促使传统人类改变本性，但除非人类精神方面有所改变，否则这种目的无法达成。人类必须在思想、感性和行动方面有所改变，才能算是真正的现代化。"在中国走向世界、走向现代化、走向未来的进程中，改革创新已是当代中国最突出、最鲜明的特点，已成为时代精神的主旋律。

2017年11月27日，世界上第一只体细胞克隆猕猴"中中"在中科院神经科学研究所诞生；12月5日，第二只克隆猴"华华"诞生；生物学国际顶尖学术期刊《细胞》以封面文章发表此项成果，并于2018年1月25日在线发表。该成果标志着中国率先开启了以体细胞克隆猴作为实验动物模型的新时代，实现了我国在非人灵长类研究领域由国际"并跑"到"领跑"的转变。从"蛟龙"入海到"天宫"飞天，从"天眼"探空到"墨子"传信，从"悟空"探秘到国产大飞机直上九霄……一个个重大成果，见证着中国迈向创新型国家的坚实步伐，也一点一滴地刷新着世界对中国的印象。正如党的十九大报告总结五年成就时提到的，"创新驱动发展战略大力实施，创新型国家建设成果丰硕"。可以说，在中国走向世界、走向现代化、走向未来的进程中，改革创新已成为中国精神的主旋律。

九、时代弄潮儿——做改革创新的生力军

2017年5月3日，中国科学家向世界宣布：世界上第一台超越早期经典计算机的光量子计算机诞生了！2016年"量子卫星"的发射，意味着中国在量子通信领域已经毫无争议地位居全球第一，而在量子计算机上的突破，则意味着在量子通信和量子计算这两个量子技术的细分领域，中国都站在世界的前列。对于我国在量子技术领域取得的巨大成就，俄罗斯"卫星"新闻通讯社曾对此报道说，过去10年，在经济发展的同时，中国也开始稳步振兴科学与技术创新，目前中国拥有全球最大的科学家和工程师大军之一。而肩负重拾历史荣耀重任，在我国改革创新中充当主力军的恰恰是青年一代。由中

国科学技术大学潘建伟、陆朝阳等为主要成员的量子卫星和量子计算机研究团队大多数由"70后""80后"青年科学家构成。此外，在航空航天领域，我国15万航天领域研究员中有10万人属于"80后"，比世界主要航天大国的同行平均年轻15岁；我国中科院全院科技人员中35岁以上的科技人员已经超过一半，占54.3%。

"青年兴则国家兴，青年强则国家强。"作为新时代的大学生要想有所作为，就必须以时代的历史使命为己任，把握时代的脉搏，跟上发展潮流，迎接变革的挑战，做改革创新的生力军。那么，新时代大学生如何才能成为改革创新的生力军？

（一）树立改革创新的自觉意识

我国量子计算机研究团队主要成员、"80后"科学家陆朝阳教授在荣获2017年第21届中国青年五四奖章之后接受采访时说："做学问需要顶天立地，在基础理论研究中进行最前沿的探索，把成果转化为实际运用，服务经济社会的发展。……这个时代需要仰望星空的年轻人，我们应当勇于担当，甘于坚守。"

可见，当代大学生要成为改革创新的生力军，要树立改革创新的自觉意识，就需要我们不断增强改革创新的责任感，树立敢于突破陈规的意识和探索未知领域的信心，既要"仰望星空"，勇于担当，又要脚踏实地，甘于坚守，坚定信念，不断努力地向远大理想迈进。

（二）增强改革创新的能力本领

除了树立改革创新的自觉意识，我们要成为新时代改革创新的生力军，还要增强改革创新的能力本领。2016年9月3日，习近平总书记在二十国集团工商峰会上讲道："建设创新型国家和世界科技强国，是中国发展的迫切要求和必由之路。"青年人作为国家建设的主力军，青年创新能力的总和可以说等于国家的创新能力。而这种创新能力是通过学习和积累系统的专业知识、建立创新型思维方式和投身实践培养起来的。

中南大学大三学生刘路因成功破解国际数学难题"西塔潘猜想"受到国内外数学界瞩目。时年22岁的刘路作为亚洲高校唯一一位代表在美国芝加哥大学数理逻辑学术会议上作了40分钟报告。芝加哥大学博士达米尔·扎法洛夫认为，刘路对该数学难题的破解促进了反推数学和计算性理论方面的研究。高挑的个子，一副眼镜，一顶棒球帽，背个双肩包，每天像上班一样，一早就去图书馆看书，这就是同学眼中的刘路。偶尔也会打打游戏，但常常捧着那些天书看到深夜，计算到凌晨；上英文网站，下载英文资料，这是室友眼中的刘路。同学问他题目，发现他的思路与他人不一样，他甚至会用更简单的方法来计算或解释，有时一个公式就可以搞定，同学们称他为"路哥"。当有人问到用了多久证明这个困扰数学界20多年的"猜想"时，刘路回答："只用了一个晚上，接触这个问题不久，突然想到利用之前用到的一个方法，稍作修改便可以证明这一结论，连夜将这一证明写了出来。"

可见，刘路通过方法创新破解国际数学难题，是偶然中存在必然。只有通过多年的数学知识积累，具备敢于突破常规的创新思想方式，加之日常的反复演练和实践，才能培养出自身强大的创新能力并取得成功。

新时代是一个梦想成真的时代。只有树立改革创新的自觉意识，增强改革创新的能力本领，我们才能成为改革创新的生力军、新时代的弄潮儿，在这个梦想成真的时代书写出彩人生。

正如习近平总书记在党的十九大报告中叮嘱我们所说："广大青年要坚定理想信念，志存高远，脚踏实地，勇做时代的弄潮儿，在实现中国梦的生动实践中放飞青春梦想，在为人民利益的不懈奋斗中书写人生华章！"

第三部分　教学拓展

一、课后思考

1. 为什么坚持爱国和爱党、爱社会主义相统一是当代中国爱国主义精神最重要的体现？
2. 当代大学生如何加强改革创新精神？
3. 践行爱国主义如何从小事做起、从身边做起？

4. 每个国家都有自己的国家精神,中国精神的独特性体现在哪些方面?

二、备课参考

1. 习近平:《在庆祝改革开放 40 周年大会上的讲话》,《人民日报》2018 年 12 月 19 日。

2. 季羡林:《中国精神·中国人》,国际文化出版公司 2013 年版。

3. [美]维克多·黄、[美]格雷格·霍洛维茨:《硅谷生态圈:创新的雨林法则》,诸葛越等译,机械工业出版社 2015 年版。

4. 电影《厉害了,我的国》,卫铁执导,中央电视台、中国电影股份有限公司联合出品,2018 年上映。

5. 电影《东京审判》,高群书执导,上海广播电视台出品,2006 年上映。

6. 电影《战狼Ⅱ》,吴京执导,北京聚合影联文化传媒有限公司、五洲电影发行有限公司等出品,2017 年上映。

三、实践活动

1. 主题演讲

内容:中国精神是兴国强国之魂。

目的:掌握中国精神的含义及其基本内容,理解实现中国梦必须弘扬中国精神。

操作:以小组为单位,围绕"中国精神是兴国强国之魂"这一主题,准备演讲稿,演讲稿字数不低于 2000 字,并在班级进行演讲。

2. 朗读活动

内容:《觉醒年代》中的"二陈兄弟"陈延年、陈乔年事迹。

目的:通过阅读"二陈兄弟"的感人事迹,弘扬爱国情,共效爱国志。

操作:以小组为单位,进行朗读比赛,交流学习体会,撰写一篇活动感想。

3. 情景短剧

内容:做新时代忠诚的爱国者。

目的：把握爱国主义的内涵和新时代爱国主义的基本要求，理解并认识到只有将爱国的深厚情感、理性认识和实际行动相一致，与祖国同呼吸、共命运，才是真正的爱国者。

操作：以小组为单位，指定召集人1名；围绕主题确定具体题目，认真准备、拍摄；完成情景短剧的拍摄和制作后，撰写小组总结，进行班级交流。

4.典型访谈

内容：做改革创新的生力军。

目的：在理解改革创新是时代要求的基础上，把握如何树立改革创新的自觉意识，如何增强改革创新的能力本领，做改革创新的生力军。

操作：以小组为单位，对社会或校园内在创新创造领域的先进典型人物进行访谈，整理访谈记录，完成学习报告，进行班级交流。

第四章　明确价值要求　践行价值准则

第一部分　教学概况

本章概述	本章主要包含三个方面的内容：一、全体人民共同的价值追求；二、社会主义核心价值观的显著特征；三、积极践行社会主义核心价值观。
学时安排	理论学时2学时（含课堂活动）
教学目的与教学目标	本章的教学目的：引导和帮助学生深刻理解社会主义核心价值观的重要意义和科学内涵，坚定价值观自信，努力成为培育和弘扬社会主义核心价值观的最积极、最活跃、最充分的青年先进代表。 本章的教学目标包括知识、价值、能力三个目标。 知识目标：掌握社会主义核心价值观的科学内涵和重要意义，了解社会主义核心价值观和社会主义核心价值体系的关系，了解社会主义核心价值观丰厚的历史底蕴、制度自信和文化自信的价值内核，践行社会主义核心价值观的基本要求。 价值目标：准确把握社会主义核心价值观的丰富内涵，全面认识社会主义核心价值观的重要意义。 能力目标：积极践行社会主义核心价值观，勤学修德明辨笃实，把社会主义核心价值观内化于心、外化于行。

本章 教材分析	本章以社会主义核心价值观为主线，阐释了社会主义核心价值观的科学内涵、与社会主义核心价值体系的关系、重要意义；阐明了坚定社会主义核心价值观自信的历史、现实和道义的渊源；指出了践行社会主义核心价值观的根本遵循。 　　本章与第一章、第二章、第三章同属于思想政治教育的内容。本章在思想政治教育内容体系中具有核心和基础地位。它为思想政治教育指明了方向，更提供了依据和蓝本，为大学生确立正确的三观、坚定理想信念、做忠诚的爱国者提供了明确的路径。
教学 重点难点	教学重点： 1. 社会主义核心价值观的科学内涵及重要意义； 2. 价值观自信的基本内容。 教学难点： 1. 如何理解价值观自信？ 2. 如何做社会主义核心价值观的积极践行者？
教学设计	采用线上和线下混合式教学方法。本课程线上教学在中国大学MOOC平台。 线下教学专题： 一、坚定社会主义核心价值观自信； 二、践行社会主义核心价值观的基本要求。

第二部分　教学转化

一、导学——做践行社会主义核心价值观的时代新人

同学们好！今天我们来看第四章——明确价值要求，践行价值准则。

什么是核心价值观？核心价值观，承载着一个民族、一个国家的精神追求，体现着一个社会评判是非曲直的价值标准。从我国看，一场疫情，长城内外、大江南北，全国人民心往一处想、劲往一处使，把个人冷暖、集体荣辱、国家安危融为一体，"天使白""橄榄绿""守护蓝""志愿红"迅速集结，"我

是党员我先上""疫情不退我不退",誓言铿锵,丹心闪耀。14亿中国人民同呼吸、共命运,肩并肩、心连心,诠释了一个国家的价值底色。

近年来,教育制度改革试水,司法制度改革破冰,公共文化、医疗卫生服务体系不断完善,全面小康如期实现……一系列改革举措和伟大成就,为的是不断增进人们的安全感、归属感和幸福感,让每个人都共享改革发展成果,也折射着一个社会的价值取向。"感动中国"人物刻画着当代中国的价值年轮。扎根大漠,视敦煌石窟的安危如生命的樊锦诗;拔除穷根,向绝壁要天路的当代愚公毛相林;素心高洁,倾全力改变山区女孩命运的张桂梅;还有以生命赴使命、用挚爱护苍生、舍小我顾大局的抗疫英雄和数不清的志愿者们……顾全大局、同舟共济、与人为善、团结互助,体现了每个公民的价值选择,这就是价值观的力量。社会主义核心价值观不是抽象的概念,也不是墙上、广告牌上的标语,而是蕴含在社会生活的细节里,体现在我们的日常生活和日常行为中,是我们对好坏、善恶、美丑、得失的价值判断和价值选择。正是无数人将社会主义核心价值观铭于心、立于言、践于行,并以个体的实际行动践行社会主义核心价值观,让个人的选择和价值实现与家国情怀交织、激荡,才汇成了我们这个时代的"最美和声"。

习近平总书记在党的十九大报告中指出:"社会主义核心价值观是当代中国精神的集中体现,凝结着全体人民共同的价值追求。"我们要深刻领会社会主义核心价值观的重要意义和科学内涵,明确核心价值要求践行核心价值准则,做社会主义核心价值观的坚定信仰者、积极传播者、模范践行者。

本章我们将围绕以下问题展开:核心价值观的基本概念,社会主义核心价值观的基本内容,社会主义核心价值观的重大意义,社会主义核心价值观的显著特征,积极践行社会主义核心价值观。

二、核心价值观——全体人民共同的价值追求

有人说,价值观,是人与人之间最大的距离。也有人说,价值观其实就是:我愿意花30多块钱买一杯星巴克,你愿意花30多块钱撸串儿;我愿意在CBD工作,你愿意在离家近的地方工作;我愿意在城里买房,你愿意在郊区买房；我喜欢出去旅游，你喜欢宅在家里……不同的选择和追求，体现了不同的价值观。那人们之间有没有共同的价值追求？要回答这一问题，我们首先需要从"什么是价值、价值观"等一般价值问题谈起。

（一）价值观与社会主义核心价值观

1. 价值、价值观和核心价值观

关于价值，根据马克思主义的观点和当今价值哲学的基本成果，人们主要是从主客体之间的相互关系来界定价值的。马克思认为："价值是从人们对待满足他们需要的外界物的关系中产生的。"也就是说，价值是一种关系范畴，反映了主体需要和客体属性之间的效用关系。同一客体因主体需要不同，所具有的价值自然是不一样的。所以，价值总是因人而异的，具有一定的主体性和相对性。

价值观是主体对客体有无价值、价值大小的立场和态度，是对价值及其相关内容的基本观点和看法。通俗地说，价值观是人们对事物的意义和价值的反映与判断，是人们关于应该做什么和不应该做什么的基本观点，是区分好与坏、对与错、善与恶、美与丑等的总观念。价值观在人们的观念体系中并不是孤立的，它与世界观、人生观相辅相成、相互作用、相互促进，是辩证统一的关系。价值观对人的具体行为起着规范和导向作用，价值观不同的人，行为取向也会不同，甚至可能截然相反。价值观作为一种社会意识，总是一定社会存在和社会生活的反映，不同时代、不同民族、不同阶级，自然会产生不同的价值观，所以，抽象的一成不变的价值观是不存在的，价值观总是反映着特定的时代精神，体现着鲜明的民族特色，蕴含着特定的阶级立场。

核心价值观是一定社会形态、社会性质的集中体现，在一个社会的思想观念体系中处于主导地位，体现着社会制度的阶级属性、社会运行的基本原则和社会发展的基本方向。任何一个社会都存在多种多样的价值观念和价值取向，要把全社会意志和力量凝聚起来，必须有一套与经济基础和政治制度相适应并能形成广泛社会共识的核心价值观。否则，一个民族就没有赖以维系的精神纽带，一个国家就没有共同的思想道德基础，那这个民族、这个国家就无法前进。

2. 社会主义核心价值观与社会主义核心价值体系

新中国成立以来特别是改革开放以来，中国共产党带领全国人民在经济、政治、文化和社会等方面建立了一套比较成熟的基本制度和体制，成功探索出了一条中国特色社会主义道路。与这些基本制度和体制相适应，必然要求有一个主导全社会思想道德观念和行为方式的核心价值观。于是，党的十八大提出要倡导富强、民主、文明、和谐，倡导自由、平等、公正、法治，倡导爱国、敬业、诚信、友善，积极培育和践行社会主义核心价值观。这是中国共产党凝聚全党全社会价值共识作出的重要论断，生动展现了中国共产党和中华民族高度的价值自信与价值自觉。

其实，在党的十八大提出培育和践行社会主义核心价值观之前，2006年10月，在党的十六届六中全会上，第一次明确提出了"建设社会主义核心价值体系"的重大命题和战略任务，社会主义核心价值体系主要包括：马克思主义指导思想、中国特色社会主义共同理想、以爱国主义为核心的民族精神和以改革创新为核心的时代精神、社会主义荣辱观。

那么，社会主义核心价值体系与社会主义核心价值观究竟是什么关系呢？第一，社会主义核心价值观和社会主义核心价值体系，两者是紧密联系、互为依存、相辅相成的。第二，社会主义核心价值观是社会主义核心价值体系的精神内核，它体现了社会主义核心价值体系的根本性质和基本特征，反映了社会主义核心价值体系的丰富内涵和实践要求，是社会主义核心价值体系的高度凝练和集中表达。第三，社会主义核心价值观与社会主义核心价值体系具有内在的一致性，都体现了社会主义意识形态的本质要求，体现了社会主义制度在思想和精神层面的质的规定性，是建设中国特色社会主义现代化强国、实现中华民族伟大复兴的中国梦的价值引领。

3. 社会主义核心价值观的基本内容

富强、民主、文明、和谐，自由、平等、公正、法治，爱国、敬业、诚信、友善，是社会主义核心价值观的基本内容。它把涉及国家、社会、公民三个层面的价值要求融为一体，是对我们要建设什么样的国家、建设什么样的社会、培育什么样的公民等重大问题的深刻解答。其中，富强、民主、文明、和谐是国家层面的价值目标，也是新时代坚持和发展中国特色社会主义，实现中华民族伟大复兴的中国梦建设目标，这一价值目标回答了我们要建设什么样的国家这一重大问题，揭示了当代中国在经济发展、政治文明、文化繁荣、社会进步等方面的价值追求。在社会主义核心价值观中居于最高层次，对其他层次的价值理念具有统领作用。

自由、平等、公正、法治是社会层面的价值追求，这一价值追求回答了我们要建设什么样的社会的重大问题，反映了人们对美好社会的期望和憧憬，揭示了社会主义社会发展的价值取向。

爱国、敬业、诚信、友善是公民个人层面的价值准则和价值追求，这一价值追求回答了我们要培育什么样的公民的重大问题，涵盖了社会公德、职业道德、家庭美德、个人品德等各个方面，是每一个公民都应当遵守的行为准则。有了这样的价值追求，人们才能更好地处理个人与国家、社会、他人的关系，不断提升自己的人生境界。

三、社会主义核心价值观——当代中国发展进步的精神指引

人类社会走到今天，每一次进步，都离不开精神的支撑和价值的引领。可以说，有什么样的核心价值观，就有什么样的人民；有什么样的核心价值观，就有什么样的社会；有什么样的核心价值观，就有什么样的国家。

培育和践行社会主义核心价值观，是有效整合我国社会意识、凝聚社会价值共识、解决和化解社会矛盾、聚合磅礴之力的重大举措，是保证我国经济社会沿着正确的方向发展、实现中华民族伟大复兴的价值支撑，意义重大而深远。尤其是2018年3月，十三届全国人大一次会议通过宪法修正案，把国家倡导社会主义核心价值观正式写入宪法，进一步凸显了社会主义核心价值观的重大意义。

第一，坚持和发展中国特色社会主义的价值遵循。新时代，中国特色社会主义建设的目标是全面发展、全面进步的社会主义。它既需要不断完善经济、政治、文化、社会和生态文明等各方面的制度，也需要不断探索社会主义在精神和价值层面的本质规定性；既需要为人们描绘未来社会物质生活方面的

目标，也需要为人们指出未来社会精神价值的归宿。

所以，坚持和发展中国特色社会主义，就要在全社会大力弘扬社会主义核心价值观，明确中国特色社会主义事业到底追求什么、反对什么，要朝着什么方向走、不能朝什么方向走，坚守我们的价值观立场，坚定中国特色社会主义的道路自信、理论自信、制度自信和文化自信，为社会的有序运行、良性发展提供明确价值准则，为中国特色社会主义事业始终沿着正确方向前进，提供价值遵循。

第二，提高国家文化软实力的迫切要求。软实力概念，是美国哈佛大学教授约瑟夫·奈首先提出来的，用来指一个国家的文化、价值观、社会制度等因素的影响力和感召力。一般来说，一个国家的软实力主要来自，一国的文化、核心价值观与作为其贯彻与体现的政治制度、外交政策，以及国民素质和形象等等多方面的内容。习近平总书记多次强调："核心价值观是文化软实力的灵魂、文化软实力建设的重点。这是决定文化性质和方向的最深层次要素。"

当今世界，文化越来越成为综合国力竞争的重要因素，成为经济社会发展的重要支撑，文化软实力越来越成为争夺发展制高点、道义制高点的关键所在。文化的力量，归根到底来自凝结其中的核心价值观的影响力和感召力；文化软实力的竞争，本质上是不同文化所代表的核心价值观的竞争。现在，越来越多的国家把提升文化软实力确立为国家战略，价值观之争日趋激烈。培育和践行社会主义核心价值观，有利于增进国际社会对中国的理解，扩大中华文化的影响力，展示社会主义中国的良好形象；有利于增强社会主义意识形态的竞争力，掌握话语权，赢得主动权，逐步打破西方的话语垄断、舆论垄断，维护国家文化利益和意识形态安全，不断提高我们国家的文化软实力。

第三，增进社会团结和谐的最大公约数。历史和现实一再表明，只有建立共同的价值目标，一个国家和民族才会有赖以维系的精神纽带，才会有统一的意志和行动，才会有强大的凝聚力、向心力。当前，我国正处在经济转轨和社会转型的加速期，思想领域日趋多元、多样、多变，各种思潮此起彼伏，各种观念交相杂陈，不同价值取向并存，所有这些表面看是具体利益、观念观点之争，但背后折射出来的是价值观的分歧。

习近平总书记指出："我国是一个有着14亿多人口、56个民族的大国，确立反映全国各族人民共同认同的价值观'最大公约数'，使全体人民同心同德、团结奋进，关乎国家前途命运，关乎人民幸福安康。"培育和践行社会主义核心价值观，能够在具体利益矛盾、各种思想差异之上最广泛地形成价值共识，有效引领整合纷繁复杂的社会思想意识，有效避免利益格局调整可能带来的思想对立和混乱，形成团结奋斗的强大精神力量。

四、社会主义核心价值观显著特征——反映人类社会发展进步的价值理念

社会主义核心价值观具有超越以往一切社会核心价值观的先进性，它集中体现了社会主义的本质属性，扎根于中华优秀传统文化土壤，吸收借鉴了一切人类优秀文化的先进价值，是反映人类社会发展进步的价值理念。

（一）体现社会主义的本质属性

"社会主义"是社会主义核心价值观的"底色"。社会主义核心价值观的先进性，集中体现在它是社会主义所坚持和追求的价值理念。比如，国家层面：贫穷不是社会主义，发展太慢也不是社会主义；没有民主也没有社会主义；物质贫乏不是社会主义，精神空虚也不是社会主义。社会层面：平均主义不是社会主义，两极分化也不是社会主义；没有法治就没有社会主义。

社会主义核心价值观直接反映着我国社会主义基本制度的本质要求，渗透于经济、政治、文化、社会、生态建设的各个方面，是我国社会主义制度的内在精神之魂，是中国特色社会主义本质规定的价值表达。

（二）扎根中华优秀传统文化土壤

任何一种价值观都不可能凭空产生，总是有其特定的历史底色和精神脉络。牢固的核心价值观，都有其固有的根本。社会主义核心价值观不是无源之水、无本之木，它深深地根植于中华优秀传统文化。中华优秀传统文化是涵养社会主义核心价值观的重要源泉。

中华文化博大精深，源远流长，经历了上千年的历史沉淀，孕育出丰富的文化内涵。在世界几大古代文明中，中华文明之所以没有中断并延续发展

至今，一个重要原因就是中华民族有一脉相承的精神追求、精神特质、精神脉络。从《易经》到四书五经，从老庄到孔孟，从百家争鸣到"儒释道"的结合，中华文化充满了旺盛的生命力，提出许多思想理念，至今仍然深深影响着中国人的生活。比如，中华民族和中国人民在修齐治平、尊时守位、知常达变、开物成务、建功立业过程中培育和形成的"革故鼎新、与时俱进的思想，脚踏实地、实事求是的思想，惠民利民、安民富民的思想，道法自然、天人合一的思想"等；又比如，中华优秀传统文化蕴含着"天下兴亡、匹夫有责的担当意识，精忠报国、振兴中华的爱国情怀，崇德向善、见贤思齐的社会风尚，孝悌忠信、礼义廉耻的荣辱观念"；再比如，"中华优秀传统文化积淀的——如求同存异、和而不同的处世方法，文以载道、以文化人的教化思想，形神兼备、情景交融的美学追求，俭约自守、中和泰和的生活理念"等。像这样的思想和理念，不论过去还是现在，都有其鲜明的民族特色，都有其永不褪色的时代价值。

培育和弘扬社会主义核心价值观，必须从中华优秀传统文化中汲取丰富营养，深入中华民族历久弥新的精神世界，把长期以来我们民族形成的积极向上向善的思想文化充分继承和弘扬起来，推动中华优秀传统文化创造性转化和创新性发展，激活其生命力，增强其影响力和感召力，把跨越时空、超越国度、富有永恒魅力、具有当代价值的文化精神弘扬起来，把继承优秀传统文化又弘扬时代精神、立足本国又面向世界的当代中国文化创新成果传播出去。

（三）吸纳世界文明有益成果

社会主义核心价值观吸纳了世界文明的有益成果。博采众长、兼容并蓄是中华文明的气质，社会主义核心价值观以海纳百川的气度广泛吸收借鉴包括资本主义文明成果在内的人类一切文明成果，像民主、自由、平等、公正、法治从来不是资本主义的"专属"，而是人类几千年文明成果的积淀和升华，反映了人类认识世界、改造世界的共同成果和基本规律。社会主义核心价值观在吸收人类优秀的价值理念的基础上，以中国经验、中国实践为民主、自由、平等、公正、法治等价值理念赋予社会主义性质，代表了人类社会前进的方向和价值追求，形成了具有世界视野、中国气派的价值观。

五、社会主义核心价值观显著特征——彰显人民至上的价值立场

社会主义核心价值观坚持人民历史主体地位,代表最广大人民的根本利益,反映最广大人民的价值诉求,引导最广大人民为实现美好社会理想而奋斗。人民性是社会主义核心价值观的根本特性。

(一)尊重人民群众历史主体地位

马克思主义唯物史观认为,人民群众是历史的创造者,要尊重人民群众在社会历史发展中的主体作用。相信群众、依靠群众,从群众中来、到群众中去,站在广大劳动人民的立场上,以广大劳动人民的解放为宗旨,竭尽全力为人民求福利、谋利益,是马克思主义最根本的政治立场。马克思、恩格斯在《共产党宣言》中指出:"过去的一切运动都是少数人的,或者为少数人谋利益的运动。无产阶级的运动是绝大多数人的,为绝大多数人谋利益的独立的运动。"习近平总书记也多次强调:"江山就是人民,人民就是江山。"中国共产党为人民而生,因人民而兴。人民是我们党执政的最深厚基础和最大底气。所以,人民性是社会主义核心价值观的根本特性,人民立场是社会主义核心价值观的根本立场。

(二)体现以人民为中心的价值导向

为中国人民谋幸福、为中华民族谋复兴,是中国共产党人的初心和使命,也是我们党领导现代化建设的出发点和落脚点。中国共产党始终践行全心全意为人民服务的根本宗旨,坚持人民当家作主,坚持以人民为中心的发展思想,把人民对美好生活的向往作为奋斗目标。

在我国,以人民为中心的发展思想,不是一个抽象的、玄奥的概念,不是只停留在口头上、止步于思想环节,而是体现在经济社会发展各个环节。在经济建设上,推进高质量发展,朝着全体人民共同富裕的方向稳步迈进;在政治建设上,强调人民当家作主,体现人民意志,维护人民合法权益;在文化建设上,坚持人民是文化事业的主体,满足人民的精神文化生活需要;在社会发展上,不断保障和改善民生,促进社会公平正义;在生态文明建设上,强调人与自然和谐相处,满足人民对优美生态环境的需要。

特别是在 2020 年中国抗击新冠肺炎疫情斗争中，人民至上、生命至上成为最醒目的价值导向，深刻彰显了社会主义核心价值观的人民性。习近平深刻指出，什么叫人民至上？这么多人围着一个病人转，在保护人民生命安全面前，我们必须不惜一切代价，我们也能够做到不惜一切代价，因为中国共产党的根本宗旨是全心全意为人民服务，我们的国家是人民当家作主的社会主义国家。鲜明的人民性，使得社会主义核心价值观具有强大的感召力。

六、社会主义核心价值观显著特征——因真实可信而具有强大的道义力量

"名非天造，必从其实。"任何一种价值观，如果只是停留在口头上，不管多么动听，都终将被历史抛弃。社会主义核心价值观不仅真正地与社会主义制度相契合，与保障人民的根本利益相一致，而且因其真实可信而具有强大的道义力量。

（一）社会主义核心价值观是真实可信的

在人类社会发展进程中，许多统治阶级都提出了不少看上去非常美好的价值理念，其中有些在历史上也发挥了很大的积极作用，但由于其阶级和历史局限性，这些美好的价值理念并未能彻底地、真正地实现。民主、自由、博爱等便是资产阶级时刻挂在嘴边的价值主张。但正如列宁所指出的那样："资产阶级民主同中世纪制度比较起来，在历史上是一大进步，但它始终是而且在资本主义制度下不能不是狭隘的、残缺不全的、虚伪的、骗人的民主，对富人是天堂，对被剥削者、对穷人是陷阱和骗局。"人民当家作主的社会主义制度，则为社会主义核心价值观的真正实现奠定了根本的制度前提和制度保障，使得自由、民主、公正等价值观"不是装饰品，不是用来做摆设的，而是要用来解决人民要解决的问题的"，成为真切、具体、广泛的现实。

（二）认清西方"普世价值"的实质

随着社会思想多元多样多变，价值观领域也面临来自多方面的挑战，特别是面临日益严峻的西方价值观渗透。"普世价值"就是一种极具迷惑性、欺骗性并且带有鲜明政治倾向的价值观。我们需要对此廓清思想迷雾，认清其实

质和危害。

1. 什么是"普世价值"

所谓普世价值，顾名思义，泛指那些不分民族、不分国籍、不分种族，全世界人民都普遍接受的价值。它包括但不限于民主、自由、法治、人权等。

西方所宣扬的"普世价值"，并不是指这种抽象意义上的价值观念，而是特指披着"普世价值"的外衣，向全世界推销西方所谓的"民主国家体系"和"自由体制"的国家战略和外交策略。也就是说，西方的"普世价值"，实际是一种价值观外交策略，通过推行西方价值观演变、颠覆与自己价值观不同的国家，这是西方国家一贯的政治原则和策略。这在美国中情局针对中国的《十条诫令》和近年来《美国国家安全战略》中体现得非常明显，二者都明确规定，要不遗余力地向我国推销西方的"普世价值"。目的就是消解同美国利益不一致的国家的价值观和意识形态防线，特别是针对中国的社会主义核心价值观和以马克思主义为指导的社会主义意识形态。它们企图通过造成思想混乱、文化迷乱、价值错乱，诱使社会主义国家陷入两难选择：如果我们否认"普世价值"，就会被冠以反"普世价值"的污名，使共产党的领导和社会主义制度失去话语基础和精神支柱；如果我们承认"普世价值"，就要接受西方价值观念的改造，放弃共产党领导和社会主义制度，成为西方的附庸。这才是问题的实质和要害，对此，我们必须头脑清醒并保持高度警惕。

2. 人类社会是否存在普世价值

理论上讲，人类在长期发展过程中，总会遇到相同或类似的境遇，面临相同或类似的实践课题，产生相同或一致的需求，从而达成一定的价值共识。就像今天，随着经济全球化进程的加快，人类面临着困扰自身生存与发展的全球性问题，如气候变化、环境恶化、全球卫生、恐怖主义、核战争等，产生了全人类的共同利益，人类前所未有地结成了命运共同体。在如何解决人类共同面临的问题、实现人类社会可持续发展的过程中，各国政府和国际组织就会达成某些共识，形成共同价值。另外，在人类文明进步中，各国人民在长期的经济文化交流、传播、学习、互鉴中，也会形成对有一定普遍性的某些基本价值的认可。比如，2015年9月，习近平主席在联合国大会发言中提出："和平、发展、公平、正义、民主、自由，是全人类的共同价值。"这些共同价值就是当今时代各国人民在解决自身问题和对外交往中形成的基本共识，反映了世界人民和国际社会的共同愿望，也是应对全球性问题的客观需要。像这样的共同价值，我们并不否认，也不反对。也就是说，我们所说的"共同价值"和西方的"普世价值"根本不是一回事。对于打着"自由、平等、民主、人权"的口号，实际推行西式民主政治制度的西方的"普世价值"，我们是坚决反对并抵制的。

3. 西方的"普世价值"在理论上存在蒙蔽性

这主要体现在：西方"普世价值"构建于抽象的"人性论"基础之上，认为尽管人类生活在不同的历史时期或地域文明，但人类依然拥有共同的物质、精神需要和生活方式，有着共同的利益诉求和共同面临的问题，因此从人类共同的"人性"上说，理所应当存在全人类共同认可、共同遵循的价值，这样的价值就是自由、民主、人权。然而事实上，自由、民主、人权在历史和现实中却并非如西方"普世价值"所认为的那样普适和永恒。

价值总是具体的、社会的。比如，人们可以从各种各样的具体水果——苹果、橘子、梨、香蕉等——中抽象出共性的东西，把它概括为水果，但在市场上只能买到具体的水果，而买不到抽象的水果，因为水果这一概念只存在于具体的水果中。同样，在实际的社会生活中，抽象的民主、自由等也是不存在的。毛泽东说过："实际上，世界上只有具体的自由，具体的民主，没有抽象的自由，抽象的民主。"也就是说，自由、民主、人权、公平、正义、法治等是人类共同的追求，但这些共同价值的实现方式，如三权分立、多党制、极端个人主义等并不是也不可能是普世的。

4. 西方的"普世价值"在实践上存在虚伪性

从西方国家的国际实践看，"普世价值"幌子下掩盖的是侵略、掠夺和灾难。比如，2003年，美国国务卿鲍威尔在联合国安理会指控伊拉克拥有大规模杀伤性武器，为美国悍然发动伊拉克战争找到了"铁证"，最终导致伊拉克近70万群众丧生，而美国至今仍未在伊拉克找到大规模杀伤性武器。再比如，美国号称是全球"民主法治"的典范、"自由之国度"和"人权卫道士"，也是"普世价值"最积极的兜售者,却经常践踏自由、民主、人权。例如,斯诺登事件、棱镜计划表明,美国非但没有捍卫公民权利,反而一而再再而三地侵犯公民隐私和言论自由。在面对全球突发的新冠疫情——这一全人类共同威胁的时候,以美国为首的发达国家选择了明哲保身,不负责任的攻击指责中国,这与他们宣扬的"平等"完全是对立的。在中国奋起抗疫之时,造谣污蔑中国,将疫情暴发的原因归咎于中国,缺乏对中国政府和中国人民的基本尊重。为防止疫情蔓延,我国采取了严格的限制人员流动的隔离措施,被指责为侵犯"人权",殊不知人的生命权才是最基本的人权,减少传染才是对健康人人权的重视。

事实充分说明,普世价值的争论远不只是讨论世界上是否存在人类共同认可和值得共同遵守的价值,而是中国与西方在政治语境中围绕民主、自由、平等、人权及其相关问题而展开的争论,是双方意识形态矛盾与话语权斗争在思想界不断深化和激化的表现。

七、坚持知行合一——积极践行社会主义核心价值观

青年是引风气之先的社会力量。青年的价值取向,不仅关系着自身的健康成长成才,也决定着未来整个社会的价值取向。在全社会培育和弘扬社会主义核心价值观,需要大学生始终走在时代前列,做培育和践行社会主义核心价值观最积极、最活跃的青年先进代表。

(一)扣好人生的扣子

大学时期是价值观养成的关键阶段。大学生的成长成才和全面发展,离不开正确价值观的引领。当代大学生要意识到自身肩负的历史使命,自觉加强价值观养成,要坚持由易到难、由近及远,从现在做起,从自己做起,努力把核心价值观的要求变成日常的行为准则,形成自觉奉行的信念理念,并身体力行大力将其推广到全社会去,为实现国家富强、民族振兴、人民幸福的中国梦凝聚强大的青春能量。

(二)把社会主义核心价值观落细落小落实

"一种价值观要真正发挥作用,必须融入社会生活,让人们在实践中感知

它、领悟它。"这就要求在培育和弘扬的过程中，下好落细、落小、落实的功夫。对于大学生而言，就是要切实做到勤学、修德、明辨、笃实，使社会主义核心价值观成为一言一行的基本遵循。

其一，勤学。"一勤天下无难事""业精于勤荒于嬉""欲得真学问，须下苦功夫"等等，这些古训说得非常明白，勤学是做好诸事的前提。知识是树立社会主义核心价值观的重要基础。大学生正处于学习科学知识的黄金时期，要下得苦功夫，求得真学问，把学习作为一种精神追求、一种生活方式，以韦编三绝、悬梁刺股的毅力，以凿壁借光、囊萤映雪的劲头，努力扩大知识半径，既读有字之书，也读无字之书，砥砺道德品质，掌握真才实学，练就过硬本领。要努力掌握马克思主义理论，形成正确的世界观和科学的方法论，深化对社会主义核心价值观的认知认同。大学生要注重把所学知识内化于心，形成自己的见解，专攻博览，努力掌握为祖国、为人民服务的真才实学，让勤于学习、敏于求知成为青春远航的动力。

其二，修德。出自《左传·庄公八年》，意思是修养德行、行善积德，成为一个品德高尚的人。"德者，本也。"蔡元培曾经说过："若无德，则虽体魄智力发达，适足助其为恶。"道德之于个人、之于社会，都具有基础性意义，做人做事第一位的是崇德修身。"核心价值观，其实就是一种德，既是个人的德，也是一种大德，就是国家的德、社会的德。国无德不兴，人无德不立。"一个人只有明大德、守公德、严私德，其才方能用得其所。修德，既要立意高远，又要立足平实。要立志报效祖国、服务人民，这是大德，养大德者方可成大业。同时，还得从做好小事、管好小节开始起步，"见善则迁，有过则改"，踏踏实实修好公德、私德，学会劳动、学会勤俭，学会感恩、学会助人，学会谦让、学会宽容，学会自省、学会自律。

其三，明辨。明辨，出自《礼记·中庸》："博学之，审问之，慎思之，明辨之，笃行之。"意思是，要博学多才，就要对学问详细地询问，彻底搞懂，要慎重地思考，要明白地辨别，要切实地力行。这是古人对学习的五种基本要求。今天，我们培育和践行社会主义核心价值观，也要增强自己的价值判断力和道德责任感，辨别什么是真善美、什么是假恶丑，自觉做到常修善德、常怀善念、常做善举。当前，在一些领域和一些人当中，价值判断没有了界限，丧失了底线，甚至以假乱真、以丑为美、以耻为荣。大学生一定要正视价值观选择和道德责任感，强化判断，善于明辨是非，善于决断选择，旗帜鲜明地弘扬真善美，摒弃假恶丑，树立正确导向，澄清模糊认识，匡正失范行为，形成激浊扬清、抑恶扬善的思想道德舆论，自觉做良好道德风尚的建设者、社会文明进步的推动者。

其四，笃实。"笃实"是古人为学的最后阶段，就是既然学有所得，就要努力践行所学，使所学最终有所落实，做到"知行合一"。"笃"，是忠贞不渝、踏踏实实、一心一意的意思，有坚持不懈之意。笃实是价值实现的关键环节。再好的价值理念，如果光说不做，一点儿意义都没有。价值观的价值就体现在践行中。正所谓道不可坐论，德不能空谈。于实处用力，从知行合一上下功夫，核心价值观才能内化为人们的精神追求，外化为人们的自觉行动。有人说："圣人是肯做功夫的庸人，庸人是不肯做功夫的圣人。"青年有着大好机遇，关键是要迈稳步子、夯实根基、久久为功。心浮气躁，朝三暮四，学一门丢一门，干一行弃一行，无论为学还是创业，都是最忌讳的。"天下难事，必作于易；天下大事，必作于细。"成功的背后，永远是艰辛努力。青年要把艰苦环境作为磨炼自己的机遇，把小事当作大事干，一步一个脚印往前走。滴水可以穿石。只要坚韧不拔、百折不挠，成功就一定在前方等你。

第三部分　教学拓展

一、课后思考

1. 如何理解社会主义核心价值观的基本内容？
2. 如何理解社会主义核心价值观与西方价值观的区别？请举例说明。
3. 为什么说社会主义核心价值观是当代中国发展进步的精神指引？
4. 当代大学生如何坚定价值观自信？

二、备课参考

1. 习近平：《培育和弘扬社会主义核心价值观》，《习近平谈治国理政》第一卷，外文出版社 2018 年版。

2. 习近平：《青年要自觉践行社会主义核心价值观》，《习近平谈治国理政》第一卷，外文出版社 2018 年版。

3. 教育部思想政治工作司：《社会主义核心价值观青少年读本》（大学生版），人民出版社 2014 年版。

4. 《西式民主怎么了》编写组：《西式民主怎么了》，学习出版社 2014 年版。

5. 张维为：《中国人，你要自信》，中信出版社 2017 年版。

6. 张维为：《中国震撼三部曲：中国震撼·中国触动·中国超越》，学习出版社 2017 年版。

7. 电影《流浪地球》，郭帆执导，中国电影股份有限公司、北京京西文化旅游股份有限公司等公司联合出品，2017 年上映。

三、实践活动

1. 主题演讲

内容：中国人要自信。

操作：以小组为单位，围绕"价值观自信"这一主题，准备演讲稿，演讲稿字数不低于 800 字，并在班级进行演讲。

2. 大学生讲思政课

内容：我们身边的价值观故事。

目的：通过备课活动，感悟身边社会主义核心价值观的积极践行者。

操作：以小组为单位，进行朗读比赛，交流学习体会，撰写一篇活动感想。

第五章 遵守道德规范 锤炼道德品格

第一部分 教学概况

本章概述	本章主要包含三个方面的内容：一、社会主义道德的核心与原则；二、吸收借鉴优秀道德成果；三、投身崇德向善的道德实践。
学时安排	理论学时6学时（含课堂活动）
教学目的 与 教学目标	本章的教学目的：帮助学生掌握有关道德的基本理论，认识道德的起源、功能、作用及其变化发展；引导学生正确对待并弘扬中国传统美德和革命道德，吸收借鉴人类文明的有益道德成果；帮助学生理解社会主义道德的核心和原则，引导学生认识、掌握社会公德、职业道德、家庭美德等社会主义公民准则；帮助和引导学生在日常生活中自觉践行道德规范，积极投身崇德向善的道德实践。 　　本章的教学目标包括知识、价值、能力三个目标。 　　知识目标：理解道德的起源、本质、功能、作用等基本理论，掌握社会公德、职业道德、家庭美德等不同社会生活领域中的道德规范。 　　价值目标：能够自觉继承和弘扬中华传统美德和革命道德，正确吸收、借鉴人类文明的有益道德成果；将社会主义公民道德准则作为自身的行为指引，通过向道德模范学习、志愿服务等途径，积极投身崇德向善的道德实践，努力养成高尚的道德品格。 　　能力目标：对道德相关理论知识能够深刻认识，并能够运行有关道德的理论知识发现、分析并解决现实生活中的一些道德问题；对于人类优秀文明成果，能够客观、辩证地看待；能够理解并深刻认同社会主义道德的核心和原则，能够认识和理解社会公德、职业道德、家庭美德等不同社会生活领域中的道德规范。

本章 教材分析	在哲学的研究中，有三个领域与人类生活及人类生存价值休戚相关，因而从古到今都引起人们极大的理论兴趣和研究热忱。这三个领域分别是：认识论（或知识论）——人类对知识的追求与探索；伦理学（或道德哲学）——人类对道德的困惑与探索；美学（或美哲学）——人类对美的渴望与研究。三个方面结合起来就是人类追求真、善、美的统一。社会主义道德属于伦理学学科。 　　本章围绕道德观教育，从抽象到具体、从理论到实践，阐述了道德的内涵、功能及作用，指明了社会主义道德是人类道德发展史上一种崭新类型的道德，是实现中华民族伟大复兴的中国梦的重要精神力量；阐释了社会主义道德要坚持以为人民服务为核心，以集体主义为原则，传承中华传统美德，发扬中国革命道德，借鉴人类文明优秀道德成果；解析了公民基本道德准则，引导大学生践行社会公德、职业道德、家庭美德、个人品德，在崇德向善的道德实践中锤炼道德品质，引领道德风尚。
教学 重点难点	教学重点： 1. 道德的功能与作用及其发展变化； 2. 中华传统美德的基本精神、中国革命道德的主要内容； 3. 社会主义道德的核心和原则； 4. 社会公德、职业道德、家庭美德和个人品德的基本内涵、主要内容。 教学难点： 1. 中华传统美德的创造性转化与创新性发展； 2. 中国革命道德的当代价值； 3. 积极投身道德实践。
教学设计	采用线上和线下混合式教学方法。本课程线上教学在中国大学MOOC平台。 线下教学专题： 一、社会主义道德的形成及其本质； 二、社会主义道德的核心、原则及其规范； 三、在实践中养成优良道德品质。

第二部分 教学转化

一、导学——遵守道德规范，锤炼道德品格

从今天开始，我们将学习——遵守道德规范，锤炼道德品格。德国哲学家康德有句名言："世上有两件事震撼人们的心灵，思之愈频，念之愈密，则愈觉惊叹日新，敬畏月益——头顶之天上灿烂星空，心中之崇高道德律令。"简单通俗地说，就是世上有两样东西让人震撼，一是头顶的灿烂星空，一是人间崇高的道德。道德，如春天里的那一抹新绿，让人温暖，让人期待。

2021年7月20日16—17时，以河南为全国降雨中心，出现了一次大面积、千年一遇的暴雨，"一小时降雨量达到了201.9毫米，相当于150个西湖从天而降"，"单日降雨量突破历史极值，三天下了一年的量"，诸如此类的信息，都呈现着郑州这场有记录以来史上最强降雨的凶猛。地铁内变成"地下河"，25人遇难，7人失联，许多人遭遇"洪水惊魂"，不少车辆被冲走，个别水库溃坝，部分铁路停运、航班取消……不断爆出和更新的灾情信息，也牵动着无数人的心。7月20日，被困在地铁里的人群出现感人一幕：每个人都在喊着让晕倒的人先走；每个人都上去扶一把，把晕倒的人先救出去；所有的男生说女生先走，所有成人让老人孩子先行。面对逐渐窒息的空间，大家互帮互助，互相鼓励，不急不慌，依次撤离。在郑州高铁站，整个候车大厅都在漏雨，列车停运，部分乘客被困在其中。一学生乐团为了安定人心，演奏起《我和我的祖国》。每一个郑州人都团结着渡过难关。这时候任何赞叹的语言都略显苍白。遭遇特大暴雨后，郑州许多酒店不约而同都降价了。灾害之后，或许这里就是受难者的临时栖身地吧。许多地方都免费，只要有条件的空地都开放了：超市、健身房、图书馆等等。便利店也没有涨价，还提供免费热水和方便面。一个包子铺老板，把包子放在外面，"包子不卖，谁饿了就拿"。洪水无情，中原大爱！河南人的勇敢，是这场突如其来的水灾中最亮的灯塔。这就是中华民族独有的集体主义和利他主义的精神。

中国自古就是一个水灾频发的国家，一部中华文明史，本质上就是一部与洪水不断作斗争的历史。以黄河为例，2000多年以来仅仅有记录的水灾就达1500多次，重要改道达26次之多。长江流域1300多年来，仅仅有记录的水灾就达200多次。从"大禹治水"开始，中华民族就不断地和水灾斗争着，因此民族的骨子里一直流淌着面对灾难不屈不挠的基因。2021年河南大暴雨中，我们再次看到了这种力量，这种植根于中华民族几千年来不朽的大国力量，不屈的民族精神，优秀的道德传承。线上线下联动，本地外地互通，捐救灾款、转求助帖、发自救指南……很多人都自发投入到了"救助链"中，"一方有难八方支援"的协作精神，凝聚成抗击洪水的强大合力。

古希腊哲学家苏格拉底曾说，道德哲学涉及的"不是小事，而是我们应当如何生活的问题"。2014年6月12日至14日，习近平总书记考察山东时指出："国无德不兴，人无德不立。必须加强全社会的思想道德建设，激发人们形成善良的道德意愿、道德情感，培育正确的道德判断和道德责任，提高道德实践能力尤其是自觉践行能力，引导人们向往和追求讲道德、尊道德、守道德的生活，形成向上的力量、向善的力量。只要中华民族一代接着一代追求美好崇高的道德境界，我们的民族就永远充满希望。"

在本章的学习中，我们将学习和了解：道德的起源与本质、道德的功能和作用、社会主义道德的核心和原则，传承中华传统美德、发扬中国革命道德、借鉴人类文明优秀道德成果，引导大学生践行社会公德、职业道德、家庭美德、个人品德等内容。

二、知德明德——道德的起源与本质

（一）道德词源

在甲骨文中，"德"字左边是"彳"，表示道路、行动，右边下方是"目"，"目"之上是一条垂直线，表示目光直射之意。行动要正，而且"目不斜视"，这就是"德"的最初含义。随着历史的发展，人们对德的理解不断深化和拓展，金文的"德"字在"目"下又加了"心"字，意思是行正、目正、心正才算"德"。小篆中的"德"字与金文字形相近，只不过把右上方变成了

"直"字，意指"直心"为"德"。《说文解字》解"德"为"外得于人，内得于己也"。外得于人，指以善行施之于人，使人有所获得；内得于己，指将善念存于己心，使己有所提升。

道德一词，在汉语中可追溯到先秦思想家老子所著的《道德经》一书。老子说："道生之，德畜之，物形之，势成之。是以万物莫不尊道而贵德。道之尊，德之贵，夫莫之命而常自然。"其中"道"指自然运行与人世共通的真理；而"德"是指人世的德性、品行、王道。但，德的本意实为遵循道的规律来自身发展变化的事物。在当时道与德是两个概念，并无道德一词。"道德"二字连用始于荀子《劝学》篇："故学至乎礼而止矣，夫是之谓道德之极。"

（二）道德起源论

道德是人天生就有的，还是天上掉下来的？历史上中外学者进行了诸多探索，形成了各种道德起源理论。在非马克思主义学者中，最具代表性的观点主要有：

第一，天意神启论。"天意神启论"认为道德来自神灵的启示和超自然力量的规定。

董仲舒认为："王道之三纲可求于天"，有"道之大原出于天"之说。孔子认为："天生德于予"，他们都把道德起源于天。西方《摩西十诫》中有"要孝敬父母，使你的日子在上帝所赐你的土地上得以长久""不可杀人""不可奸淫""不可偷盗""不可做假见证陷害人""不可贪恋他人所有的东西"等。

第二，先天人性论。"先天人性论"把道德的起源或者归结为与生俱来的善性，或者归结为先天存在的良心、理念或精神。先秦思想家孟子认为，人天生就有四个"善端"，即："恻隐之心，仁之端也；羞恶之心，义之端也；辞让之心，礼之端也；是非之心，智之端也。"意思是说人人都有"仁义之心"，只要适当引导就能发挥出来。康德认为，道德源于人类固有的纯粹"理性"，理性发端于人的善良意志，道德就是善良意志发出的一种"绝对命令"。

第三，情感欲望轮。"情感欲望论"认为道德起源于人们的情感欲望，是人们为实现情感欲望而形成的行为要求。如先秦时代的商鞅、韩非子都认为，法律和礼义的产生就是为了规范和制约人的趋乐避苦的本性。法国哲学家爱尔维修认为，人是有感觉的动物，人的本性就是趋乐避苦，就是自利、自爱，也就是追求个人的利益和幸福，这是一切道德的根源。

第四，动物本能论。"动物本能论"则认为道德观念是动物本能的延续，进而把动物基于本能的活动与人类有目的、有意识的活动画上等号。

（二）马克思主义道德起源论

在马克思主义产生之前，这些关于道德起源的观点，要么是主观唯心主义或客观唯心主义的注解，要么是旧唯物主义形而上学的分析，均无法正确揭示道德的起源。马克思主义认为，道德既不是天上掉下来的，也不是人们头脑里固有的，更不是人自生的。道德作为一种社会现象，其产生有多方面的条件。

首先，社会关系的形成是道德赖以产生的客观条件。道德是社会关系的产物，只有形成了人与人、人与社会之间的相互关系，才会产生道德。

其次，人类自我意识的形成与发展是道德产生的主观条件。道德是人对自己反观的结果。我们看一个案例："在巴西丛林里，一位猎人在射杀一只猎豹时，竟看到这只豹子拖着流出肠子的身躯，爬了半个小时，来到两只幼豹面前，喂了最后一口奶后倒了下去。看到这一幕，这位猎人流着眼泪折断了猎枪。"

正如恩格斯指出的：人们自觉地或不自觉地，归根到底总是从他们阶级地位所依据的实际关系中——从他们进行生产和交换的经济关系中，获得自己的伦理观念。自我意识的产生，标志着人把自身同动物区别开来，当人们意识到自己作为社会成员与其他动物的根本区别，意识到自己与他人或集体的不同利益关系以及产生了调解利益矛盾的迫切要求时，道德才得以产生。在道德形成过程中，善与恶、正义与非正义、公正与偏私、诚实与虚伪等不断形成冲突，并在冲突中逐渐走向"道"。

最后，劳动创造了人和人类社会，是人类道德起源的第一个历史前提。人们为了生存，需要共同劳动，在共同劳动过程中，产生了人与人之间的关系；而劳动创造了财富，就有了如何分配财富的问题。所以，人们在生产、分配、交换、消费这些环节中形成了一些规则，这些规则久而久之就成为一种相对独立的社会意识形态。道德产生所需要的主客观条件是统一于劳动或者生产实践中。

马克思主义在人类思想史上第一次科学而全面地论述了道德的起源问题，强调道德属于上层建筑的范畴，是一种特殊的社会意识形态，为正确认识和理解道德的本质奠定了基础。

（三）知德明德——道德的本质

由马克思主义的道德起源论，我们可以看出，道德的本质就是：道德属于上层建筑的范畴，是一种特殊的社会意识形态。正确理解道德这一本质，有助于我们深刻理解经济基础对道德的决定作用，以及道德在一定条件下对经济基础的能动反作用。

1.道德是反映社会经济关系的特殊意识形态

道德与处于同一时代和同一社会形态的法律、政治、宗教、哲学、艺术等一样，都属于一定社会一定时代的经济基础决定的社会意识形态。马克思主义认为，道德不是人的自然本质固有的"善良意志"，而是建立在一定社会经济基础上的思想关系，是一种特殊的社会意识形态或上层建筑。

第一，道德的性质和基本原则、规范反映了与之相应的社会经济关系的性质和内容。第二，道德随着社会经济关系的变化而变化。随着社会形态的发展和社会经济关系的变革，道德也历经了不同的历史类型，即原始社会的道德、奴隶社会的道德、封建社会的道德、资本主义社会的道德、社会主义社会的道德。在社会主义社会，有一部分先进分子，还身体力行了共产主义道德。第三，道德作为一种社会意识，具有阶级性。道德作为一种社会意识，在阶级社会反映着一定的阶级利益，因而不可避免地具有阶级性，各种道德体系也必然带有阶级属性。大家都看过中国古典名著《水浒传》吧，里面描述的梁山好汉108将，把自己的行为定性为"路见不平一声吼，该出手时就出手"、"杀富济贫、替天行道"，是非常值得肯定和褒扬的道德行为；但在高俅等为代表的统治阶级眼里，他们的行为是"犯上作乱的反贼"。"反贼"一词，足以说明了对同一行为，不同人，尤其是不同阶级，所作出的不同甚至是截然相反的道德评价。第四，道德作为社会意识一经产生，便有相对独立性。道德对经济关系的反映不是消极被动的，而是能动的。道德的相对独立性既表现为道德的历史继承性，也表现为道德对社会发展具有能动的反作用。反映先进生产力发展要求和进步阶级利益的道德，对社会的发展和人的素质的提高产生积极的推动作用，反之，就不利于甚至阻碍社会的发展。

2.道德是社会利益关系的特殊调节方式

道德是一种调整人与人、人与社会，以及人与自然之间关系的特殊的行为规范。这种行为规范是用善恶标准去评价，依靠社会舆论、传统习俗、内心信念来维持的，因此是一种非制度化的、柔性的规范。

3.道德是一种实践精神

由于道德渗透到社会生活的各个方面，贯穿人类生活发展的全过程，因而对于产生它的经济基础，对于整个社会生活，表现出巨大的能动作用：使人们从伦理关系上去认识和把握社会经济关系和其他社会关系；以伦理观念给人们的经济活动和其他社会活动以巨大影响，调节和引导这些活动，以维持一定的社会生活秩序。

综上所述，道德作为一种特殊的社会意识形态，归根到底是由经济基础决定的，是社会经济关系的反映。而作为一种特殊的社会意识形态，道德又具有区别于其他意识形式的特殊本质和规定性，如宗教戒律、法律，从而使道德成为凭借善与恶、正义与非正义、公正与偏私、诚实与虚伪等观念来把握现实世界的"实践精神"。马克思主义的这一道德本质观，为我们认识当今社会的错综复杂的道德现象提供了基本的理论依据和方法指导。

四、知德明德——道德的功能和作用

（一）道德的功能

道德的功能，一般是指道德对社会发展所具有的功效与能力。要深刻理解道德的功能，首先我们要了解作为特殊的社会意识形态的道德，它是通过什么手段发挥作用的。道德作为一种特殊的意识形态，是以善恶为评价标准，主要依靠社会舆论、传统习俗和内心信念来发挥其调节人们行为作用的一种心理意识、原则规范和行为选择与活动的总和。从道德的概念中，我们可以看出，道德作为一种特殊的社会意识形态，其发挥作用的手段在于它是一种调节社会关系的行为规范。通过多领域行为规范，道德发挥了认识、规范、调节、导向、激励等功能。

1. 道德的认识功能

道德的认识功能是指道德反映社会关系特别是反映社会经济关系的功效和能力。

道德历来强调的是知和行的统一，道德认识功能立足于解决一个"知"的问题。表现在日常生活中，人们通过学习道德观念、道德准则、道德理想等内容，认识自己对社会、他人、家庭的道德义务和责任，从而正确选择自己的道德行为，积极塑造自身的善良道德品质。

2. 道德的规范功能

道德的规范功能是指在正确善恶观的指引下，规范个人在社会公共领域、职业领域、家庭领域的行为，并规范个人品德的养成，引导并促进人们崇德向善。从道德的这一特征看，道德和法律一样，都是通过规范人们的行为发挥作用。道德的规范功能也是道德最重要的功能之一。

3. 道德的调节功能

道德的调节功能是指道德通过评价等方式，指导和纠正人们的行为和实践活动，协调社会关系和人际关系的功效与能力。调节功能是道德最突出也是最重要的社会功能。道德评价是道德调节的主要形式，其中，社会舆论、传统习惯和人们的内心信念是道德调节所赖以发挥作用的力量。

道德的调节功能，立足于解决一个"行"的问题。道德是社会矛盾的调节器。人生活在社会中，总要和自己的同类发生这样那样的关系，不可避免地要发生各种矛盾，这就需要通过社会舆论、风俗习惯、内心信念等特有形式，以自己的善恶标准不断调节社会整体和个人的关系，调节个人与个人的关系，使个人、社会与他人的关系逐步完善和谐。

那么，日常生活中，人们是如何通过运用善恶标准来调节人们的行为呢？人们在解决道德冲突中，正确的善恶观，也就是我们通常说的"良心"发挥着巨大的作用，它贯穿于行为过程的各个阶段，成为人们思想和情操的重要精神支柱。

首先，在人们做出某种行为之前，良心决定人们要依据履行义务的道德要求，对行为的动机进行自我检查，对符合道德要求的动机予以肯定，对不符合道德要求的动机进行抑制或否定，从而作出正确的动机决定。

其次，在人们行为进行过程中，良心能够起到自我监督作用，对符合道德要求的情感、意志和信念，人们予以自我激励；对不符合道德要求的情感、欲念或冲动，人们予以克服。中国古语有"良心发现"之说，就是指在行为进行过程中发现失误，良心能够使人改变行为方向和方式，纠正自己的某种自私欲念和偏颇，自觉地保持自己的正直人格，不断提高自己的高尚品德。

最后，在人们行为之后，良心促使人们对行为的后果和影响作出自我评价，对履行了道德义务的良好后果和影响，得到内心的满足和欣慰；对没有履行道德义务的不良后果和影响，进行内心的谴责，表现出内疚、惭愧和悔恨，以至于纠正自己的错误。

做好事不求别人的赞赏而只求无愧于心是道德生活的最高境界；做错事能扪心自问并深感内疚则是塑造有德之人的第一步；做坏事竟心安理得而不觉得受良心的谴责，则属于只有靠严厉的惩处才能纠偏的行为。毫不夸张地说，正确的善恶观——良心乃是道德秩序的保证。在社会生活中，道德调节并不是孤立进行的，而是和其他社会调节手段，主要是法律和纪律密切配合、共同发挥调节效用。

（二）道德的作用

道德的作用是指道德的认识、规范、调节、激励、导向、教育等功能的发挥和实现所产生的社会影响及实际效果。道德的作用主要表现在：

1.道德为经济基础的形成、巩固和发展服务，是一种重要的精神力量

任何一个社会占统治地位的道德都是维护这个社会上的经济制度的。封建制度倡导"三纲五常"的封建道德，借以巩固封建制度。资产阶级兴起后，

则抨击了封建道德压抑人性，而大力倡导个性解放和个人主义，促进了资本主义制度建立。在社会主义社会，提倡为人民服务、集体主义的道德规范，也是着眼于巩固公有制经济基础的。

2. 道德对其他社会意识形态的存在有着重大的影响

以学校教育为例，学校教育的功能是很宽泛的，简单地说，一部分是工具性的，如传授知识、培养技能；一部分是目的性的，即塑造人，使人具有高尚的人格、良好的思想品德。知识技能很重要，这是无可争议的。但是，知识技能被什么样的人掌握、为什么目的服务的问题更重要。道德在人们的全面发展中居于主导地位，它是人才成长的动力和导向。近年来，随着人们对道德问题越来越重视，立德树人的教育理念也被提到了前所未有的高度。

3. 道德通过调整人们之间的关系维护社会秩序和稳定

社会生活中，矛盾无处不在，也无时不在。正确化解这些矛盾，社会才能协调发展。每个人都是处在矛盾之中，面临很多矛盾关系。如同学之间，几个人同处一室，每个人的兴趣爱好、生活习惯各不相同，矛盾在所难免。如果大家都能相互体谅，互相尊重，以诚相待，矛盾冲突就会减少；如果一个人自私自利，斤斤计较，凡事只顾自己，不管别人，关系就很难处理，就会矛盾丛生。推而广之，班级、学校、社会都是一样的道理。道德在维系社会秩序方面的作用不可低估。

4. 道德是提高人的精神境界、促进人的自我完善、推动人的全面发展的内在动力

一个社会是否和谐，一个国家是否长治久安，很大程度上取决于全体社会成员的思想道德素质。建立和谐的人际关系，维护良好的社会秩序，促进人与自然和谐相处，既要靠法治，也要靠道德。

5. 在阶级社会中，道德是调节阶级矛盾和对立阶级之间开展阶级斗争的重要工具

道德反作用于社会经济关系是普遍的现象，但它所起的能动作用却具有不同的性质，存在着革命与反动、进步与保守的区别。马克思主义伦理学充分

肯定道德在社会历史发展中的能动作用，但并不把它看作是变革阶级社会经济关系的决定性力量。

五、知德明德——道德的历史发展

了解道德的历史演变，有助于我们深刻把握不同历史类型道德的本质。每一个社会都有与其经济基础相适应的占统治地位的道德；在同一社会形态中，不同的阶级或人群还会有不同的道德。在阶级社会中，占社会统治地位的道德是统治阶级的道德，而同时存在着的被统治阶级的道德则总是处于从属的地位。

（一）原始社会道德

原始社会道德是在原始社会生产方式基础上形成的道德观念和道德规范，是人类道德发展史上第一种历史类型。由于原始社会生产力水平十分低下，社会关系表现为合作捕猎和地域争夺，所以道德的最初表现形式是合作和斗争。由此，原始的群体主义成为氏族社会人们全部道德生活的基础，血缘氏族意识是这时的道德关系的基础。这种道德意识反映在道德关系上，具有以下基本特征：首先，维护氏族和部落的共同利益，这是原始社会道德的基本原则；其次，共同劳动、相互关心以及维护氏族内部的平等，这是原始社会的重要道德规范。

（二）奴隶社会道德

奴隶社会的道德是在奴隶制生产方式的基础上形成的道德观念和道德规范，是人类道德发展史上第一种包含阶级对抗的道德类型。

在奴隶社会，奴隶主不仅占有土地、牲畜、工具等生产资料，而且占有生产者——奴隶及其全部劳动成果。这就决定了奴隶主阶级的道德是奴隶社会占统治地位的道德，也决定了其道德的基本特征：首先，维护奴隶对奴隶主的绝对屈从和人身依附关系，这是奴隶主阶级道德的基本原则；其次，鄙视劳动和劳动者，男尊女卑、忠君爱国等是奴隶主阶级的重要道德规范。

（三）封建社会道德

封建社会的道德是在封建社会经济基础上形成的道德类型。在封建社会，地主阶级占有全部或绝大部分土地和其他生产资料,以租税、徭役等形式对农民进行经济和超经济的剥削。在政治上建立起高度集权的专制统治和一整套宗法等级制度,农民虽然比奴隶有了一定的人身自由和平等人格,但他们仍处于社会底层。这种政治经济制度决定了封建社会的道德实质是占统治地位的地主阶级道德,而农民阶级道德则处于次要和从属的地位。其主要特征表现为:首先,以维护或反对宗法等级制的尊卑贵贱秩序为基本内容;其次,占统治地位的地主阶级道德进一步规范化、体系化和神秘化;最后,道德调节功能进一步强化。封建统治者一方面使道德和政治、法律、宗教紧密结合,另一方面又通过道德教育和道德修养,加强道德对人们的精神控制。

(四)资本主义社会道德

资本主义社会道德是与资本主义社会的经济文化相适应的社会道德。在资本主义社会,实行生产资料的私有制,资产阶级占有全部生产资料,并以剩余价值形式剥削无产阶级的劳动;而无产阶级除自身的劳动力之外,一无所有。由此形成资产阶级和无产阶级两种对立的道德体系。

资本主义社会的道德特征是:推崇个人主义、利己主义和拜金主义,随着资本主义社会内部矛盾加剧,道德与现实生活的固有矛盾日益深化,道德调节功能不断削弱,道德危机日益严重。

随着私有制关系的最后消灭,资产阶级道德必将日趋没落,无产阶级道德必将不断发展和完善,最终取代资产阶级道德而在社会生活中占主导地位。

(五)社会主义社会道德是崭新类型的道德

与以往社会的道德形态相比,社会主义道德具有显著的先进性特征。这种先进性主要体现在以下几个方面:首先,社会主义道德是社会主义经济基础的反映。在以生产资料公有制为主体的社会主义社会,广大人民不仅在政治上实现了当家作主,而且在道德上实现了由被动到主动的转变。其次,社会主义道德是对人类优秀道德资源的批判继承和创新发展。以当代中国的社会主义道德体系为例,我们今天倡导的社会主义道德规范,不仅与中华传统美德相承接,与中国共产党人在革命战争年代创立的革命道德相延续,同时也是对人类优秀道德成果的吸收和借鉴。最后,社会主义道德克服了以往阶级社会道德的片面性和局限性，坚持以为人民服务为核心，坚持以集体主义为原则，展现出真实而强大的道义力量。

我们从上述道德的变化发展历程可以看出，人类道德的发展，是一个曲折上升的历史过程，人类道德发展的历史过程与社会生产方式的发展进程大体一致。虽然在一定时期可能有某种停滞或倒退现象，但道德发展的总趋势是向上的、前进的，是沿着曲折的道路向前发展的。社会主义和共产主义道德，是人类道德合乎规律发展的必然产物，是人类道德发展史上的一种崭新类型的道德，是对人类道德传统的批判与继承，并必然随着社会的进步和实践的发展而与时俱进。

六、知德明德——坚持以为人民服务为核心

社会主义道德是以社会主义公有制为主体的经济基础的反映；是在无产阶级自发形成的朴素的道德基础上，以马克思主义的世界观为指导，由无产阶级自觉培养起来的道德。社会主义道德是以"为人民服务"为核心，以集体主义为原则，以诚实守信为重点，以社会主义公民基本道德规范为主要内容，代表无产阶级和广大劳动人民根本利益和长远利益的先进道德体系。

（一）"为人民服务"是社会主义道德的核心

为什么人的问题是做人的根本问题，也是区分无产阶级人生观、价值观与资产阶级人生观、价值观的根本标准。道德的阶级性决定了道德的价值取向。作为上层建筑，明确了为什么人的问题，就明确了一个政党和政府的政治立场。为人民服务是中国共产党人把马克思主义基本原理与中国革命、建设、改革的具体实践相结合的伟大创造。

"为人民服务"这句话，最早见于毛泽东在中央警备团张思德追悼会上的演讲。张思德生前是中央警备团战士。1944年9月5日，张思德在陕北山中烧炭，炭窑崩塌，危险关头，他奋力将队友推出窑外，自己被埋牺牲。毛泽东在演讲中说："我们的共产党和共产党所领导的八路军、新四军，是革命的队伍。我们这个队伍是完全为着解放人民的，是彻底地为人民的利益而工作的。"1945年4月24日，在《论联合政府》一文中，毛泽东再一次强调："紧

紧地和中国人民站在一起，全心全意为中国人民服务，就是这个军队的唯一宗旨。"

虽然"为人民服务"产生于革命战争年代，但它一经产生，就成为中国共产党践行的根本宗旨，也是我们党的一切工作的根本出发点和落脚点，是全体中国人民共同遵循的道德要求，是社会主义道德观的集中体现。在不同的历史时期，党的历代领导人对"为人民服务"都有深刻的阐述，并结合当时所处的历史时期，提出了具体的要求。正是由于我们党时刻不忘记人民，时刻以人民的利益为出发点，时刻为人民谋福祉。"取之于民，用之于民"，"一切依靠群众，一切为了群众"，风雨100多年，我们党才能从幼小到强大，才能带领全国人民成就辉煌的事业。从为人民服务的产生历程可以看出，为人民服务是中国共产党人把马克思主义基本原理与中国革命、建设、改革的具体实践相结合的伟大创造。

（二）社会主义道德的本质要求

我们刚才讲到为什么人服务的问题是道德的核心问题，决定并体现着道德建设的根本性质和发展方向，规定并制约着道德领域中的所有道德现象。在社会主义社会，为人民服务不仅是中国共产党前行的根本宗旨，也是社会主义道德观的集中体现，是全体中国人民共同遵循的道德要求。

1. 为人民服务是社会主义经济基础和人际关系的客观要求

在我国，以公有制为主体和以按劳分配为主体，是为人民服务的根本制度保证，在此基础上逐步形成的团结互助、平等友爱、共同进步的人际关系，是为人民服务的基础。同时，在社会主义社会，每个劳动者和建设者都在为社会、为他人同时也是为自己而劳动和工作。各行各业的劳动者和建设者，只是社会分工不同，没有高低贵贱之分。全体人民通过社会分工和相互服务来实现共同利益，体现了社会主义"我为人人，人人为我"的人际关系的本质。

2. 为人民服务是社会主义市场经济健康发展的要求

我们可以从四方面来理解：第一，社会主义市场经济建立在以公有制为主体的经济基础之上，运用市场机制合理配置资源，发展社会生产力。发展和完善社会主义市场经济的目的是全体人民的共同富裕和幸福，其本质要求是为人民服务。第二，为人民服务与社会主义市场经济并不必然对立。社会主义市场经济，不仅不排斥为社会和他人服务，而且需要通过服务甚至是优质服务，才能实现市场主体的利益。第三，社会主义市场经济健康发展，需要市场主体正确处理个人与社会、竞争与协作、效率与公平、先富与共富、经济效益与社会效益等关系，形成健康有序的经济和社会生活规范。第四，社会主义市场经济条件的健康发展，需要每个市场主体都要有为人民服务的思想，自觉积极地为人民服务、为社会服务，从而确保市场主体自觉把自身的特殊利益同国家和人民的共同利益结合起来。因此，道德建设以为人民服务为核心是市场经济沿着社会主义方向发展的内在要求和精神支持。

3. 为人民服务是先进性要求和广泛性要求的统一

中国农历庚子年春节前夕，新冠肺炎疫情暴发。在这紧急关头，中国共产党挟泰山以超北海，挽狂澜而济苍生，带领全国人民打响了抗击疫情的阻击战，再次宣示了中国共产党全心全意为人民服务的宗旨和能力，唱响了一曲可歌可泣的人民英雄赞歌。疫情防控中出现了许多可歌可泣的感人事迹，其中，既有除夕逆行武汉、与病毒战斗的医务工作者，也有坚守岗位、自愿奉献的基层工作者；既有共产党员，有普通群众，也有在校大学生。这说明了为人民服务，既伟大又平凡，既高尚又普通，它并非高不可攀、远不可见，而是可以通过不同层次、不同形式表现出来的。那种认为为人民服务只适于党员干部而不能推广到全体人民的看法是一种误解。

总之，为人民服务作为社会主义道德的核心，是社会主义道德区别和优越于其他社会形态道德的显著标志。大学生践行为人民服务，就是要弘扬这种精神，敢于担当责任，勇于直面困境，积极有为、不懈进取，在实现中华民族伟大复兴的历史征程中服务人民、奉献社会，做走在时代前面的奋进者、开拓者、奉献者，为实现中华民族伟大复兴的中国梦贡献力量。

七、知德明德——坚持以集体主义为原则

中国女排这个光荣的集体，自1981年在日本首次夺得世界杯冠军以来，斩获了一个又一个冠军，也经历了一次又一次起伏和磨难，但是不论是在巅峰

还是低谷，她们都以钢铁般的意志咬牙坚持。2019年9月29日，女排世界杯大阪站，中国女排以十一连胜夺冠，燃爆中国，惊艳世界。当记者问时任中国女排总教练、作为中国女排黄金一代的"铁榔头"郎平，"这么多年过去了，您对于女排精神这个词的理解有什么变化"的时候，郎指导坚定地说："我觉得都差不多吧！我自己理解就是，中国女排就是一个集体主义精神，另外为了我们所追求的目标，每一个人都要竭尽全力，这就是对于事业的一个态度，过程肯定是非常艰辛的，最重要的是做好每一天！"几十年来，正是这种对胜利的执着，对队友的信任，对困难和伤病的无惧的女排精神，穿透时光，薪火相传，鼓舞了一代又一代人为祖国荣誉而战。把集体的、国家的、民族的利益放在首位，并高于一切，是中华民族的优良传统和文化基因。"苟利国家生死以，岂因祸福避趋之"，一直是优秀中华儿女的信仰和实践，也是中华文明得以5000多年灯火相续的重要原因之一。同时，把集体利益放在第一位的思想体系，也是无产阶级人生观和价值观的核心，是社会主义道德的基本原则。

（一）集体主义的科学内涵

第一，集体主义强调国家利益、社会整体利益和个人利益的辩证统一。在社会中，人既作为个体而存在，又作为集体中的一员而存在，集体和个人是不能分割的。"一方面，个人离不开集体，集体把每个劳动者的智慧和力量凝聚在一起，形成巨大的创造力。另一方面，集体是由若干个人组成的，不调动个人的积极性，也就不会有集体的创造力。集体与个人，即'统'与'分'，是相互作用、相互依赖、互为前提的辩证统一关系。只有使二者有机地结合起来，才能使生产力保持旺盛的发展势头，偏废任何一方，都会造成大损失。"

在社会主义社会中，国家利益、社会整体利益和个人利益也是不能分割的。国家利益、社会整体利益体现着个人根本的、长远的利益，是所有社会成员共同利益的统一。同时，每个人的正当利益，又都是国家利益、社会整体利益不可分割的组成部分。国家和社会的兴衰与个人利益得失息息相关。在现实生活中，国家利益、社会整体利益和个人利益是相辅相成的，不是靠抑制一方来发展另一方，而是要力求做到共同发展、相互增益、相得益彰。

第二，集体主义强调国家利益、社会整体利益高于个人利益。在实际生活中，个人利益和国家利益、社会整体利益难免会发生矛盾。这种矛盾，有的是可以缓和、化解的，有的则会发生或大或小的冲突。但是，集体主义强调，在个人利益与国家利益、社会整体利益发生矛盾冲突，尤其是发生激烈冲突的时候，必须坚持国家利益、社会整体利益高于个人利益的原则，即个人应当以大局为重，使个人利益服从国家利益、社会整体利益，在必要时作出牺牲。集体主义要求个人为国家、社会作出牺牲并不是任意的，只有在不牺牲个人利益就不能保全国家利益、社会整体利益的情况下，才要求个人为国家利益、社会整体利益作出牺牲。社会主义集体主义之所以强调个人利益要服从国家利益、社会整体利益，归根到底，既是为了维护国家、社会的共同利益，最终也是为了维护个人的根本利益和长远利益。

第三，集体主义重视和保障个人的正当利益。集体主义促进和保障个人正当利益的实现，使个人的才能、价值得到充分的发挥。这不但与集体主义不矛盾，而且正是集体主义思想的应有之义。只有在国家、社会中个人才能获得全面发展，才可能有个人自由。那种把集体主义看作是对个人的压制、是对个性的束缚的思想，是与集体主义的本意相违背的。事实上，正是集体主义为培养个人的健全人格、鲜明个性和创新精神提供了道义保障。对于集体主义来说，只有个人的价值、尊严得到实现，个人的正当利益得到保证，集体才能有更强大的生命力和凝聚力。集体主义重视个人利益的实现，这是毫无疑义的，但这并不等于说，任何个人不分场合不分时间的利益需求，都应该无条件得到满足。社会主义集体主义所重视和保障的是个人的正当利益，而不是任何性质的个人利益，对于损人利己、损公肥私的行为，集体主义不但不保护，而且强烈反对和禁止。

长期以来，集体主义已经成为调节国家利益、社会整体利益和个人利益关系的基本原则。随着社会主义市场经济的发展，我国的经济生活和道德生活正在发生着深刻的变化，在道德领域出现了许多新问题，必须适应实际变化，不断补充、丰富和完善集体主义原则。在社会主义市场经济条件下，集体主义仍然而且应当成为社会主义道德的基本原则。发展社会主义市场经济，之所以需要集体主义，是因为其有助于克服市场自身的弱点和消极方面，有助于形成追求高尚、激励先进的良好社会风气，保证社会主义市场经济的有序健康发展。

（二）集体主义三个层次的道德要求

根据我国现阶段经济社会生活和人们思想道德的实际，可将集体主义分为三个层次的道德要求：一是无私奉献、一心为公，这是集体主义的最高层次，是共产党员、先进分子应努力达到的道德目标。2019年3月22日，中意领导会见时，意大利众议长菲科向习近平主席提问："您当选中国国家主席的时候，是一种什么样的心情？""作为世界上如此重要国家的一位领袖，您是怎么想的？"习近平主席的回答对这一问题作了充分的阐释，他说："这么大一个国家，责任非常重、工作非常艰巨。我将无我，不负人民。我愿意做到一个'无我'的状态，为中国的发展奉献自己。"习近平主席的回答充分体现了无私奉献、一心为公的集体主义思想道德理念。二是先公后私、先人后己，这是已经具有较高社会主义道德觉悟的人能够达到的要求。三是顾全大局、遵纪守法、热爱祖国、诚实劳动，这是对公民最基本的道德要求。"一滴水如何方可永不干涸？"答案是融入大海。

集体主义离我们并不遥远，就存在体现于具体的学习工作生活之中。人人都可以而且应当践行集体主义原则，沿着道德的阶梯循序渐进地向上攀登。当代大学生应正确认识和处理国家、集体、个人的利益关系，自觉坚持个人利益服从集体利益、局部利益服从整体利益、当前利益服从长远利益，反对小团体主义、本位主义和极端个人主义。

八、知德明德——传承中华传统美德

传统似江河之水、生命之流。中华传统美德是中华优秀文化的重要组成部分。2017年10月18日，习近平总书记在党的十九大报告中明确指出："深入挖掘中华优秀传统文化蕴含的思想观念、人文精神、道德规范，结合时代要求继承创新，让中华文化展现出永久魅力和时代风采。"在这里，习近平总书记从实现中华民族伟大复兴的高度出发，高屋建瓴、深刻总结中华优秀传统文化尤其是中华传统美德，赋予其崭新的时代内涵和原创性的发展。

2019年4月30日，习近平总书记在纪念五四运动100周年大会的讲话中，寄望青年要"善于从中华民族传统美德中汲取道德滋养"，"从自身内省中提升道德修为，明大德、守公德、严私德，自觉抵制拜金主义、享乐主义、极端个人主义、历史虚无主义等错误思想，追求更有高度、更有境界、更有品位的人生，让清风正气、蓬勃朝气遍布全社会"。

今天，我们重点讲述中华传统美德的基本精神及如何传承中华传统美德这样两个问题。

（一）中华传统美德的基本精神

我们伟大的中华民族，孕育了5000多年的辉煌，5000多年的历史，也留下了璀璨的传统文化。在历史的长河中，中华美德熠熠生辉，民族精神世代传承。其中既有"忧国忧民，为民请命"的爱国精神，也有"默默奉献，不求索取"的高尚境界；既有"力克万难，振兴中华"的坚定信念，也有"孝敬父母，尊敬师长"的道德规范；既有"励志勤学，自强不息"的拼搏精神，也有"见利思义，助人为乐"的崇高精神；既有"律己宽人，惩恶扬善"的处世准则，也有"自尊互敬，和睦相处"的礼仪风范……这些珍贵的文化遗产博大精深，源远流长，是中华民族共有的精神家园，对人类的进步和世界文明的发展产生了深远的影响。

概括起来，中华传统美德集中体现在以下几个方面：一是重视整体利益，强调责任奉献；二是推崇"仁爱"原则，注重以和为贵；三是提倡人伦价值，重视道德义务；四是追求精神境界，向往理想人格；五是强调道德修养，注重道德践履。由于时间关系，我们不能一一展开，这里我们重点阐释"重视整体利益，强调责任奉献"。

集体主义思想是中华优秀传统美德的核心。在中华传统道德的发展演化中，始终强调整体利益、国家利益和民族利益的重要性。2019年2月13日，一部科幻电影《流浪地球》在大年初一上映，迅速引起全民热捧，最终票房达到了46.55亿。电影讲述了在2075年，太阳即将毁灭，地球已经不适合人类生存。而面对绝境，人类将开启"流浪地球"计划，试图带着地球一起逃离太阳系，寻找人类新家园的故事。与传统的欧美科幻大片弘扬的个人英雄主义价值观不同,《流浪地球》这部电影的精神内涵,就是我国人民普遍认同的"集体主义价值观",也就是我国自古以来所颂扬的"集体主义精神"。面对巨大的灾难或问题时,需要依靠集体或者团队的力量来解决,只有集体主义的力量,才能克服一切困境。这种价值观念,体现在《流浪地球》的结尾,当救援队队长与全世界多国救援队同时推动地球发动机的"撞针"时,集体主义的精神便由此完美体现。可以说,这或许也正是《流浪地球》能够在国内收获诸多认可的原因之一。纵观中国古代历史,以集体主义的观念为视角,可以发现儒家极力诠释的"仁礼"为核心的价值体系,强调促进社会发展的力量,主要来自"凝聚人心,整合人心,维系人心"这三方面因素。

中华传统美德表现在个人与他人、社会、群体的关系问题上,始终强调"舍己从人""先人后己""舍己为群"。在"义"与"利"的关系上,把代表整体利益的"义",放在代表个人利益的"利"之上,强调"义以为上""先义后利""义然后取",主张"见得思义""见利思义",反对"见利忘义"。孔子认为,"仁"的观念要立足于"集体利益"的主体,即站在集体利益的角度上出发,敢于奉献集体,才能体现出个人最大程度的"仁",比如在必要时刻,个人可以为家庭和国家作出牺牲,在这种情景下,个人的"仁"便会得到最大程度的体现。从仁爱精神出发,中华传统美德主张"仁者爱人",强调要"推己及人",关心他人,强调社会和谐,讲求和睦友善,倡导团结互助,追求和平共处。表现在人际相处上,中国人历来主张与人为善,建立和谐友爱的人际关系;在民族关系上,强调中华各民族互相交融、和衷共济,建设团结和睦的大家庭;在对外关系上,倡导亲仁善邻、协和万邦,与世界其他民族在平等相待、互相尊重的基础上发展友好合作关系。

中华传统美德特别强调在满足基本物质需要的情况下,追求崇高的精神境界。把"富贵不能淫,贫贱不能移,威武不能屈"的"大丈夫"和爱国爱民、无私奉献、舍生取义的"君子",作为一切有德之人心目中的理想道德人格。不论是"天下有道,以道殉身;天下无道,以身殉道"的执着道德精神,还是"为天地立心,为生民立命,为往圣继绝学,为万世开太平"的高尚道德理想,其核心思想,都是要求人们超越个人的私利、私欲,以国家、民族和人民的正义事业作为个人行为的最高准绳。《易经》提出的"天行健,君子以自强不息",孔子提出的"逝者如斯夫,不舍昼夜",孟子提出的"居天下之广居,立天下之正位,行天下之大道。得志,与民由之;不得志,独行其道",历来为仁人志士所推崇。

正由于这种重视整体利益,把国家、民族利益放在首要位置的根本道德价值取向,中国传统道德形成了内涵丰富的优秀美德。由此,我们可以深刻理解"夙夜在公"的道德要求、"以公灭私,民其允怀"的道德思想、"国而忘家,公而忘私"的道德精神,以及"先天下之忧而忧,后天下之乐而乐"所体现的强烈的为国家、为民族献身的家国情怀。中华民族虽然历经无数磨难与困苦,但始终能屹立于世界民族之林,应当说,这同中国的优秀传统文化特别是传统美德的作用是分不开的。在长期的历史发展中,中华传统美德已经深入到全民族的思维方式、价值观念、行为方式和风俗习惯之中,与整个民族的血脉融为一体,并成为诸多前人共同的价值观和人生观。

(二)传承与发展中华传统美德

在全面深化改革和推进社会主义现代化建设的今天,我们面临着如何对待中国传统美德,怎样正确处理好继承与发展的关系,如何实现中华传统美德的"创造性转化和创新性发展"等一系列问题。

一方面,我们要加强对中华传统美德的挖掘和阐发;另一方面,我们要用中华传统美德滋养社会主义道德建设。在对待传统道德的问题上,有两种错误思潮值得我们高度警惕并坚决抵制,这就是复古论和虚无论。

"复古论"把传统道德视为铁板一块的"高大全",不加分析地照搬照抄、全盘肯定。他们看不到传统文化的"糟粕性""封建性""局限性",主张用中国传统道德"代替"社会主义新道德,用所谓"新儒学""取代"马克思主义理论。这种对待中国传统道德的"复古论"不仅不利于我们弘扬中国优秀传统道德,而且会给我们今天的现代化建设事业带来非常严重的危害。另一种就是全盘否定中国传统文化的"虚无论"。这种思潮把中华民族的"民族性""传统性"贬得一无是处,把中国传统道德视为"沉重的包袱""历史的惰力",主张"要反传统",彻底"摆脱中国文化的传统形态","根本改变和彻底重建中国文化"。这种不分青红皂白全盘否定中国传统道德的历史虚无主义思潮，不仅在理论上是完全错误的，而且在实践上也是十分有害的。

在对待中国传统文化这个事关国家富强、民族振兴、人民幸福的战略性问题上，我们一定坚持古为今用、洋为中用，去粗取精、去伪存真，经过科学的扬弃后使之为我所用。

九、知德明德——发扬中国革命道德

提起"道德"，同学们可能都很熟悉。但是，提起"革命道德"，一些同学会想：我们是"95后""00后"，幸福地生活在和平时期，还"革什么命"？革命道德离我们太遥远了，对我们而言，有什么用？

水有源，树有根，一切成就的取得都是有原因的。了解中国革命道德，就是了解中国共产党奋斗的历史；继承和弘扬中国革命道德传统，就是要牢记历史。虽然我们大学生幸福地生活在当代，没有经历战火硝烟的时期，但是中国革命道德却是马克思主义中国化的一个重要理论成果，是中华民族振兴的精神脊梁，是塑造当代中国公民人格的基本道德规范。同时，也是培育和践行社会主义核心价值观、巩固全党全国各族人民团结奋斗的共同道德基础的宝贵文化资源。

那么，什么是中国革命道德？中国革命道德有哪些丰富内容？传承和发扬中国革命道德的现实意义是什么？

（一）中国革命道德的主要内容

我们教材上把中国革命道德概括为：中国革命道德是指中国共产党人、人民军队、一切先进分子和人民群众在中国革命、建设、改革中所形成的优秀道德，是马克思主义与中国革命、建设、改革的伟大实践相结合的产物，是中华民族极其宝贵的道德财富。从上述概念中，我们可以看出，中国革命道德突出的是革命传统。联系中国近现代史，中国革命道德的定义应该是在中国共产党的领导下，中国人民在新民主主义革命时期和社会主义革命时期所形成的优良道德传统。

中国革命道德具有丰富而独特的内涵，既包括革命道德的原则、要求、

态度、修养、风尚等方面，也包括理想、思想意识方面的"应当"。在长期革命实践中，以中国共产党人为主要代表的革命者，用自己的行动甚至是生命，成为率先践履革命道德的典范。

1. 为实现社会主义和共产主义理想而奋斗

列宁指出："为巩固和完成共产主义事业而奋斗，这就是共产主义道德的基础。"坚持社会主义、共产主义理想和信念的不屈不挠的精神，是革命道德的灵魂。无数革命先烈，正是为了实现这样一个崇高的理想，毫不犹豫地献出了自己的生命。夏明翰在《就义诗》中写下"砍头不要紧，只要主义真。杀了夏明翰，还有后人来"这样的豪言壮语，方志敏在《可爱的中国》中发出"敌人只能砍下我们的头颅，决不能动摇我们的信仰"的坚定誓言。这些革命先烈之所以能够排除万难、坚持斗争、无私无畏、不怕牺牲，就是因为他们有坚定的社会主义、共产主义理想和信念。

2. 全心全意为人民服务

真心实意为群众谋利益是对一切革命人士和先进分子的要求。早在1939年毛泽东就提出，是否"为人民服务"是区别革命道德和一切剥削阶级道德的根本界限。1944年在纪念革命战士张思德时，明确以"为人民服务"作为对张思德等一切革命者的崇高品质的概括，强调一切革命者都要想到大多数人的利益，彻底地为人民的利益工作。

3. 始终把革命利益放在首位

共产党人和革命者从事革命活动的目的就是要为革命利益而奋斗，在个人利益与革命利益发生矛盾时，要"以革命利益为第一生命，以个人利益服从革命利益，一切有革命觉悟的先进分子必要时都应当牺牲自己的利益"。始终把革命利益放在首位，极大地激发了革命者为集体而献身的斗志，革命队伍形成了前所未有的向心力和凝聚力。井冈山精神、长征精神、延安精神、铁人精神、两弹一星精神、抗洪精神、抗击"非典"精神、载人航天精神、抗击新冠肺炎疫情精神等，交相辉映，成为我们伟大民族精神的活生生的体现。

4. 树立社会新风，建立新型人际关系

任何道德规范都要面向生活实践。树立社会新风，建立新型人际关系，体现了中国革命道德在社会生活层面上的重要意义。中国革命道德的传扬，破除了等级观念和特权思想，破除了鄙视劳动和劳动人民的旧道德观念，树立了平等意识，保护了妇女、儿童和老人的合法权益，引导建立新型家庭关系和培育良好家风，对于提升人民群众的文明水准和道德风貌，树立社会新风尚，发挥了重要的作用。

5.修身自律，保持节操

中国共产党非常重视党员的个人道德修养，把加强个人道德修养看成是能够影响革命成败的大事，因而践履中国革命道德的重要环节就是共产党人修身自律、保持节操。具体来说就是要以中国革命事业为重，光明磊落；始终保持高风亮节，展现出高尚的人格力量。

（二）传承和发扬中国革命道德的现实意义

中国革命道德作为一种精神力量，从它形成之时起，就对中国的革命和建设事业发挥着极其重要的作用。20世纪50年代，我国的社会主义建设之所以取得了举世瞩目的成绩，就是因为广大党员和人民讲理想、讲纪律、讲为人民服务，爱党、爱国家、爱社会主义，发扬了革命道德传统。同样，在20世纪60年代初，我们党之所以能够带领全党和全国人民团结奋斗，渡过难关，一个重要原因也正是由于继承和发扬了革命道德传统，可以说在我国的社会主义改造和社会主义建设中，革命道德传统是我们的重要精神支柱和力量源泉。在我国现阶段，发扬中国革命道德，并不是要求每一个大学生都有共产主义理想和信念，都必须践行革命道德传统的内容，而是把它定位为我们努力的方向，在党员和先进分子的践行和带领下，使这种崇高的道德理想在全社会逐步普及化，使它成为人民群众所追求的道德明灯。在实现中华民族伟大复兴的中国梦的过程中，大力弘扬中国革命道德仍然具有极其重要的现实意义。

1.继承中国革命道德有利于加强和巩固社会主义和共产主义的理想信念

社会主义和共产主义理想和信念是中国革命道德传统的灵魂。无数先烈正是为了实现这一崇高的理想，毫不犹豫地献出了自己的生命。在发展社会主义市场经济的条件下，坚持社会主义、共产主义的理想和信念，坚持宣传和提倡共产主义道德，是关系道德建设能否取得成功的一个关键问题。理想和信念，如果建立在科学认识的基础上，就会坚不可摧，成为人们战胜一切艰难险阻的强大精神力量。中国共产党领导的人民军队，用"小米加步枪"能够打败430万武装到牙齿的国民党军队，曾经完全出乎人们的意料。在这场阶级大搏斗中，强弱和胜败的易位证明了理想的存在常常事关个人乃至阶级的历史命运。革命的理想信念不仅是中国共产党人最可贵的革命传统，也是个人健康成长、民族复兴的强大动力。

2. 中国革命道德有利于培育和践行社会主义核心价值观

社会主义核心价值观中包含的国家、社会、个人三个层面的理念，基本上都是中国革命道德所蕴含的价值追求。通过几十年的中国革命征程，中国革命道德已经深入中国人的思想信念中，融入最广大人民的血脉中，成为人们的一种自觉的道德追求。所以，这就为社会主义核心价值观在当今时代的入脑入心和积极践行创造了良好的先决条件。

3. 中国革命道德有利于引导人们树立正确的道德观

任何民族都是需要精神的。中国革命道德当中蕴含的追求真理、艰苦奋斗、革命英雄主义、爱岗敬业等精神无论什么时候都应该继承和发扬。可以说，中国革命道德已经成为中华民族精神宝库中的重要组成部分。在中国特色社会主义市场经济加速发展的今天，我们所大力提倡的中国精神，不管是其中以爱国主义为核心的民族精神，还是以改革创新为核心的时代精神，都离不开中国革命道德的滋养。同时，中国革命道德本身就是一种继往开来的强大精神力量。

4. 中国革命道德有利于培育良好的社会道德风气

改革开放以来，我国在经济建设方面取得了举世瞩目的成就，而在社会风气方面，却出现了一些令人担忧的情况。一些领域道德失范，拜金主义、享乐主义、个人主义滋长；假冒伪劣、欺诈活动成为社会公害；文化事业受到消极因素的严重冲击，危害青少年身心健康的东西屡禁不止；腐败现象在一些地方蔓延，党风、政风受到很大损害。

要解决道德领域出现的突出问题，必须充分发挥革命道德的精神力量，要以革命道德的洪涛巨浪，荡涤这些泛起的思想沉渣，摒弃各种腐朽思想，净化人际关系，从而更有效地改善党风和社会风气，提高全社会的思想道德水平。

十、知德明德——借鉴人类文明优秀道德成果

不拒众流，方为江海；海纳百川，有容乃大！习近平总书记强调要吸收借鉴人类优秀文明成果，是基于对世界文明发展的更深认识，是基于对中国文明历史的更深领悟，体现了全球化的时代眼光，反映了中国崛起中的文化自信、文明自信。

（一）为什么要吸收借鉴人类文明优秀道德成果

1. 吸收借鉴国外优秀道德成果是自觉顺应人类文明和道德发展规律的需要

人类文化和文明发展进步的过程表明，一种文化和文明与异质文化和文明的交流和碰撞、冲突和融合，是保持其生命力和影响力、实现自我更新和协调发展的重要机制，是文化和文明演进发展的一种带有规律性的、普遍性的现象。特别是在今天，世界已进入全球化时代，各国已形成你中有我、我中有你的"互嵌"式关系结构，各国人民正在形成你中有我、我中有你的命运共同体。任何一个民族或国家的文明发展和道德进步，都不可能不受到其他民族或国家的文化或道德文明成果的影响，都不可能脱离人类文明和伦理道德发展的大道。不同文化或不同道德的相互学习和相互借鉴是文化或道德发展的基本前提和必要条件，不同文化或不同道德只有在保持自身特色的同时，以开明开放的态度相互包容、相互融通，才能共同发展、共同繁荣，真正做到不仅"各美其美"，而且"美人之美，美美与共"。

中华文明是在中国大地上产生的文明，也是同其他文明不断交流互鉴而形成的文明。中华文明发展的历史经验表明，越是开放越是强大，越是强大越是开放。盛唐时期是中国历史上对外交流的活跃期。习近平总书记动情地描述："唐代中国通使交好的国家多达70多个，那时候的首都长安里来自各国的使臣、商人、留学生云集成群。这个大交流促进了中华文化远播世界，也促进了各国文化和物产传入中国。"中华文明也有闭关锁国的深刻教训。在近代西方通过工业革命蓬勃向前的时候，中国封建统治者根本不了解外部世界的巨变和进步，故步自封、夜郎自大，拒绝学习先进知识，封闭导致落后，留下了近

代中国不尽的屈辱。中国历史一再表明，能否不断了解世界，能否不断学习世界上一切先进的东西，能否不断跟上世界发展的潮流，是关系一个国家、一个民族兴衰成败的大问题。

2. 吸收借鉴国外优秀道德成果是大力建设中国特色社会主义道德的需要

人类文明是丰富多彩的，人类道德是丰富多样的，玫瑰花和紫罗兰散发着不同的芳香。我们承认文明的多样性，也就理应承认每一种文明存在的意义和价值。应该说，每一个国家和民族的文化或道德都有自己独特的形成和发展过程，都有自己的优势和长处，也都在人类文明发展史或人类道德发展史上占有一定的位置、产生一定的影响。每一种文明都是独特的，各种人类文明在价值上是平等的，世界上不存在十全十美的文明，也不存在一无是处的文明，文明没有高低、优劣之分。

人类文明因多样才有交流互鉴的价值，因平等才有交流互鉴的前提，因包容才有交流互鉴的动力。正如习近平总书记所指出的："我们不仅要了解中国的历史文化，还要睁眼看世界，了解世界上不同民族的历史文化，去其糟粕，取其精华，从中获得启发，为我所用。"这一切，为我们今天建设中国特色社会主义的文化和道德指明了方向，提出了明确要求。

3. 吸收借鉴国外优秀道德成果是广大社会成员加强道德修养、提高道德素质的需要

众所周知，我国经济的快速发展和文化的繁荣进步是在对外开放的条件下实现的，广大社会成员加强道德修养、提高道德素质同样是在对外开放的条件下实现的。随着世界多极化、经济全球化、文化多样化、社会信息化的加快发展，中外思想文化交流、交融、交锋更加频繁，这既使我国面临更加直接、更加激烈的国际文化竞争，又对广大社会成员的道德修养、道德素质提出了新的要求，也为广大社会成员学习借鉴世界各国有益文化成果包括优秀道德成果提供了难得机遇。今天，在改革的时代中，在开放的条件下，在复杂的环境里，对每一个大学生来说，在道德生活中面临的考验不是少了而是更多了，加强道德修养的要求不是低了而是更高了，提高道德素质的任务不是轻了而是更重了。加强道德修养可以呈现出与时俱进、自尊自信、开放包容、理性平和的

气度，提高道德素质可以展现出高尚人格、民族魅力、时代风采、国际视野。

（二）怎样吸收借鉴人类文明优秀道德成果

2013年8月19日，习近平总书记在全国宣传思想工作会议上的重要讲话中指出："对我国传统文化，对国外的东西，要坚持古为今用、洋为中用，去粗取精、去伪存真，经过科学的扬弃后使之为我所用。""以我为主、为我所用"，这是在新形势下对吸收借鉴人类文明优秀道德成果原则的重申和强调。我们要坚持以下几点：

第一，不论是继承中华民族优秀传统文化或优良道德传统，还是吸收世界上一切国家或民族所创造的优秀文化或道德成果，都必须是以建设中国特色社会主义文化或道德为主，都必须立足于中国特色社会主义文化建设或道德建设的实践。2000多年前中国人就认识到了这个道理："橘生淮南则为橘，生于淮北则为枳，叶徒相似，其实味不同。所以然者何？水土异也。"因此，对国外优秀道德成果，无论吸收，还是交流，或者借鉴，都一定要从我国的基本国情出发，从我国道德发展的现实需要出发，从我国人民思想、道德的实际需要出发。

第二，在继承和坚持中国古代文化遗产或优良道德传统的成果上必须坚持马克思主义的指导思想，坚持中国特色社会主义的道路和方向。高度警惕某些西方国家对我们的"西化和分化"，切实维护国家文化安全，增强对民族文化和民族道德的自尊和自信，自觉抵制民族虚无主义，坚决抵制各种腐朽思想的侵蚀，扩大中华文化在世界上的感召力、影响力和竞争力，讲好中国故事，传播好中国声音，阐释好中国特色。

第三，要用马克思主义的立场、观点和方法，对外来文化或道德成果进行具体分析，科学鉴别，择善而从。凡有益于我国社会主义文化建设、社会主义道德建设，有益于充实人们精神生活、提升人们精神境界的，就应认真吸收、积极借鉴；凡有害于我国社会主义文化建设、社会主义道德建设，不利于充实人们精神生活、提升人们精神境界的，就应坚决抵制、严加防范。尤其要注意分清哪些是体现人类社会进步本质要求的有益文明成果，哪些是与资产阶级世界观、人生观、价值观相联系的腐朽落后的东西。要坚持辩证取舍方法，提高转化再造能力，积极吸收融汇各国优秀文化或道德成果，使中国特色社会主义先进文化和道德在交流互鉴中吸取养分，在时代进步中根深叶茂，不断赋予其强大生机与旺盛活力。

十一、守德行德——遵守社会公德

公民道德建设，对于提高人民思想觉悟、道德水准、文明素养，提高全社会文明程度，具有至关重要的作用。弘扬社会主义道德，必须坚持以为人民服务为核心、以集体主义为原则，推进社会公德、职业道德、家庭美德、个人品德建设。大学生要自觉讲道德、尊道德、守道德，做社会主义道德的践行者、示范者和引领者。

党的十八大以来，随着公民道德建设工程的深入实施，不断涌现的榜样扮靓了时代的道德天际线。"托举哥""夺刀侠""小红帽""绿丝带"，这些个人和集体激发了向上向善的道德热情。与此同时我们也看到，高铁霸座、公交动手、遛狗伤人等事件，受到公众和媒体的普遍谴责，也引发了关于社会文明的思考。那么什么是社会公德？如何才能守护好社会公德呢？

（一）公共生活与公共秩序

社会公德与公共生活密切相关，公共生活需要道德规范来约束和协调。社会公德作为社会公共生活中应当遵守的行为准则，在维护公共秩序方面具有重要的作用。大学生应当自觉培养公德意识，养成遵守社会公德的良好行为习惯。

1. 公共生活

公共生活属于社会生活的三大领域之一。社会生活以一定的社会关系为纽带，由社会的经济、政治、文化、心理、环境诸因素综合作用，形成一系列极为复杂的、多层次的社会现象。社会生活包括公共生活、职业生活、婚姻家庭生活三大领域。

公共生活，是相对于私人生活而言的。私人生活，是以家庭内部活动和个人独处为主要领域，具有一定的封闭性和隐秘性。公共生活是人们在公共空间里发生相互联系、相互影响的共同生活。

2. 公共生活的基本特征

当今世界，公共生活的领域更为广阔，公共生活的重要性更加凸显。公共生活具有以下四个方面的特征：活动范围的广泛性，活动内容的开放性，交往对象的复杂性，活动方式的多样性。

公共生活的发展，互联网的发展，也对人际交往产生了巨大的影响。由此产生了在当代社会，如何跟网络上的熟人打交道的问题？网络时代，我们可以轻易认识远在千里之外的人，交通便捷的时代，我们能方便快捷地到千里之外见到我们相见的人，但是你在网上认识的千里之外的那个"熟悉的陌生人"是否真的如现实生活一样呢？

2017年2月，河源连平发生了一起骇人听闻的故意杀人案：一花季少女在独自开车见男网友后连人带车神秘消失，多人拨打手机也未有接通，而其间，家人却收到了用女孩手机发来的离奇短信，回复"平安"。经过警方连续多天的地毯式搜查，失踪车辆最终被找到，但不幸的是，年仅25岁的女孩因拒绝被性侵而惨遭杀害，更加令人震惊的是，凶手杀人之后居然还淡定地伙同自己父亲埋尸藏车并试图毁灭众多证据。由此可见，网络世界的人际关系赋予现实社会人际关系所不同的新内容、新特征。随着经济与科技的进步、生产方式的变革，生活方式也日益变化，公共生活的空间也随之扩大，人们就需要不断地认知、变化、调整生活方式，以适应社会化进程。

3. 公共生活与公共秩序

公共生活需要公共秩序。秩序是由社会生活中的规范来制约和保障的，公共秩序是由一定规范维系的人们公共生活的一种有序化状态。根据空间领域的不同，主要包括工作秩序、教学秩序、营业秩序、交通秩序、娱乐秩序、网络秩序等。公共生活领域越扩大，对公共秩序的要求就越高。有序的公共生活是社会生产活动的重要基础，是提高社会成员生活质量的基本保障，更是社会文明的重要标志。

(二) 公共生活中的道德规范

1. 社会公德的含义

公共生活中的道德规范，即社会公德，是指人们在社会交往和公共生活中应该遵守的行为准则，是维护公共利益、公共秩序、社会和谐稳定的起码的道德要求，涵盖了人与人、人与社会、人与自然之间的关系。

恩格斯说过，社会公德是人们用来调节人对人关系的简单原则。列宁认为，所谓社会公德，就是"公共生活规则"。社会公德应该包含三层含义：一是指社会公共生活准则；二是指与私德规范相对应的公德规范；三是指在社会交往和公共生活中应当遵守的制度。

2. 社会公德的基本内容

社会公德的基本内容是：文明礼貌、助人为乐、爱护公物、保护环境、遵纪守法。文明礼貌是调整和规范人际关系的行为准则，与日常生活密切相关；助人为乐是每个社会成员应有的社会公德，是有爱心的表现；爱护公物代表对社会共同劳动成果的珍惜和爱护，是每个公民应该承担的责任义务；保护环境要求人们像对待生命一样对待生态环境，为建设美丽中国作出应有的贡献；遵纪守法是全体公民都必须遵循的基本行为准则，是维护公共生活秩序的重要条件。

2018年，"霸座"一度成为网络热词，继高铁上那位"博士级霸座男"之后，陆陆续续又出现了"霸座女""霸座大妈""霸座大爷"甚至是"外籍霸座女"，这些人蛮横地将原本属于别人或公共使用的座位占为己有且不听乘务等人员的耐心劝阻，"霸座"行为不仅冲击着社会公德底线，更是对规则章程的公然挑衅。"每个人都不是一座孤岛，都是广袤大陆的一部分。"培护社会公德，关键在于引导公众超越个人狭隘眼界和功利目的，从公益众利层面实现小与大、私与公、家与国的融洽协调。"环保是别人的事情，与我无关""座位上也没你名字""我不想坐那儿""凭啥自己冒风险助人为乐"……公德遇阻，说到底是因为公共意识、规则意识、群己权界观念等的缺失。张扬社会公德的要诀，就在于唤起人们的公共责任心、公民义务感，破除"事不关己，高高挂起"的狭隘心理。广大民众明礼守法的公共文明意识，其实正是最宝贵、最强大的道德资源。

作为新时代社会主义事业的建设者和接班人，大学生是宣传和践行社会公德的重要力量，更需要身体力行地遵守社会公德、维护公共秩序，做新时代社会公德的引领者、缔造者、践行者。

（三）公共生活中的网络道德

2018年国庆节期间，某名在当年夏天迅速走红的网红歌手，因为恶搞国歌被网友举报，直播间遭封禁，账号冻结，影音作品下架。随后，她因违反《中华人民共和国国歌法》，被公安机关行政拘留5日。有网友感慨，从红到凉，不过夏秋之间。探究其中原因，关键是这些"网红"没能守住伦理道德底线，甚至挑战了法律"红线"。正所谓：当兴趣变质时，道德也必然堕落。

信息时代是一个鼓励个性发展的时代，各种网络直播平台、短视频平台，给了普通人登台舞袖的机会。网络市场的繁华盛景让人迷醉，但这里不是规则、法律和道德约束不到的"盲区""飞地"。底线守不住，纵然有再惊艳的作品、再巨大的潜力，背后有再众多的粉丝、再强大的平台，也绝不能姑息。

当代大学生应当遵守网络生活中的道德要求，成为营造清朗网络空间的正能量。大学生要做到正确使用网络工具，健康进行网络交往，自觉避免沉迷网络，加强网络道德自律。除此之外，作为新时代的大学生，应当保持清醒的认识，有独立客观的思考能力，不被网络裹挟蒙蔽，带头引导网络舆论，对模糊认识要及时廓清，对怨气怨言要及时化解，对错误看法要及时引导和纠正，积极营造清朗的网络空间。

十二、守德行德——恪守职业道德

君子敬德修业。古人一直认为，一个人的道德境界和建功立业之间存在着必然联系。

随着现代社会分工的发展和专业化程度的提高，市场竞争日趋激烈，整个社会对从业人员职业观念、职业态度、职业纪律和职业作风的要求越来越高。职业生活中的道德规范，不仅对各行各业的从业者具有引导和约束作用，而且也是促进社会持续健康、有序发展的必要条件。

（一）职业生活与劳动观念

职业是指人们由于社会分工所从事的具有专门业务和特定职责，并以此作为主要生活来源的社会活动。职业生活则是人们参与社会分工,用专业的技能和知识创造物质财富或精神财富,获取合理报酬,丰富社会物质生活或精神生活的生活方式。

劳动是指人们为了满足自身物质和精神生活的需要以及实现自身全面发展所进行的有目的的活动。劳动是人维持自我生存和自我发展的唯一手段。正确的劳动观念是维系人们职业活动和职业生活的思想观念保障。

2015年4月28日,习近平总书记在庆祝五一国际劳动节暨表彰全国劳动模范和先进工作者大会上的讲话中指出:"劳动是人类的本质活动,劳动光荣、创造伟大是对人类文明进步规律的重要诠释。""民生在勤,勤则不匮。"中华民族是勤于劳动、善于创造的民族。正是因为劳动创造,我们拥有了历史的辉煌;也正是因为劳动创造,我们拥有了今天的成就。2018年9月10日,习近平总书记在全国教育大会发表讲话时强调:"要在学生中弘扬劳动精神,教育引导学生崇尚劳动、尊重劳动,懂得劳动最光荣、劳动最崇高、劳动最伟大、劳动最美丽的道理,长大后能够辛勤劳动、诚实劳动、创造性劳动。"

所以,在职业生活中,必须牢固树立"劳动最光荣、劳动最崇高、劳动最伟大、劳动最美丽"的观念,通过劳动创造更加美好的生活。通过劳动创造更加美好的生活,无论从事什么劳动都要弘扬工匠精神,干一行、爱一行、专一行,只要踏实劳动,勤勉劳动,在平凡岗位上也能干出不平凡的业绩。

(二)职业生活中的道德规范

树立正确的劳动观念与恪守职业道德密不可分。职业生活中的道德规范即职业道德,是指从事一定职业的人在职业生活中应当遵循的具有职业特征的道德要求和行为准则,涵盖了从业人员与服务对象、职业与职工、职业与职业之间的关系。爱岗敬业、诚实守信、办事公道、热情服务和奉献社会是职业生活中的基本道德规范。

《新时代公民道德建设实施纲要》提出:"推动践行以爱岗敬业、诚实守信、办事公道、热情服务、奉献社会为主要内容的职业道德,鼓励人们在工作中做一个好建设者。"爱岗敬业是职业生活中必须遵守的基本道德规范,是社会主义职业道德最基本、最起码、最普通的要求,爱岗敬业作为最基本的职业道德规范，是对人们工作态度的一种普遍要求；诚实守信是做人的基本准则，也是社会道德和职业道德的一个基本规范，诚实守信是各行各业的行为准则，也是做人做事的基本准则，是社会主义最基本的道德规范之一；办事公道是在爱岗敬业、诚实守信的基础上提出的更高一个层次的职业道德的基本要求，是指从业人员在办事情处理问题时，要站在公正的立场上，按照同一标准和同一原则办事的职业道德规范，办事公道也是千百年来人们所称道的职业道德；热情服务是指在为服务对象提供服务时真正做到表里如一，在服务过程中，做到全心全意、真心实意、充满善意；奉献社会就是要求从业人员在自己的工作岗位上兢兢业业地为社会和他人作贡献，这是社会主义职业道德中最高层次的要求，体现了社会主义职业道德的最高目标指向。

弘扬职业道德，真正做到干一行、爱一行、钻一行，就要在脚踏实地的同时仰望星空，从刻苦工作中领略到高尚情操、体现出价值意义。工作即是事业，事业即是爱好，爱好滋润品德，品德回馈工作。职业价值和职业品德，正是我们参与工作、参与劳动的意义所在。从"最美奋斗者"到"共和国勋章"获得者，无不在各自岗位上取得了非凡成就，在共和国发展征程上立下了不朽功勋。他们身上散发出来的职业之光，充分诠释出以爱岗敬业、诚实守信、办事公道、热情服务、奉献社会为主要内容的职业道德。

爱岗敬业、诚实守信、办事公道、热情服务，都体现了奉献社会的精神。2015年5月18日上午7时46分，北京941快车行驶至靛厂锦园路段时，司机杨勇突发心脏疾病猝死，临死前他用最后一丝力气踩住了刹车，保证了车上20多位乘客的安全。然后他趴在方向盘上离开了人世。他生命的最后举动，说明在他心里，时刻想到的是要对乘客的安全负责，他虽然是一个普通人，却体现出高尚的人格和职业道德。

在今天我们这个礼敬崇高职业理想、张扬高昂奋斗精神的社会主义大家庭，在"劳动最光荣、劳动最崇高、劳动最伟大、劳动最美丽"的新时代，职业道德的重要性不言而喻：不仅其本身是一笔宝贵的社会精神财富，更直接引领社会物质财富的创造；不仅厚植起个人安身立命的坚实基础，更为强国建设、复兴征程注入澎湃活力。在新时代培养担当民族复兴大任的时代新人，一个重要内容就在于以职业道德建设引领行业文明进步，让高尚的职业情操、坚实的职业奉献，为社会文明风尚凝心聚力，为经济高质量发展固本培元。

（三）树立正确的择业观和创业观

1. 树立正确择业观

"择"意味着选择、寻找、决定。所谓择业是指个人根据自己的意愿和社会需要，主动选择自己所从事工作的过程。自主择业是社会对当代大学生提出的客观要求，强调发挥个人的主动性，但也不完全是个人随心所欲、纯粹由自己的兴趣和意愿所决定。个人的选择须和社会的需要结合起来。树立正确择业观要做到：

第一，树立崇高职业理想，重视人生价值实现。职业对人来讲，并非只有工具的意义，还具有目的性，即它是人奉献社会、完善自身的必要条件，树立崇职业理想，不仅是为了拓展职业的价值领域，更是为了提升人生观、价值观的境界，具有很强的现实性和实践性，蕴含着人们的人生理想和信念。

第二，服从社会需要，追求长远利益。从客观现实看，并不是所有的人都能按照自己的愿望选择职业，职业也选择人，是一个双向选择的过程，择业要考虑个人的兴趣与意愿，也要考虑社会需求对择业的制约性，大学生在就业问题上要更多地考虑到社会的需要，把自己对职业的期望与社会的需要统一起来，即不好高骛远，也不消极被动。

第三，打下坚实基础，做好充分准备。择业需要以自身的能力和素质为基础，大学生要顺利实现就业，就要充分利用大学的好时光，努力学习科学文化知识，打牢专业基础，锻炼能力，提高素质，完善自我。

2. 树立正确创业观

"创"意味着开辟、创新、拓展。所谓创业就是发挥自己的主动性和创造性，开辟新的工作岗位、拓展职业活动范围、创造新的业绩的实践过程。

第一，要有积极创业的思想准备。创业是拓展职业生活的关键环节，在就业压力较大的社会环境中，创业意识强烈，并且思想准备充分，就能获得更好的发展机会，甚至还能帮助别人就业。同时要正确处理个人成就和社会效应的关系。

第二，要有敢于创业的勇气。有勇气者才敢于创业、善于创业，勇于创业已经成为教育培养人才的一个目标。毕业生将不再仅仅是求知者，而将成为敢作敢为的创造者，破除依赖心理和胆怯心理，勇敢地接受创业的挑战，做一个真正的创业者。同时注意处理压力和动力的关系。

第三，要提高自己的创业能力。大学生在创业问题上除了要具有立足创业、勇于创业的思想准备之外，还要努力提自己的创业能力，打破"学历本位"观念，树立"能力本位"意识。要在学习期间处理好学历和能力之间的关系。

总之，在个人的职业生涯中，择业是创业的基础，创业是择业的内在要求。在实际生活中，两者往往是相互联系、不能截然分开的。

十三、守德行德——弘扬家庭美德

事业成功，往往与美好的爱情和美满的婚姻家庭密切相关。从恋爱到缔结婚姻和建立家庭，是人生需要经历的阶段。注重家庭、注重家教、注重家风，遵守恋爱、婚姻家庭生活中的道德规范，树立正确的恋爱观和婚姻观，处理好复杂的感情和人际关系，有利于大学生的健康成长、顺利成才。

（一）注重家庭、家教、家风

党的十八大以来，习近平总书记在不同场合多次谈到要"注重家庭、注重家教、注重家风"，强调"家庭的前途命运同国家和民族的前途命运紧密相连"。

1. 注重家庭，聚合筑梦中国的磅礴之力

天下之本在国，国之本在家，家庭"就是夫妻之间的关系，父母和子女之间的关系"。家庭是构成社会的最基本的单位，每个人的成长和生活都与家国紧密相连。"慈母手中线，游子身上衣。临行密密缝，意恐迟迟归。谁言寸草心，报得三春晖。"一首《游子吟》生动地表达了中华民族深厚的家庭情结。

2016年12月12日，习近平总书记在会见第一届全国文明家庭代表时的讲话中指出："家庭是社会的细胞。家庭和睦则社会安定，家庭幸福则社会祥和，家庭文明则社会文明。历史和现实告诉我们，家庭的前途命运同国家和民族的前途命运紧密相连。我们要认识到，千家万户都好，国家才能好，民族才能好。国家富强，民族复兴，人民幸福，不是抽象的，最终要体现在千千万万个家庭都幸福美满上，体现在亿万人民生活不断改善上。同时，我们还要认识到，国家好，民族好，家庭才能好。当前，全党全国各族人民正在实现'两个一百年'奋斗目标、实现中华民族伟大复兴中国梦的新长征路上砥砺前行。只有实现中华民族伟大复兴的中国梦，家庭梦才能梦想成真。"

2. 重视家教，扣好人生第一粒扣子

家庭是人生的第一所学校和第一课堂，是社会生活的最初形式，父母是孩子的第一任教师。在这个空间里，家长在孩子出生伊始就在举手投足间向他们传递着一种无言的教育。父母都希望把孩子培养成社会所需要的人才，而一个孩子将来成为什么人，决定因素首先是家庭教育。无论是传统意义上的家规和家训，还是苦口婆心地叮咛嘱咐，乃至潜移默化地言传身教，都会对孩子健康成长形成重要影响。1966年，美国著名的《科尔曼报告》在收集了60万学生的调查数据后曾得出一个结论：孩子百分之九十以上的素质是由父母决定的，影响孩子成长的主要因素是家庭。在中国传统社会里，"孟母三迁""岳母刺字""画荻教子"故事广为流传，诸葛亮诫子格言、颜氏家训、朱子家训等，恰恰说明了家长特别是父母对子女的影响很大，家庭教育会直接或间接地影响着孩子人生目标的实现。

习近平总书记在会见第一届全国文明家庭代表时的讲话中指出："家庭是人生的第一个课堂，父母是孩子的第一任老师。"家庭教育涉及很多方面，但最重要的是品德教育，是如何做人的教育。要把美好的道德观念从小就传递给孩子，引导他们有做人的气节和骨气，帮助他们形成美好心灵，促使他们健康成长，长大后成为对国家和人民有用的人。广大家庭都要重言传、重身教，教知识、育品德，帮助孩子扣好人生的第一粒扣子，迈好人生的第一个台阶。

新时代家庭教育就是要在培养孩子理想信念、爱国情怀、品德修养、知识见识、奋斗精神、增强综合素质等方面下功夫，在践行责任、亲情、忠诚、奉献等理念下，在推动为家庭谋幸福、为他人送温暖、为社会作贡献的过程中，提高精神境界、培育文明风尚，让家庭教育成为培育和践行社会主义核心价值观的基点，肩负起社会和谐进步的使命。

3. 注重家风，重塑全社会的好风气

所谓的家风，又叫门风，是一个家庭或家族多年来形成的传统风气、风格和风尚，承载着一个家庭或家族的生活方式、生活态度、文化氛围、理念、价值观和人生观等。

习近平总书记在会见第一届全国文明家庭代表时的讲话中指出："家风是社会风气的重要组成部分。家庭不只是人们身体的住处，更是人们心灵的归宿。家风好，就能家道兴盛、和顺美满；家风差，难免殃及子孙、贻害社会，正所谓'积善之家，必有余庆；积不善之家，必有余殃'。诸葛亮诫子格言、颜氏家训、朱子家训等，都是在倡导一种家风。毛泽东、周恩来、朱德同志等老一辈革命家都高度重视家风。"

在家风的传承问题上，家训、家规和家教起着至关重要的作用，尤其是家教的作用更不可替代。习近平总书记曾回忆，小时候，母亲给他讲精忠报国、岳母刺字的故事，"精忠报国"四个字，从那个时候一直记到现在，是一生追求的目标。在一个家庭或者家族里面，只要家庭成员或者家族成员能够长期遵行家训、家规、家教，那么，久而久之，这个家庭或者家族就会形成一种独具特色的"家风"。这样的家风既"是一个家庭的精神内核，也是一个社会的价值缩影"。它用之于家庭，不仅使其家庭成员的身心健康得以顺利地成长，而且也使家庭之中的孩子在长大之后能够顺利地"成为对国家和人民有用的人"。

"家是最小国，国是千万家。"一个家庭有优良的家风家教，这个家庭就会和睦兴旺；无数家庭传承优良的家风家教，这个社会就会充满和谐友爱。当前改革已经进入深水区，我们党面临的执政考验、改革开放考验、市场经济考验、外部环境考验是长期的、复杂的、严峻的，必须注重家庭、注重家教、注重家风，从无形的家风中汲取精神力量，把严谨的家风世代传承下去，汇聚筑梦中国的磅礴动力。

（二）恋爱、婚姻家庭中的道德规范

1. 恋爱中的道德规范

问世间情为何物，只叫人生死相许。古往今来，无数文人学者在讴歌爱情，认为它能够给人带来精神上的激励、情绪上的欢愉、生活上的充实。

2001年中秋，重庆渝北区一队户外旅行者前往这一带的原始森林探险中发现了爱情天梯。爱情天梯源于20世纪50年代，20岁的农家少年爱上了大他10岁的"俏寡妇"。为了躲避世人的流言，为了那份不染尘垢的爱情，他们在一个夜里，携手私奔至深山老林。为让她出行安全，他一辈子都忙着在悬崖峭壁上凿石梯通向外界，达6000多级石梯，被称之"爱情天梯""6000级爱情阶梯""6000级爱情石梯"。半个世纪来，他们远离一切现代文明，在与世隔绝的深山里过着刀耕火种的原始生活，演绎了一出现实版"神雕侠侣"，和他们相伴的，只有蓝天白云、大山荒坡、古树野猴……

爱情是一对男女基于一定的社会基础和共同的生活理想，在各自内心形成的相互倾慕并渴望对方成为自己终身伴侣的一种强烈、纯真、专一的感情。男女双方培养爱情的过程或在爱情基础上进行的相互交往活动，就是人们日常所说的恋爱。大学生要正确认识爱情在人生中的位置，爱情是一种精神力量，可以促使恋人修正自身，实现人格再造。爱情不是人生的全部内容。

2019年12月，北大女生被男友精神虐待自杀的新闻刷屏，引起全网震怒。这个年轻美丽的女孩，在重症监护室躺了两个月，没醒过。医生宣布，她已经"脑死亡"。从女生和其男友详细的聊天记录中，我们可以清晰地看到，一个原本独立自主的名校女大学生，是如何一步步被敲骨吸髓的恶魔推向万劫不复的深渊。北大女生自杀事件的曝光，引发舆论对亲密关系中的精神控制、PUA、字母圈等问题的关注和讨论。恋爱作为一种人际交往，也必然要受到道德的约束。恋爱是建立幸福婚姻家庭的前奏，恪守恋爱中的道德规范关系到未来婚姻家庭生活的幸福。恋爱中的道德规范主要有尊重人格平等、自觉承担责任和文明相亲相爱。

一是尊重人格平等。恋爱的双方在人格上都是独立的，如果把对方当作自己的附庸或依附对方而失去自我，都是对爱情实质的曲解。恋爱双方在相互关系上是平等的，都有给予爱、接受爱和拒绝爱的自由。放纵自己的情感，束缚或强迫对方，都不符合恋爱的道德要求。二是自觉承担责任。自愿地为对方承担责任，是爱情本质的体现。爱一个人或接受一个人的爱，就要自觉地为对方承担责任。责任常常体现在生活的点点滴滴之中，责任的担当是需要见诸行动的自觉。三是文明相亲相爱。文明的恋爱往往是恋爱双方既相互爱慕、亲近，又举止得体、相互尊重。恋人在公共场所出入，要遵守社会公德，不要对他人生活和公共生活造成不良影响。

大学时代是人生美好的时光。爱情的艳丽花朵，要精心照料才会绽放得更加绚烂多彩。对大学生来说，如果在大学时代与爱情相逢，那就要用心呵护，倍加珍惜。要处理好恋爱中的各种关系，不能误把友谊当爱情，不能错置爱情的地位，不能片面或功利化地对待恋爱，不能只重过程不顾后果，不能因失恋而迷失人生方向。

树立正确的恋爱观，大学生还要处理好这样几种关系：一是恋爱与学习的关系。学习是大学生的主要任务，大学生应把爱情作为奋发学习的动力，同时还应把是否有利于促进学习作为衡量爱情价值的一个重要而特殊的标准。二是恋爱与关心集体的关系。恋爱中的双方不应把自己禁锢在两个人的世界中，脱离集体，疏远同学，会妨碍自身的全面发展与进步。三是恋爱与关爱他人和社会的关系。爱的情感丰富博大，不仅有恋人之爱，还有对父母之爱、对手足之爱、对社会和国家之爱。只专注于对恋人的爱而忽视对他人和社会的爱，这样的爱情就会显得自私和庸俗；相反，对他人和社会具有爱心则会使爱情变得高尚和稳固。

2. 家庭中的道德规范

恋爱是缔结婚姻、组成家庭的前提和基础，婚姻和家庭是爱情在内容和形式上的升华。婚姻是指由法律所确认的男女两性的结合以及由此而产生的夫妻关系。家庭是指在婚姻关系、血缘关系或收养关系基础上产生的亲属之间所构成的社会生活单位。家庭美德，是指人们在家庭生活中调整家庭成员间关系、处理家庭问题时所遵循的高尚的道德规范。家庭美德是每个公民在家庭生活中应该遵循的基本行为准则。它涵盖了夫妻、长幼、邻里之间的关系。家庭美德以尊老爱幼、男女平等、夫妻和睦、勤俭持家、邻里互助为主要内容，在维系和谐美满的婚姻家庭关系中具有重要而独特的功能。

《新时代公民道德建设实施纲要》提出："推动践行以尊老爱幼、男女平等、夫妻和睦、勤俭持家、邻里互助为主要内容的家庭美德，鼓励人们在家庭里做一个好成员。"尊老爱幼要求子女要孝敬、赡养父母及长辈，父母要抚育、爱护子女，这不仅是每个公民必须遵守的道德准则，也是应尽的社会责任和法律义务；法律保护老人、儿童的合法权益，坚决反对虐待、遗弃老人和儿童的行为。男女平等既表现为夫妻权利和义务上的平等、人格地位上的平等，又表现为平等地对待自己的子女；坚持男女平等，特别要尊重和保护妇女的合法权益，反对歧视和迫害妇女的行为。夫妻关系是家庭关系的核心，夫妻和睦是在男女平等基础上的互敬互爱、互助互让。勤俭是家庭兴旺的保证，也是社会富足的保证；勤俭持家既要勤劳致富，也要量入为出；大学生要尊重父母劳动所得，体谅父母的辛苦操劳，在日常生活中注意节俭，尽量减轻父母和家庭的生活负担，这就是对父母和家庭最实际的贡献。邻里互助重要的是相互尊重，尊重对方的人格、民族习惯、生活方式、兴趣爱好等，做到互谅互让，互帮互助，宽以待人，团结友爱。

2016年12月12日，习近平总书记在会见第一届全国文明家庭代表时的讲话时指出："无论时代如何变化，无论经济社会如何发展，对一个社会来说，家庭的生活依托都不可替代，家庭的社会功能都不可替代，家庭的文明作用都不可替代。无论过去、现在还是将来，绝大多数人都生活在家庭之中。我们要重视家庭文明建设，努力使千千万万个家庭成为国家发展、民族进步、社会和谐的重要基点，成为人们梦想启航的地方。"

十四、守德行德——锤炼个人品德

中国文化传统中高度重视个人品德修养。自古主张"内圣外王"，形成了一整套内在逻辑完整统一、从做人治学乃至治理国家的哲学智慧——"格物—致知—诚意—正心—修身—齐家—治国—平天下"，其中修身，也就是个人品德修养，是其核心。所以说，个人品德在社会道德建设中具有基础性作用。毕竟在现实生活中，社会公德、职业道德和家庭美德的状况，最终都是以每个社会成员的道德品质为基础的。一切社会领域的道德建设，最终都要落实到个人品德的养成上，不然只能是无源之水、无本之木、空中楼阁。

（一）涵养高尚道德品格

1. 个人品德的概念及作用

个人品德是通过社会道德教育和个人自觉的道德修养所形成的稳定的心理状态和行为习惯。它是个体对某种道德要求认同和践履的结果，集中体现了道德认知、道德情感、道德意志、道德信念和道德行为的内在统一。《新时代公民道德建设实施纲要》提出："推动践行以爱国奉献、明礼遵规、勤劳善良、宽厚正直、自强自律为主要内容的个人品德，鼓励人们在日常生活中养成好品行。"这一鲜明主张，充分反映了新时代对公民个人品德提出的新的更高要求，为促进社会全面进步、促进人的全面发展指明了努力的方向。

个人品德对道德和法律作用的发挥具有重要的推动作用。人是道德和法律的主体。社会道德和法律要求只有内化为个人品德，才能成为现实的规范力量。同时，个人品德提升的过程也能够为社会道德和法律的发展进步创造条件、提供动力。

个人品德是个体人格完善的重要标志。在个人的素质结构中，个人品德是起决定性作用的组成部分，如《大学》所言："自天子以至于庶人，一是皆以修身为本。"个人品德对于每个人来说是大厦之基，大树之根。

个人品德是经济社会发展进程中重要的主体精神力量。社会是由社会成员组成的，社会道德状况也就是每个社会成员的个人品德，通过现实的各种关系联结的体现。社会成员的思想观念和道德素质普遍得到提高，是全面建成小康社会、实现中华民族伟大复兴中国梦的前提和保障。

2. 高尚道德品格的内涵

习近平强调："道德建设，重要的是激发人们形成善良的道德意愿、道德情感，培育正确的道德判断和道德责任，提高道德实践能力尤其是自觉践行能力。"

第一，形成正确的道德认知和道德判断。面对世界的深刻复杂变化，大学生应注重增强道德判断能力，学会理性地辨析、讲求道德，形成正确的道德认知和道德观念。其中最根本的就是要坚持以唯物史观的基本原理来看待道德，牢固树立中国特色社会主义道德观念。

第二，激发正向的道德认同和道德情感。总体而言就是要体验道德的愉悦，追求高尚的快乐。不把道德当成"高大上"空泛的说教，而是我们生活美好的题中之义。毕竟，我们人人会被高尚的人打动吸引，我们人人希望自己的朋友忠信有义，爱人忠诚真挚，亲人、同事体贴包容，大街上的陌生人善良可信……而大街上的每个人何尝没有这样的需求呢？所以，当一个人相信道德的力量，并成为品德高尚的人，自然"得道多助"，人际关系和谐、事业成功、家庭幸福，本身散发着无法阻挡的人格魅力，尽情享受道德高尚本身的美好。

第三，强化坚定的道德意志和道德信念。道德修养重在践行，但有些大学生存在知而不行的现象，导致知行脱节。在道德认知向道德行为转化的过程中，道德意志和道德信念是关键环节。在一切追求效率和快捷的年代，有些年轻人难免追求立竿见影的效果。在拜金主义思潮的影响和冲击下，他们难以抗拒种种唾手可得的诱惑，甚至顾不得追问值不值得。一方面抱怨世风日下，人心不古；另一方面，成为自己讨厌和鄙视的人。好在，任何时代，中国都不乏道德的坚守者和践行者，鲁迅先生称之为"民族的脊梁"。正因为有他们，中华文明5000多年薪火相续从未断绝。

当代大学生，应当唤起自己的历史使命感和社会责任感，在新时期做社会主义道德建设的开拓者、承担者，不辱使命，继往开来，为中华民族的伟大复兴贡献自己的力量。

（二）道德修养重在践行

高尚道德品格的形成重在实践，贵在坚持。大学生投身崇德向善的道德实践，就要自觉加强道德修养、向道德模范学习，培养志愿者服务精神，大力弘扬时代新风，强化社会责任意识和奉献意识。

1. 掌握道德修养的正确方法

道德修养作为人类道德实践活动的重要形式之一，是指以个体自觉地将一定社会的道德规范、准则及要求内化为内在的道德品质，以促进人格的自我陶冶、自我培育和自我完善的实践过程。加强道德修养，提升个人品德，应借鉴历史上思想家们所提出的学思并重、省察克治、慎独自律、知行合一、积善成德等各种积极有效的方法，并结合当今社会发展的需要身体力行、不断提高自己的道德素质和精神境界。

第一，学思并重。学思并重的方法，也就是通过虚心学习、积极思索、辨别善恶、学善戒恶，以涵养良好的德性。在提升个人品德的过程中，首先要善于学习各种道德理论和知识，尤其是社会主义道德理论和知识，形成正确的认知。同时要善于思考，并且把善于学习和善于思考有机地统一起来。孔子说"学而不思则罔，思而不学则殆"，要从历史经验与现实的学习与实践中，去广泛涉猎、思考、体验、修正，从而产生自己的道德智慧，过有意义的生活。

第二，省察克治。省察克治的方法，也就是通过时时处处自我反省来发现自己思想与言行中的不良倾向，并及时进行修正和调整。"吾日三省吾身"，自我反省，是自我认识错误、自我改正错误的前提。

第三，慎独自律。慎独自律的方法，也就是在无人知晓、没有外在监督的情况下，坚守自己的道德信念，自觉按道德要求行事及思维，不因无人监督而在做法想法上有悖道德。"慎者，真心也。"独，则是自我觉察的身心状态。要时刻不自欺，正视自己真实的起心动念以及言行。自律是"慎独"达致的一种自觉自为的修养境界。这个时代信息与网络遍布，价值观多元化，被各种声音和现象干扰困惑，慎独自律焕发着时代需求的色彩。

第四，知行合一。知行合一的方法，就是把提高道德认识与躬行道德实践统一起来，以促进道德要求内化为个人的道德品质，外化为实际的道德行为。儒家思想特别强调个人道德修养要知行合一。孔子明确主张"听其言而观其行"，"言必信，行必果"。行是道德修养最重要的检验标准和最终落脚点，是贯穿社会成员终生的事情。所以，行要是真行，能经受时间考验始终如一与时俱进的"实"行，而不是一时博人眼球掩人耳目的"秀"行。

第五，积善成德。积善成德的方法，就是通过积累善行或美德，使之巩固强化，逐渐凝结成优良的品德。积善成德强调道德修养需要日积月累事无巨细的坚持，"不积跬步，无以至千里；不积小流，无以成江海"，"勿以恶小而为之，勿以善小而不为"，"不矜细行，终累大德"，个人修养的不断积累，蝴蝶效应必将带来社会道德水平的整体提升，最终影响社会乃至世界。

按照有效的品德修养方法去做，并且长期坚持，才能使自己道德水平的境界不断提升，"行己有耻，使于四方，不辱君命，可谓士矣"，最终成为品德高尚对社会有贡献的人。

2. 向道德模范学习

道德模范主要是指思想和行为能够激励人们不断向善且为人们所崇敬、模仿的先进人物。改革开放以来，各个地区、各行各业、各类人群都涌现出一大批具有先进事迹和高尚品格的道德模范，有助人为乐模范、见义勇为模范、诚实守信模范、敬业奉献模范、孝老爱亲模范等。在平凡人生中，他们用善行义举彰显出道德的力量。

道德是维持社会正常运行的规则，也是指引个人行为的准则。现实中有的人会把道德绝对化、空洞化，觉得只有少数人才能做道德的化身，认为道德是高不可攀、触不可及的。于是他们在道德追求上自我放松，满足于"无可无不可"的"通达人生"。那些道德模范，无论是用自己的平凡举动扶贫助困，让许多人感受到社会大家庭的温暖；还是在死神和灾害面前大义凛然、知险而上，把平安和生的机会留给他人，用鲜血和生命将灾难和危机化解。他们都是在人生的实践中克服了人性的弱点，用行动把民族美德的光辉代代相传。榜样的力量是无穷的，道德模范用自己的行动诠释着道德的内涵，展示着道德的力量。

2016年，习近平总书记在对全国道德模范表彰活动作出重要批示时强调，道德模范是道德实践的榜样。深入开展宣传学习活动，创新形式、注重实效，把道德模范的榜样力量转化为亿万群众的生动实践，在全社会形成崇德向善、见贤思齐、德行天下的浓厚氛围。大学生要时时处处以道德模范为榜样，多做好事，多办实事，从自我做起，从身边事做起，从小事做起，养成良好的道德习惯，逐步实现由现实自我向理想自我的飞跃。做社会良知的守望者、积极传播者和践行者。

3.参与志愿服务活动

志愿服务是指志愿贡献个人的时间及精力，在不求任何物质报酬的情况下，为改善社会、促进社会进步而提供的服务。志愿服务是培育和弘扬社会主义核心价值观的重要载体。自愿服务的精神是奉献、友爱、互助、进步。其中，奉献精神是精髓。而这体现了"人人为我，我为人人"的理念和理想。

2020年3月5日是第21个中国青年志愿者服务日，2020年的3月5日与往年不同，一场突如其来的疫情，打乱了庚子年春节的节奏，新冠肺炎疫情防控阻击战已在中国大地上吹响了冲锋号，面对疫情防控的严峻形势，无数青年响应共青团号召，以青春的责任与担当，走在前、干在前、冲在前，义无反顾地投入到这场与疫情的角逐中去，在战"疫"第一线锻炼成长。平时，他们是普通的小老板、社区居民、大学生，他们还可能是快递小哥和外卖送餐员，危急关头，一个个原本最平凡的人，突然绽放出最不平凡的英雄光彩，他们就是——青年志愿者。

志愿服务是大学生参与社会实践、成长成才的重要舞台。当前，大学生志愿服务活动已经遍及农村扶贫开发、城市社区建设、环境保护、大型活动、抢险救灾、社会公益等领域。2013年5月4日，习近平总书记同各界优秀青年代表座谈讲话时指出："广大青年要把正确的道德认知、自觉的道德养成、积极的道德实践紧密结合起来，自觉树立和践行社会主义核心价值观，带头倡导良好社会风气。"

大学生应该积极参加志愿服务活动，在深入社会、体察民情、关爱他人、奉献社会的道德实践中感受善的力量，以实际行动书写新时代的雷锋故事，为实现中国梦发出自己的光和热。

（三）积极引领社会风尚

良好的社会风尚是人们热爱和向往的，只能在社会道德实践中逐渐形成。大学生作为重要的社会道德主体，要投身崇德向善的道德实践，做社会主义道德的示范者和引领者，促成知荣辱、讲正气、作奉献、促和谐的社会风尚。

第一，知荣辱。"知耻近乎勇"，大学生应以正确的荣辱观为指导，坚定正确的行为导向，产生正确的价值激励，助推全社会形成知荣明辱的良好道德风尚。

第二，讲正气。"天地有正气，杂然赋流形"，大学生须有一腔浩然正气，才能无所畏惧地前进，才能不屈不挠地为国家、为社会建功立业。要洁身自好、严于律己，自觉远离低级趣味，成为正气本身。

第三，作奉献。欲取先予，要推动社会的进步并维持良性循环，必须付出我们希望从社会中得到的一切。"己欲立而立人，己欲达而达人"，做到热心公益、爱心资助、心中有爱，在危难关头挺身而出、牺牲小我，爱岗敬业，以服务国家科学技术创新进步或捍卫国家安全为己任。一切奉献都是无私和高尚的。"德厚者流光"，大学生要在奉献社会中积极发光发热，用实际行动使我们的社会更加美好和幸福。

第四，促和谐。民主法治、公平正义、诚信友爱、充满活力、安定有序、人与自然和谐相处的社会，是国家富强、民族复兴、人民幸福的重要保证。对于大学生来说，促和谐就是要肯内省，不自欺，不纠结，实现自我身心的和谐、个人与他人的和谐、个人与社会的和谐以及人与自然的和谐。

新时代的大学生作为实现民族伟大复兴重任的中坚力量，其道德状态和精神风貌在很大程度上影响着整个社会的道德状态和精神风貌。大学生要以高度的主人翁精神，积极参与各种精神文明创建活动，为家庭谋幸福、为他人送温暖、为社会作贡献，不断引领社会风尚，提升道德品质。

第三部分 教学拓展

一、课后思考

1. 为什么在社会主义市场经济条件下发展社会主义道德仍然要坚持以为人民服务为核心、以集体主义为原则？

2. 为什么今天仍然要大力弘扬中国革命道德？

3. 结合自身实际，谈谈当代大学生如何践行新时代公民道德规范，引领社会风尚。

二、备课参考

1. 中共中央、国务院：《新时代公民道德建设实施纲要》，2019 年发布。
2. 梁启超：《德育鉴》，北京大学出版社 2011 年版。
3. 罗国杰：《中国革命道德》，中国人民大学出版社 2013 年版。

三、实践活动

1. 主题演讲

内容：传承中华传统美德。

目的：掌握中华传统美德的基本精神，理解中华传统美德的时代价值。

操作：以小组为单位，围绕"传承中华传统美德"这一主题，准备演讲稿，演讲稿字数不低于 2000 字，并在班级进行演讲。

2. 情景短剧

内容：自觉遵守社会公德、职业道德、家庭美德，锤炼高尚的个人品德。

目的：在理解社会主义道德的核心和原则基础上，掌握社会公共生活领域、职业领域、家庭生活领域的道德规范，掌握个人道德修养的正确方法，锤炼高尚道德品格。

操作：以小组为单位，指定召集人 1 名；围绕主题确定具体题目，认真准备、拍摄；完成情景短剧的拍摄和制作后，撰写小组总结，进行班级交流。

3. 典型访谈

内容：投身崇德向善的道德实践。

目的：结合社会上及身边道德模范、先进人物的个人事迹，理解高尚道德品格的形成重在实践，贵在坚持。

操作：以小组为单位，对社会或校园内的道德模范就其个人先进事迹进行访谈，整理访谈记录，完成学习报告，进行班级交流。

第六章　学习法治思想　提升法治素养

第一部分　教学概况

本章概述	本章包含四个方面的内容：一、社会主义法律的特征和运行；二、坚持全面依法治国；三、维护宪法权威；四、自觉尊法学法守法用法。
学时安排	理论学时12学时（含课堂活动）
教学目的与教学目标	本章的教学目的：帮助大学生正确理解我国社会主义法律的本质和作用，充分认识宪法是治国理政的总章程，整体把握中国特色社会主义法律体系、法治体系和法治道路，坚持全面依法治国，培养法治思想，依法行使权利和履行义务，尊重和维护法律权威，努力做尊法学法守法用法的模范。 　　本章的教学目标包括知识、价值、能力三个目标。 　　知识目标：掌握法的概念、我国社会主义法律体系的特征以及宪法的性质，理解全面推进依法治国总目标、中国特色社会主义法治道路，明确法治思维的基本内容，依法行使权利与履行义务。 　　价值目标：培养法治思维，提高法治素养，做尊法学法守法用法的时代新人。 　　能力目标：学会用法律准绳去衡量、规范、引导个人行为，依法行使权利与履行义务。

本章 教材分析	本章内容属于社会主义法治教育。本章内容遵循了大学生认识的一般性规律，即由抽象到具体的逻辑思维：社会主义法律的特征和运行、坚持全面依法治国、维护宪法权威、培养社会主义法治思维、依法行使权利与履行义务。 　　本章内容既包含法律基本知识，也包含法治的基本理论，教师可以从法的基本知识入手，遵循法的含义、特征、运行——中国特色社会主义法律体系、法治体系、法治道路主线，由点到面展开讲授，最终落到培养法治思维、依法行使权利与履行义务上，使学生由法律认知内化为法治信仰，外化到法治行为。
教学 重点难点	教学重点： 1.法律的一般含义； 2.我国社会主义法律的本质特征、作用及运行； 3.坚持全面依法治国； 4.维护宪法权威； 5.法治思维的内涵及培养方法； 6.依法行使法律权利与履行法律义务。 教学难点： 1.如何理解我国社会主义法律的本质特征？ 2.如何理解我国社会主义法律的运行？ 3.如何理解我国宪法的地位和作用？ 4.如何理解中国特色社会主义法治体系和法治道路？ 5.如何尊重和维护宪法权威，培养社会主义法治思维？ 6.如何依法行使法律权利与履行法律义务？
教学设计	采用线上和线下混合式教学方法。本课程线上教学在中国大学MOOC平台。 线下教学专题： 一、我国社会主义法律的本质和作用； 二、坚持全面依法治国； 三、培养社会主义法治思维； 四、依法行使权利与履行义务。

第二部分 教学转化

一、导学——学习法治思想,提升法治素养

从本章开始我们进入法治相关知识学习环节。党的十八大以来,党中央明确提出全面依法治国,并将其纳入"四个全面"战略布局予以有力推进。党的十八届四中全会专门进行研究,作出关于全面推进依法治国若干重大问题的决定。党的十九大召开后,党中央组建中央全面依法治国委员会,从全局和战略高度对全面依法治国又作出一系列重大决策部署,推动我国社会主义法治建设发生历史性变革、取得历史性成就。我们把"中国共产党领导是中国特色社会主义最本质的特征"写入宪法,完善党领导立法、保证执法、支持司法、带头守法制度,党对全面依法治国的领导更加坚强有力。我们完善顶层设计,统筹推进法律规范、法治实施、法治监督、法治保障和党内法规体系建设,全面依法治国总体格局基本形成。

2017年5月3日在五四青年节到来前夕,习近平总书记到中国政法大学考察时强调,全面推进依法治国是一项长期而重大的历史任务,要坚持中国特色社会主义法治道路,坚持以马克思主义法学思想和中国特色社会主义法治理论为指导,立德树人,德法兼修,培养大批高素质法治人才。在这里,习近平总书记特别强调了要培养德法兼修的高素质的法治人才。对新时代大学生来说,学习法治思想,提升法治素养既是推进依法治国和建设社会主义法治国家的必然要求,也是大学生学习、生活和社会交往的现实需要。

2021年1月10日上午,备受关注的江歌母亲江秋莲诉刘鑫(现已改名刘暖曦)生命权、身体权、健康权纠纷案一审宣判,法院判决刘暖曦赔偿江秋莲69.6万元,并承担全部案件受理费。

江歌(1992年—2016年11月3日),女,出生于中国山东青岛。生前是日本法政大学硕士研究生一年级学生。2016年11月3日凌晨,在日本东京中野区公寓,就读于日本法政大学的中国留学生江歌被闺蜜前男友陈世峰用匕首

杀害。江歌是替同住的女室友刘鑫挡住她的前男友而被杀的。江歌的母亲介绍，江歌脖颈处，身上多处刀伤，刀刀致命，惨不忍睹。2017年12月20日下午3点，江歌被杀一案，在日本东京地方裁判所当庭宣判，法院以故意杀人罪和恐吓罪判处被告人陈世峰有期徒刑20年。

"江歌案"之所以一直受到社会高度关注，原因在于作为受救助对象且对江歌之死负有明显过错责任的刘鑫竟然恩将仇报，针对江歌和江歌的家属作出一系列突破伦理道德底线、匪夷所思的行为。最朴素的伦理道德反复倡导助人为乐的善行，特别是对于身处困境之人要力所能及地施以援手。相应地，对于他人提供的帮助，受助者也应该心怀感恩、知恩图报。伦理道德劝人从善的另一面就是劝人弃恶。"善有善报，恶有恶报"既是对个人行为的一种规训，也作为一种道德信念获得广泛接受。这类朴素的善恶观念，共同构成公序良俗和伦理道德的基础，帮助社会实现良性运行，也促使世道人心向善向美。然而，"江歌案"一度挑战了这一切。在相当长一段时间里，江歌的"善"没有收获"善报"。她不但惨死刀下，连生前身后名声清白都受损，遭受非议。她的母亲、家庭也为此背负重重压力，难得安宁。

刘鑫的过错是导致江歌丧命的重要原因，但在惨剧发生之后，她拒绝为江歌母亲提供帮助，拒绝提供证据推进案件调查，还对逝者家属施加言语攻击和精神伤害。在相当长一段时间里，她的这些行为都没有受到法律的制裁。面对舆论场上压倒性的谴责声浪，刘鑫不但拒绝接受，还发起了反击。

"江歌案"虽然只是一起孤立个案，并不具备普遍代表性。然而即使如此，经过5年时间的发酵之后，它也具备了巨大的社会影响力。如果最终表现出来的客观结果，是善行义举得不到正义的支持，恶行也没有受到制裁惩罚，那么对世道人心来说无疑会造成伤害。若如此，当家长、老师应该教育孩子助人为乐、见义勇为的时候，当行人目睹老人跌倒的时候，当人们面对陌生人的求助、求救的时候，他们的内心就有可能犹豫、动摇。社会为此承受的代价，可能就是道德之善受到侵蚀、人际交往的信任感受到削弱，社会生活的交易成本也会因此提高。

人们常说，法律是社会生活的底线。这个"底线"一方面意味着法律是社会生活的一种最低要求，在其上面还有公序良俗和伦理道德的更高要求；另一方面也意味着法律为社会生活的价值取向和伦理道德的善恶标准提供了坚固的、牢不可破的基座，因此成为促使社会生活向善向美的坚强保障。本次判决的意义在于：通过一系列证据，法律明确裁定，刘鑫对于江歌遇害是有过错的。这虽不足以让刘鑫坐牢，但仍然通过经济赔偿体现出了法律对社会道义的支持。它以具备权威色彩的强制力，重申了乐于助人、见义勇为、知恩图报的美好价值，谴责了忘恩负义、恩将仇报的恶言恶行，帮助人们坚定了道德信念，因此具有积极而广泛的社会意义。

2016年12月9日下午，习近平总书记在主持中共中央政治局第三十七次集体学习时强调："法律是成文的道德，道德是内心的法律。法律和道德都具有规范社会行为、调节社会关系、维护社会秩序的作用，在国家治理中都有其地位和功能。法安天下，德润人心。法律有效实施有赖于道德支持，道德践行也离不开法律约束。法治和德治不可分离、不可偏废，国家治理需要法律和道德协同发力。在新的历史条件下，我们要把依法治国基本方略、依法执政基本方式落实好，把法治中国建设好，必须坚持依法治国和以德治国相结合，使法治和德治在国家治理中相互补充、相互促进、相得益彰，推进国家治理体系和治理能力现代化。"

所以，在大学阶段丰富法律知识，增强法律意识，培育法治观念，提升法治素养是非常重要的。大学生法律知识的学习，法治素养的培育不仅事关个人健康成长，事关全面依法治国战略的实施，也是事关中华民族伟大复兴的大事。在全面依法治国、建设法治中国的进程中，大学生要学习马克思主义法治理论，特别是习近平法治思想，深刻理解社会主义法律的本质特征和运行机制，整体把握中国特色社会主义法治道路、法治体系的精髓，尊重和维护宪法法律权威，不断提升法治素养，努力做尊法学法守法用法的模范。

本章涵盖的内容非常广泛，我们将由法律的概念为切入点，围绕我国社会主义法律的本质特征和运行、全面依法治国、习近平法治思想、维护宪法权威、自觉尊法学法守法用法等内容展开讲述。

二、知法懂法——法的词源及含义

法律是人类社会普遍存在的社会现象，那么法律是怎么来的？法字的含义又经历了怎么的渊源流变呢？我们先来看看法的词源演变。

（一）法的词源

在中国汉字中最早有法律含义的词是"刑"，在西周时期的铭文中就有"刑"字，跟鼎形状相似，是铸造鼎所用的模子，模子就有规范之意，后来演变为今天的"刑"字。

春秋战国以前的律文也叫作刑，如夏代的禹刑、商代的汤刑、西周的九刑等。把法典称为刑可以看出惩罚之意，中国的法律在产生之初就跟制裁、惩罚紧密相连。原因是什么呢？

这跟法律的起源有关，据考证，中国的法律起源于战争，主要针对的是战争中的逃兵、叛徒和敌方的人，即刑起于兵。"刑"字的含义在今天看起来比较粗暴、简单，就是为了维护统治阶级的利益而对破坏这种利益的行为进行惩罚，达到杀一儆百的作用。

汉语中"法"的古体为"灋"，据东汉许慎在《说文解字》中的解释："法者，刑也，平之如水，从水；廌，所以触不直者去之，从廌去。"相传在很久很久以前，有一个部落联盟生息在黄河流域。该部落联盟首领舜委任皋陶为司法官。皋陶正直无私，执法公正，非常受人爱戴。他在处理案件时，若有疑难，就令人牵出一头神兽，该神兽名廌，又名獬豸。东汉的许慎在《说文解字》中解释说："解廌，兽也。似山牛一角。古者决讼，令触不直。象形，从豸省。凡廌之属皆从廌。"《后汉书·舆服志》说："獬豸神羊，能别曲直。"

由此可见，春秋战国时的法有三种含义：一是仍然沿袭西周时期的刑，保留制裁、惩罚之义；二是增加了公平、公正的意思；三是神明裁判，传说廌是一种神兽，当有疑难案件时将其牵到法庭上它就会向理屈的一方撞去。这个时候的法典开始称为法，如魏国李悝撰写的《法经》是中国历史上第一部封建社会的法典。战国后期，商鞅变法时改法为律，据《说文解字》中解释，"律，均布也"，均布是古代人调音的一种工具，把律比作调音的均布，有规范人们行为之意,"范天下之不一而归于一"。

从此,中国的法称为"律",一直延续到清末变法。"法律"二字连起来在历史上用得很少,真正现代意义上的"法律"是由日本引进来的,在清末变法之时借鉴了日本的法律制度,也引进了一些法律名词。总体来说,中国的刑、法、律、法律内涵基本相同,可以互换使用。另外,在中国古代法字的含义中我们看不到权利的模样,这也奠定了我国古代法律重义务轻权利的底色。这在一定程度上削弱了法律在民间的力量,被看作国家进行统治的工具,厌诉也就成为中国古代法律文化的一个特色。

(二)法律的含义

法律是由国家制定或认可并由国家强制力保证实施的,反映由特定社会物质生活条件所决定的统治阶级意志的规范体系。

1. 法律是由国家创制和实施的行为规范

法与其他规范的区别在于体现了国家的意志力。法由国家制定或认可,在国家主权范围内发生效力,并由国家强制力保证实施。国家出台法律的途径主要是制定和认可,制定是指国家机关在法定的职权范围内依照法定程序,制定、修改、废止规范性法律文件,我国大部分法律都属于这个途径(后面将涉及相关知识)。认可则是国家机关赋予某些既存社会规范法律效力,或者赋予先前的判例法律效力,如我国将道德上的赡养父母、拾金不昧等行为上升为法律规定。也就是说,法律具有国家强制性,这既表现为国家对合法行为的肯定和保护,也表现为国家对违法行为的否定和制裁。在保证法律实施的过程中,法律意识、道德观念、价值观念、纪律观念也发挥着重要作用。

案例一:捡拾他人财物不还,可能构成侵占罪。

张先生在公园的长椅上乘凉,发现长椅上有一部手机,张先生没多想,拿了就走,并把手机里的 SIM 卡拔掉,意图把手机占为己有,后被原机主定位成功并报警。虽然最后案件在民警的协调下圆满解决,但是民警提示,张先生的行为涉嫌侵占罪,如果拒不归还,原机主想追究张先生的刑事责任,可以通过法院自行提起刑事诉讼。根据《刑法》第二百七十条规定:"将代为保管的他人财物非法占为己有,数额较大,拒不退还的,处二年以下有期徒刑、拘役或者罚金；数额巨大或者有其他严重情节的，处二年以上五年以下有期徒刑，并处罚金。将他人的遗忘物或者埋藏物非法占为己有，数额较大，拒不交出的，依照前款的规定处罚。"

案例二：捡他人遗忘物不还，可能会构成盗窃罪。

范某到某网吧上网，见邻桌的赵某也在上网，赵某桌面上放有一部手机。后，范某见赵某下机离去，而手机依旧在桌面上，范某遂趁人不备，将赵某落下的手机"捡走"。手机经鉴定价值为4000元。法院判决：范某误认为手机是遗忘物，仅是其主观上的一种辩解，该辩解不具备常识常情常理性，因此推定范某是明知为他人财物而非法据为己有，人民法院认为，范某的行为构成盗窃罪。

为什么上一个案件认定为侵占，而这个案件会被认定盗窃？不都是捡手机吗？

其实有很大的不同，第一个案件中"捡"的手机是他人的遗忘物，由于手机所处的位置在人流量较大的公共场合（公园的椅子上），可以推定处于无人占有的状态，所以算侵占。而第二个案例中"捡"的手机虽然也是他人落在桌子上的，但是根据一般社会经验，网吧属于密闭空间，桌面上放的手机应该推定由网吧占有，而并非无人占有的状态，非法占有由他人占有的财物，正是盗窃罪的特征。同理，在飞机、出租车上捡东西（占为己有），照样以盗窃论。

所以说，拾金不昧不仅是美德，很多时候也是法律的要求。

2. 法的内容是由一定的物质生活条件决定的

法律作为上层建筑的重要组成部分，不是凭空出现的，而是产生于特定社会物质生活条件基础之上的。社会物质生活条件是指与人类生存相关的物质资料生产方式、地理环境和人口因素等。其中，物质资料的生产方式既是决定社会面貌、性质和发展的根本因素，也是决定法律本质、内容和发展方向的根本因素。归根到底是社会物质生活条件培植了人们的法律需求，法律是为了解决现实生活的矛盾和纠纷应运而生的一种规则。如在中国古代，"嫦娥奔月"传说，由于不具备技术条件，所以，人们只能望月兴叹。当今社会，技术条件帮助人们实现了这一梦想，必然产生相应的法律规范：月球资源的归属、使用及管理。1979年12月5日，联合国大会通过《月球协定》，1984年7月11日生效。

所以，脱离社会现实的法律，在理论体系上可以很完美，逻辑上也会很严谨，技术上可以做到无可挑剔，也就只能成为一纸空文。如《大清破产律》是近代中国的第一部成文的破产法。其在晚清政府"兴商""保商"的大潮中匆匆出台，因与当时的商事习惯相违背等诸多原因，在颁行两年之后遽然废止。

马克思曾经说过："只有毫无历史知识的人才不知道：君主们在任何时候都不得不服从经济条件，并且从来不能向经济条件发号施令，无论是政治的立法或市民的立法，都只是表明和记载经济关系的要求而已。"当然这是从最终的决定意义上来说的。具体来说法的内容还会受政治、经济、道德、文化、宗教的影响。

3. 法是统治阶级意志的体现

意志是为达到某种目的（如满足一种需要，获得某种利益）而产生的自觉的心理状态和心理过程，是支配人的思想和行为的精神力量。一个社会中人的意志是纷繁复杂甚至是相互对立的，这个时候法律不可能把所有人的意志都表达出来。那么谁的意志可以占上风呢？肯定是统治阶级意志了，是掌握了这个国家政权的统治阶级的想法，是说话能够算数的这个阶层利益的表现。对这个问题不要作机械的理解，这个统治阶级的意志不是个别统治者的个人意志，也不是统治阶级内部每个成员意志之和，而是统治阶级作为一个整体在根本利益一致基础上所形成的共同意志。

有人说，既然是统治阶级意志的体现，为什么贪官要受到惩罚，贪官本身也是统治阶级集团中的成员呀？2022年1月热播剧《零容忍》第二集通过贵州省政协原党组书记、主席王富玉案，甘肃省永登县民政局低保办原主任赵永琏侵害困难群众利益案，江苏仪征基层粮站贪腐案，反映各级纪检监察机关以零容忍态度惩治腐败，"老虎""苍蝇"一起打，让人民群众感受到全面从严治党就在身边，正风肃纪反腐就在身边，纪检监察就在身边。2015年1月13日，习近平总书记在第十八届中央纪律检查委员会第五次全体会议上指出：

"对腐败分子,我们决不能放过去,放过他们就是对人民的犯罪、对党不负责任!我们这么强力反腐,对腐败采取零容忍的态度,目的是什么呢?是为了赢得党心民心。"

统治阶级的意志不单纯等于法律,从意志上升到法律是要经过一系列的程序的,不是所有的意志都可以变身为法律。统治阶级的意志还可以通过政策表现出来。

综上所述,法律就是由国家制定或认可并以国家强制力保证实施的,反映由特定社会物质生活条件所决定的统治阶级意志的规范体系。

三、知法懂法——法律的历史发展

法律不是从来就有的,也不会永恒存在。它随着私有制、阶级和国家的产生而产生,也将随着私有制、阶级和国家的消亡而消亡。

法的历史类型是按法律制度赖以产生的生产关系的类型和反映阶级意志的不同对历史和现实中的国家和地区的法律制度进行的分类。凡是建立在相同经济基础之上、反映相同阶级意志的法律就属于同一历史类型。划分法律的历史类型有助于认识和揭示法律的阶级本质及其发展变化的历史规律。与人类进入阶级社会后的社会形态划分相一致,人类社会存在四种类型的法律:奴隶制法律、封建制法律、资本主义法律和社会主义法律。前三种都是建立在私有制经济基础上的剥削阶级类型法律,而社会主义法律是人类历史上唯一以公有制为基础的新型法律制度。下面我们就逐一对历史上存在过的和存在的法律类型给同学们进行剖析。

(一)奴隶制法律

奴隶制法律是人类社会经历的第一个法制类型,是人类由无法律阶段向有法律阶段的过渡时期。世界上大多数地区如埃及、罗马、巴比伦、印度、中国等都经历过奴隶社会阶段,多存在奴隶制法律。

在奴隶社会,奴隶主阶级是统治阶级,占有生产资料,法律自然也是奴隶主阶级意志和利益的体现,其目的在于维护有利于奴隶主阶级的社会关系和社会秩序。奴隶制法律的特征主要有:一是具有明显的原始习惯的残留痕迹。

这与人类刚刚从原始社会过渡过来有密切联系。二是否认奴隶的法律人格。奴隶只是生物学意义上的人，不具有法律人格。三是存在严格的等级划分。在举世闻名的《汉谟拉比法典》里将人分成三类：自由民（阿维鲁姆），享有完全的权利；无公民权的自由民（穆什钦努）；奴隶（包括王室奴隶、自由民所有的奴隶、公民私人奴隶）。它有一个有名的原则："以牙还牙"，即一个人打掉另一个人的牙齿，处罚方法就是敲掉施害者的牙齿，但这个原则仅仅适用于自由民身份。假如被打掉牙齿的是奴隶，就仅仅是赔偿或不负责任了。四是刑罚极其野蛮残酷。如中国早期的奴隶制五刑：黥、劓、刖、宫、大辟。

（二）封建制法律

封建社会是以农业为基础的自然经济占主导地位的社会。在封建社会的经济结构中，封建地主阶级占有生产资料，同时不完全占有作为生产劳动者的农奴或农民。封建制法律自然就是封建地主阶级意志的体现，是统治农民阶级的工具，维护封建地主阶级的共同利益。

封建制法律的特征主要有：一是确立农民对封建地主的人身依附关系。中国封建社会，农民名义上有独立的人身，但实际由于各种原因，农民根本没有自由。在西方，农奴则被视为领主财产的一部分，与奴隶类似，但农奴只可使用不可买卖。二是实行封建等级制度。法国的三个等级，僧侣为第一等级，贵族是第二等级，其他各种人都归为第三等级：具体包括农民、手工业者、小商贩、城市贫民和资产阶级等。中国则有君臣、官民、尊卑、男女分级，对应不同的权利和义务，百姓见了官吏要行跪拜礼，父母对子女拥有至高无上的权力：婚姻权（父母之命媒妁之言）、财产权（父母在，子女不可别财异居）。丈夫对妻子的权力（三从四德）等等，都成为法律的内容。三是维护专制皇权。皇帝（或君主）享有最高的立法、行政、司法、军事权力，皇帝诏令高于法律等。四是刑罚严酷。中国历史上的凌迟、腰斩、株连制度等，德意志帝国的《加洛林纳法典》也设置了割耳、鼻子、舌头，挖眼、断指、火焚等。

（三）资本主义法律

资本主义法律是资产阶级共同意志的体现，是统治工人阶级和其他劳动人民的工具，其根本任务是维护资产阶级的政治、经济和社会秩序。资本主义法律规定的自由、民主、平等等价值原则是形式上的，归根结底是维护资产阶级根本利益，所以属于剥削阶级类型的法律。

我们通过分析资本主义法律的基本特征来看一下。资本主义法律的基本特征主要表现为四个原则：

一是与资本主义私有制相适应的私有财产神圣不可侵犯原则。私有财产神圣不可侵犯是指人们对自己的财产具有占有、使用、处分的绝对权利，任何人非经所有权人的许可不得干涉其行使财产权，侵犯其利益。这是资产阶级在反对封建社会的过程中为了维护自身利益而提出的一个原则，当时处于第三等级的资产阶级拥有的财产经常会受到来自封建君主的侵害。法国、英国资产阶级革命的导火索都与封建统治阶级随意增加、征收赋税有关，对私有财产的绝对保护显然是对拥有财产的资产阶级最为有利的。

二是规定与资本主义市场经济相适应的契约自由原则。它的含义是：任何人有缔结或不缔结契约的自由，有选择缔约对象的自由，有缔结任何一种契约的自由，而且它们是完全建立在缔约方意思表示一致的基础上，政府对此不加干涉。这个原则又是如何形成的呢？资本主义在发展初期需要大量的劳动力，但在封建社会中农民被束缚于土地之上。如何解决这个矛盾？

英国著名的圈地运动，剥夺了农民的土地，造就了大批的流浪者，然后用法律将流浪者进行惩罚，迫使这些丢掉土地的人进入工厂做工。这种自由只是可以选择与谁签约的自由，而没有签不签约的自由。所以马克思说："自从来到人间，资本的每一个毛孔都是肮脏的和血淋淋的，随时都要向外扩张。"

三是与资本主义民主政治相适应的法律面前人人平等原则。在与封建统治阶级斗争中，作为被统治阶级的资产阶级必须打破套在自己身上的等级枷锁，所以首先要反对特权，提倡人人平等的原则。在法国的人权宣言中规定："人们在自由上而且在权利上，生来是平等的。""在法律面前，所有的公民都是平等的。"

四是与资产阶级人道主义相适应的人权保障原则。17世纪，日益强大的资产阶级，为了摆脱封建政治制度和人身依附关系的束缚，确立自由竞争和无政府状态的资本主义经济制度，以洛克为代表的资产阶级思想家，系统地提出了"天赋人权"学说。其实质正像马克思、恩格斯所说："以人权的形式承认和批准现代资产阶级社会，即工业的、笼罩着普遍竞争的、以自由追求私人利益为目的的、无政府的、塞满了自我异化的自然的和精神的个性的社会。"由此可见，资本主义的法律原则都是为掌握了生产资料的资本家服务的，是为了维护资产阶级的利益。

（四）社会主义法律

社会主义法律是新型的法律制度，有着与以往剥削阶级类型法律制度不同的经济基础与阶级本质。社会主义法律以公有制为经济基础，保障全体劳动者共同占有生产资料，通过解放生产力和发展生产力来推动社会物质财富和精神财富的日益丰富，从而实现人的全面发展和全体社会成员的共同富裕。社会主义法律是最广大人民群众意志的集中体现，是实现人民当家作主、实行人民民主专政的重要保证。社会主义法律反映了社会主义生产关系的本质要求，为实现普遍意义的平等、自由奠定了坚实基础，开辟了广阔空间，实现了对历史上各种类型法律制度的超越。我们将在下一节课中向同学们专门讲解。

四、知法懂法——我国社会主义法律的本质特征

我国社会主义法律，是在中国共产党领导的新民主主义革命时期孕育，在中华人民共和国成立后不断形成和发展起来的。改革开放以来，我国法治建设进入了前所未有的快速发展时期，形成了以宪法为统帅的社会主义法律体系，国家和社会生活各方面实现了有法可依，这是一个巨大的历史成就。从本质上说，我国社会主义法律是中国特色社会主义制度的重要组成部分，是党领导人民当家作主的制度保障，在其历史发展过程中形成了社会主义法律特征。

那么，我国社会主义法律的本质特征是什么？我们先来看一下本质特征的概念，本质特征就是事物本质的根本表现，是一事物区别于其他事物的基本特点。从本质上说，我国社会主义法律是中国特色社会主义制度的重要组成部分，是党领导人民当家作主的制度保障。

（一）我国社会主义法律体现了党的主张和人民意志的统一

我国是中国共产党领导下的社会主义国家，人民是国家的主人，制定法律的权力属于人民。中国共产党是中国工人阶级的先锋队，同时是中国人民和中华民族的先锋队，是中国特色社会主义事业的领导核心。社会主义法律维护人民的根本利益，巩固中国共产党的领导地位，体现了党的主张和人民意志的统一。

以中国特色社会主义法律体系形成为例，2011年3月10日，全国人民代表大会常务委员会委员长吴邦国同志向十一届全国人民代表大会四次会议作全国人大常委会工作报告时庄严宣布：一个立足中国国情和实际、适应改革开放和社会主义现代化建设需要、集中体现党和人民意志的，以宪法为统帅，以宪法相关法、民法商法等多个法律部门的法律为主干，由法律、行政法规、地方性法规与自治条例、单行条例等三个层次的法律规范构成的中国特色社会主义法律体系已经形成。

中国特色社会主义法律体系不仅是人民意志的集中体现，而且是党的路线方针政策的法律化，是中国共产党的主张与全国各族人民意志相统一的法律表现形式。1997年，中国共产党将"依法治国"确立为治国基本方略，将"建设社会主义法治国家"确定为社会主义现代化的重要目标，并提出了到2010年形成中国特色社会主义法律体系的重大任务。在新中国成立以来的立法实践中，每一次宪法的修改、每一个五年立法规划的制定、每一部重要法律的出台、每一个推动中国特色社会主义法律体系形成的重大举措，都坚持并体现了党对立法工作的领导，体现了通过科学立法、民主立法使党的路线方针政策法律化的过程。

（二）我国社会主义法律具有科学性和先进性

法律的科学性是指法律与客观规律的关系、法律反映客观规律的程度。法律愈能反映客观规律，其科学性程度就愈高。法律的科学性是法律生命力所在。由于剥削阶级的阶级偏见和唯心史观的局限，剥削阶级法律往往不能真正地、充分地反映客观规律，甚至与客观规律相违背。社会主义法律维护的是全体人民的共同利益，其具体内容是随着经济社会发展而调整完善的，也是与历史发展的基本方向相一致的。因此，社会主义法律能够反映人民的共同期盼，遵循社会发展规律，具有科学性和先进性。

我国社会主义法律的科学性和先进性主要体现在三个方面：坚持以辩证唯物主义和历史唯物主义的世界观、方法论以及中国特色社会主义法治理论为指导；善于借鉴我国传统法律和外国法律的成功经验；立法体制、立法程序和立法技术能适应时代发展而不断改革与创新，确保立法的质量和水平。

（三）我国社会主义法律是中国特色社会主义建设的重要保障

从法律的社会作用来看，我国社会主义法律是建设中国特色社会主义建设的制度保障。我国法律的社会作用体现了社会主义的本质要求，经济发展、政治清明、文化昌盛、社会公正、生态良好，都离不开社会主义法律的引领、规范和保障。

第一，在政治建设方面，我国社会主义法律维护和巩固社会主义基本政治制度，保障人民享有并依法行使当家作主的权利，保障社会主义民主政治建设顺利进行，镇压敌对势力和敌对分子的反抗和破坏活动，保卫国家主权和领土完整，维护国家安全。

第二，在经济建设方面，我国社会主义法律维护和巩固以公有制为主体、多种所有制经济共同发展的社会主义基本经济制度，保障改革开放的顺利进行，促进社会主义市场经济秩序的形成和稳定发展，保护市场主体的合法行为和权益，实现国家宏观调控的目标。

第三，在文化建设方面，我国社会主义法律既为繁荣社会主义先进文化作出自己的贡献，同时又为社会主义文化建设保驾护航，促进教育科学文化事业的发展和科技成果的推广、使用，满足人民群众日益增长的物质和文化生活需要。

第四，在社会建设方面，我国社会主义法律维护社会的公平正义，协调人与人、人与社会的关系，保障社会主体的正常交往，维护和谐、稳定的社会秩序，加强社会管理，推动社会主义和谐社会建设。

第五，在生态文明建设方面，我国社会主义法律充分发挥生态文明制度建设主力军的作用，通过加强立法，积极参与建立健全国土空间开发保护制度、耕地保护制度、水资源保护制度和环境保护制度，为人民创造良好的生产生活环境，保障生态安全。

"农夫山泉有点甜！"提起这句大家耳熟能详的广告词，映入脑海的首先是形形色色的农夫山泉系列饮品。2018年2月，山东省济南市中级人民法院审结了农夫山泉起诉动力健、能力源果茶饮料不正当竞争纠纷一案。

济南市中院经审理认为：原告（农夫山泉）的"茶π"饮料产品自上市以来，依托"农夫山泉"的品牌优势，投入巨额广告费进行推广宣传，该产品在国内已具有一定知名度。其包装装潢创意独特，具有区别商品来源的显著特征，符合特有的包装装潢构成要件。经当庭拆封比对，被控侵权果茶饮料与"茶π"系列饮品，不仅在包装瓶的设计、整体造型、瓶贴的位置布局、底色、图案元素等细节处理与原告产品相似，且饮品的四种口味也与原告"茶π"对应相同，造成一般消费者在购买时，不易对涉案商品进行区分，或产生涉案商品存在相互关联的误解，对原告构成不正当竞争。济南市中院判决被告立即停止对原告农夫山泉公司不正当竞争行为，停止生产、经营、销售与原告"茶π"饮料产品的包装装潢近似的饮品；并赔偿原告农夫山泉公司经济损失及合理支出60万元。

这个案件的判决彰显了法律在维护社会主义市场经济公平竞争方面发挥的作用，对于净化市场环境、打击侵权行为、保护知识产权有重要的意义。

五、知法懂法——我国社会主义法律的运行

法律的运行是一个从创制、实施到实现的过程。这个过程主要包括法律制定、法律执行、法律适用、法律遵守等环节。

（一）法律制定

法律制定是国家对权利和义务，即社会利益和负担进行的权威性分配。法律制定又称法律创制、法律创立，最通常的称之为"立法"，是指拥有立法权的国家机关，依照法定职权和程序，制定、补充、修改和废止法律和其他规范性法律文件以及认可法律的一项专门性活动。一般也简称为法律的订、修、废活动。这种活动，是将一定的阶级（阶层或阶级联盟）的主张上升为

国家的意志，成为规范性法律文件。法律制定是法律运行的起始性和关键性环节。

法律创制是一种综合性的活动，既包括产生新的法律，也包括对已有的规范性法律文件进行修改、废止的活动。同时还包括对已有的行为规范（判例、习惯、道德）从法律上认可，赋予其法律效力。在这里，制定一部新的规范性法律文件是常见的法律创制活动；法律修改包括修订和修正，分别指对已有的规范性法律文件进行大规模和小规模的改动；法律废止指终止规范性法律文件的效力。法律制定涉及三个问题：一是立法主体，二是立法权限，三是立法程序。

1. 立法主体

首先，法律创制是国家专有的活动。它由国家机关进行，其他任何社会组织、团体和个人，非经国家机关授权，都不能进行此项活动。其次，法律创制是享有法的制定权的国家机关才能进行的活动。最后，法律创制不是国家机关唯一的活动方式。

2. 立法权限

根据我国《宪法》《立法法》等法律规定，全国人民代表大会及其常务委员会行使国家立法权，国务院有权根据宪法和法律制定行政法规，国务院各部门可以根据宪法、法律和行政法规，在本部门权限内制定部门规章。地方人大的立法权限：省、自治区、直辖市的人民代表大会及其常委会根据本行政区域的具体情况和实际需要，在不与宪法、法律和行政法规相抵触的前提下，可以制定地方性法规。设区的市人民代表大会及其常委会根据本市的具体情况和实际需要，在不与宪法、法律和行政法规和本省、自治区的地方性法规相抵触的前提下，可以制定地方性法规，报省、自治区的人民代表大会批准后实施。地方政府的立法权限：省、自治区、直辖市、设区的市人民政府可以根据法律、行政法规和本省、自治区、直辖市的地方性法规，制定地方政府规章。自治区、自治州、自治县的人民代表大会可以根据当地民族的具体情况制定自治条例和单行条例。特别行政区立法机关有权根据特别行政区基本法自主制定本行政区的法律。

3. 立法程序

法的创制程序是国家机关依照法定程序进行的活动。我们大家都见过法律文本，如《中华人民共和国宪法》《中华人民共和国刑法》等，那么这些在生活中发挥重要作用的法律文本是怎么来的？它是个人才华的体现还是集体智慧的结晶？是随意揣掇出来的还是要经过严格的程序？

在我国正式的立法程序启动之前有一个非常关键的环节就是立法的准备阶段，是为正式立法提供条件或者奠定基础的活动，这个阶段在立法中有重要的价值，民主立法、科学立法、开门立法在这个阶段就能很好地体现出来。

我们的政权是人民民主专政，我们的法律代表的是最广大人民的共同利益，那么人民的利益是什么？它们的诉求又在哪里？这就需要在制定法律的过程中充分听取基层民众的意见，在这方面我们进行了有益的探索，使开门立法成为常态。2017年10月生效的《民法总则》在制定过程中广泛听取了各界的意见。《民法总则》曾三次公开征求意见：第一次是在2016年7月5日至8月4日，有13802人参与，收到意见65093条；第二次是2016年11月8日至11月17日，960人参与，收到意见3038条；第三次是2016年12月27日至1月26日，660人参与，收到意见2096条。这其中既吸收了法律专家的意见，也吸收了长期在司法机关工作的人的意见。如西昌学院法学院教授王明雯对法人分类建议在营利性法人和非营利性法人分类基础上，加入特别法人；河北省邯郸人民检察院副检察长贾春梅提出的关于"降低限制民事行为能力人的年龄和保护见义勇为的救助人"的建议。这样，一个经过充分社会酝酿和讨论的法律草案进入立法机关的立法程序，就有了坚实的基础。

由此可见，法的制定不是随心所欲的，即使是法的创制机关也必须遵循法定的程序。如享有地方立法权的主体就不能进行国家立法活动，即使全国人大的立法活动也要遵循规定的程序。

不同的立法遵循的程序是不同的，以全国人大的立法程序为例，包括四个环节：

（1）法律案的提出。这是立法程序的第一个阶段，即享有法定权限的国家机关或个人向全国人大或者全国人大常委会提出关于制定、修改、废止某项法律的建议。需要注意的是法律案的提案权的问题，即向国家立法机关提出法律案的权利问题，不是所有主体都有提出法律案的权利，《立法法》中规定：全国人大主席团、人大常务委员会、国务院、中央军事委员会、最高人民法院、最高人民检察院、人大各专门委员会、一个代表团或30名以上代表联名可以向全国人民代表大会提出法律案。

（2）法律案的审议。这是立法程序的第二个阶段，即全国人大和人大常委会对已经列入议程的法律案进行正式的审查、讨论的活动。全国人大审议的形式有：代表团全体会议审议、代表团小组会议审议、主席团会议审议和大会全体会议审议。

（3）法律案的通过。这是立法程序的第三阶段，即全国人大和人大常委会对经过审议的法律案正式表示同意与否的活动。第一，对法律案通过法定票数的规定：《宪法》是全体代表的三分之二，其他是半数。第二，是通过方式：无记名投票或举手表决或其他方式，现在常用的是电子计算机表决。

（4）法律案的公布。全国人大或常委会将获得通过的法律用法定形式公布于众。人大通过的法律一般是国家主席签署主席令。不经公布的法律不会发生法律效力。

（二）法律执行

法律是一种行为规范，其基本内容是权利和义务。但法律在被制定出来后只是处于一种应然状态，只有将书面的法律变成行动中的法律，使法律从抽象的行为模式变成人们具体的行为，从应然状态进入到实然状态，法律才能真正发挥它的作用。列宁曾指出："法律重要的不是写在纸上，而在于由谁执行。"美国法学家庞德也说过："法律的生命在于它的实行。"

1. 法律执行的概念

那么，什么是法律执行呢？我们来看一个案例：诱导游客玩假玉龙雪山案。

2018年1月26日，游客陈某、卢某通过滴滴平台以36.6元的价格预约到一辆"顺风车"，欲前往玉龙雪山景区游览。途中受司机周某诱导，两人在雪山情缘旅游用品服务部二分店购买氧气和租防寒服，共计消费280元，并更改线路，前往玉龙村骑马场，以380元/人的价格参加了"玉龙雪山骑马生态旅游"行程。两人在行程结束后，上网搜索发现游览的行程并非自己预期前往的玉龙雪山景区，于是向丽江机场公安报案。

丽江市旅发委接到丽江机场公安情况通报后，随即派出旅游执法人员到达机场对游客进行询问、了解相关情况，同时丽江市旅发委、工商局、交通局，玉龙县旅发委依法对此事开展联合调查，查证属实。丽江市交通局依据相关法规对涉事车辆作暂扣7天的处理，并对司机周某处以5000元的罚款；玉龙县对白沙镇玉龙村骑马场停业整改，责令立即拆除擅自设立的"玉龙雪山海拔4880米"提示木牌。

在这个案件中，政府有关部门接受游客投诉，对事件经过的调查和处理过程就是法律的执行。旅发委的职能是负责监督、检查旅游市场秩序和服务质量；负责受理旅游者投诉，维护旅游者合法权益。

法律执行简称执法，有广义狭义之分。在广义上，法律执行是指国家机关及其公职人员，在国家和公共事务管理中依照法定职权和程序，贯彻和实施法律的活动（包括法律适用）。在狭义上，法律执行则是指国家行政机关执行法律的活动，也被称为行政执法。如民政机关依照《婚姻法》《婚姻登记条例》对办理结婚登记的当事人进行审查登记的活动，税务机关向纳税人征税和对偷税漏税的人或组织进行的处罚等活动都属于执法活动。我们在这里讲的法律执行是从狭义上来说。

2.法律执行的特征

法律执行具有以下特征：

第一，行政执法的主体主要是国家行政机关及国家授权的单位。我国目前行政执法的主体主要有三类：一是中央和地方各级人民政府；二是政府中享有执法权的下属行政机构，如市场局、税务局、交通局、卫健委等，就属于这类主体；三是国家或法律授权的单位，如中国人民银行——被国务院授权行使中央银行的权力，即利息率的调整、信贷政策的出台、对商业银行的监督和管理等。

第二，行政执法是行政执法机关将法律规范适用于具体行政相对人或事的活动。在这里行政执法的主体与相对人地位是不平等的,对行政处罚的不服可以复议、诉讼,但不可以停止。假如周某对处罚不服的话可以复议、提起行政诉讼,但不可以不执行。

第三,行政执法是行政执法机关在其职权范围内依法行使国家行政权力。各个执法部门的职权范围是法律所规定的,必须依法行使。如卫生部门对个体门诊、医院的管理,市场局对产品质量的监管。而旅发委也只能对在旅游过程中发生的蒙骗行为进行查处,如果是在非旅游景区或其他消费过程中的蒙骗行为就没有处罚的权力。

（三）法律适用

1. 法律适用的概念

什么是法律适用呢?我们看一个案例:周永康案。

周永康曾经是第十七届中共中央政治局常委、中央政法委书记,因受贿、滥用职权、故意泄露国家秘密被调查。2015年5月22日,天津市第一中级人民法院鉴于周永康案中一些犯罪事实证据涉及国家秘密,依法对周永康案进行不公开开庭审理。法院经审理认为,周永康受贿数额特别巨大,但其归案后能如实供述自己的罪行,认罪悔罪,绝大部分贿赂系其亲属收受且其系事后知情,案发后主动要求亲属退赃且受贿款物全部追缴,具有法定、酌定从轻处罚情节;滥用职权,犯罪情节特别严重;故意泄露国家秘密,犯罪情节特别严重,但未造成特别严重的后果。根据周永康犯罪的事实、性质、情节和对于社会的危害程度,法庭依法对周永康受贿、滥用职权、故意泄露国家秘密案作出判决:周永康犯受贿罪,判处无期徒刑,剥夺政治权利终身,并处没收个人财产;犯滥用职权罪,判处有期徒刑七年;犯故意泄露国家秘密罪,判处有期徒刑四年,三罪并罚,决定执行无期徒刑,剥夺政治权利终身,并处没收个人财产。周永康当庭表示,服从法庭判决,不上诉。

上述案件中,国家司法机关及其公职人员适用有关法律处理案件活动就是法律适用。法律适用又称司法适用,是指国家司法机关及其公职人员依照法定职权和程序适用法律处理案件的专门活动。在我国,司法机关是指国家审判机关和检察机关。人民法院代表国家行使审判权,人民检察院代表国家行使法律监督权。其他任何国家机关、社会组织和个人，不得行使国家司法权。

2.司法适用的特征

第一，司法适用的主体是国家的司法机关及其公职人员。我国是国家检察机关和审判机关。人民检察院代表国家行使法律监督权，人民法院代表国家行使审判权。在周永康案件中司法适用的主体就是天津市第一中级人民法院。

第二，司法适用是国家机关在其职权范围内，依法行使国家司法权，解决法律纠纷，制裁违法犯罪行为的专门活动。各个国家机关有各自的权限，必须在法律规定的范围内行使自己的权力，不能随便越权。

第三，司法适用是国家司法机关将法律规范运用到具体案件的活动，是个别性地运用国家司法权力的活动。在这个案件中，天津市第一中级人民法院将《中华人民共和国刑法》中规定的受贿罪、滥用职权罪、故意泄露国家秘密罪运用到周永康的行为中，认定周永康犯受贿罪，判处无期徒刑，剥夺政治权利终身，并处没收个人财产；犯滥用职权罪，判处有期徒刑七年；犯故意泄露国家秘密罪，判处有期徒刑四年，三罪并罚，决定执行无期徒刑，剥夺政治权利终身，并处没收个人财产。司法适用的结果是产生非规范性法律文件，如判决书、裁定书、调解书等，具有强制性。

第四，司法适用是一种创造性的法律活动，将抽象的法律条文运用到具体案件的过程，是一种创造性的活动，法官有自己的自由裁量权，如贪污罪个人贪污数额在十万元以上的，处十年以上有期徒刑或无期徒刑，可以并处没收财产。十年还是无期就需要法官根据犯罪的事实进行判断，行使自由裁量权。社会生活是复杂多样的，案件也会各有特点，法律不可能完全到某一个细节。法官的这种自由裁量权就是一种创造性的活动。

第五，司法适用是司法机关严格按照法定程序所进行的活动。司法机关在司法的适用过程中要严格按法定程序进行，依据《刑事诉讼法》的规定，法庭审判程序大致可分为开庭、法庭调查、法庭辩论、被告人最后陈述、评议和审判五个阶段。

（四）法律遵守

法律遵守是指国家机关、社会组织和公民个人依照法律规定行使权力和权利以及履行职责和义务的活动。人们通常把守法仅仅理解为履行法律义务。这是片面的,享受权利也是遵守法律的一种形式。守法也是法律实施和实现的基本途径。一切组织和个人都必须遵守宪法和法律,任何公民享有宪法和法律规定的权利,同时必须履行宪法和法律规定的义务。

六、尊法学法——习近平法治思想

2020年11月16日至17日,党的历史上首次召开的中央全面依法治国工作会议,将"习近平法治思想"明确为全面依法治国的指导思想。这是新时代中国特色社会主义法治建设具有里程碑意义的事件。习近平总书记从统筹中华民族伟大复兴战略全局和世界百年未有之大变局、实现党和国家长治久安的战略高度,深入回答了我国社会主义法治建设一系列重大理论和实践问题,明确提出了当前和今后一个时期推进全面依法治国的总体要求,系统阐述了新时代推进全面依法治国的重要思想和战略部署。习近平法治思想内涵丰富、论述深刻、逻辑严密、系统完备,为深入推进全面依法治国、加快建设社会主义法治国家、运用制度威力应对风险挑战、全面建设社会主义现代化国家、实现中华民族伟大复兴的中国梦,提供了科学的法治理论指导和制度保障。

(一)习近平法治思想的形成和意义

1. 习近平法治思想的形成

伟大时代孕育伟大思想。党的十八大以来,中国特色社会主义进入新时代,中华民族迎来了从站起来、富起来到强起来的伟大飞跃。世界百年未有之大变局加速演变,国际环境不稳定性不确定性明显上升,我国日益走近世界舞台中央,国内改革发展稳定任务日益繁重,全面依法治国在党和国家工作全局中的地位更加突出、作用更加重大。在这样一个关键的历史时段,习近平总书记从坚持和发展中国特色社会主义全局和战略高度定位法治、布局法治、厉行法治,创造性提出全面依法治国的一系列新理念新思想新战略,形成了习近平法治思想。这一思想最为集中地体现在党的十八大报告、十八届四中全会文件、党的十九大报告、十九届二中全会文件、中央全面依法治国委员会第一次会议上的讲话和中央全面依法治国工作会议上的讲话中。

党的十八大以来，以习近平同志为核心的党中央明确提出全面依法治国，并将其纳入"四个全面"战略布局予以有力推进。党的十八届三中全会把"完善和发展中国特色社会主义制度，推进国家治理体系和治理能力现代化"作为全面深化改革的总目标，强调既要坚持人民当家作主的政治基础，又要通过持续的制度创新和法治进一步提升社会主义制度优越性。党的十八届四中全会确立了"建设中国特色社会主义法治体系，建设社会主义法治国家"这一全面推进依法治国的总目标，科学系统地提出全面推进依法治国的基本原则、工作布局和重点任务。党的十九大创造性地提出习近平新时代中国特色社会主义思想，组建中央全面依法治国委员会，擘画了全面依法治国的时间表和路线图。党的十九届四中全会全面系统深入地阐述了中国特色社会主义制度所具有的显著优势，中国特色社会主义制度建设的理论和实践进一步系统化、成熟化和定型化。在此过程中，中国特色社会主义法治理论随着法治实践的发展不断得以丰富，随着中国特色社会主义制度和国家治理体系的形成完善不断得到检验，最终于2020年11月召开的中央全面依法治国工作会议，正式确立了内涵丰富、论述深刻、逻辑严密、系统完备的习近平法治思想，用"十一个坚持"系统阐述了新时代推进全面依法治国的重要思想和战略部署，深刻回答了我国社会主义法治建设一系列重大理论和实践问题，明确了习近平法治思想在全面依法治国工作中的指导地位，可谓顺理成章、集于大成。

2. 习近平法治思想的重大意义

习近平法治思想是习近平新时代中国特色社会主义思想的重要组成部分，是全面依法治国的根本遵循和行动指南，深刻回答了"为什么要全面依法治国？怎样全面依法治国？"这个重大时代课题，是马克思主义中国化的最新成果，是21世纪的马克思主义法治思想，是全面依法治国的根本遵循和行动指南，标志着马克思主义法治思想的新飞跃。深刻认识习近平法治思想的重大意义，必须深刻把握其政治意义、理论意义、实践意义、世界意义。

（1）政治意义。习近平法治思想充分揭示了中国特色社会主义法治道路、理论、制度、文化的生命力和优越性，是习近平新时代中国特色社会主义思想的"法治篇"。明确习近平法治思想在全面依法治国工作中的指导地位，有利于加强党对全面依法治国的集中统一领导，保证全面依法治国的正确政治方向，凝聚推进法治中国建设的磅礴力量，在统筹推进"四个伟大"实践中、在全面建设社会主义现代化国家新征程上更好发挥法治固根本、稳预期、利长远的保障作用。

（2）理论意义。习近平法治思想从法治领域深化了对共产党执政规律、社会主义建设规律、人类社会发展规律的认识，开辟了中国特色社会主义法治理论和实践新境界，是马克思主义法治理论中国化的最新成果，是对马克思主义国家和法学说的继承和发展，是当代中国马克思主义、21世纪马克思主义在法治领域的最新理论成果，开辟了马克思主义法治理论新境界，必将引领中国特色社会主义法治理论创新发展。深入研究阐释习近平法治思想，有利于拓展和创新中国特色社会主义法治理论，构建中国特色法学学科体系、学术体系和话语体系。

（3）实践意义。党的十八大以来，习近平总书记对推进司法体制改革、深化司法公开、维护司法公正等工作多次作出重要指示，为加快建设公正高效权威的社会主义司法制度、推进国家治理体系和治理能力现代化提供了科学指引，注入了强大动力。习近平法治思想深刻总结了古今中外治国理政经验，特别是对党领导法治建设丰富实践和宝贵经验进行了科学总结，是根植新时代全面依法治国实践产生的思想理论成果，为中国特色社会主义法治体系和社会主义法治国家建设提供了强大思想武器。在全面建设社会主义现代化国家新征程中，深入学习宣传贯彻习近平法治思想，有利于激发全党全国人民投身法治中国建设的巨大热情，加快建设中国特色社会主义法治体系、建设社会主义法治国家。

（4）世界意义。习近平总书记提出运用法治和制度规则协调各国关系和利益、坚定维护国际法基本原则和国际关系基本准则、推进全球治理规则民主化法治化等一系列重大理论观点，体现了继承性和创新性相结合、立足国情与放眼世界相统一的鲜明特色，彰显了中国特色社会主义法治道路的显著优越性，为构建人类命运共同体、推进世界法治文明进步贡献了中国智慧和中国方案，扩大了中国法治在全球法治舞台上的话语权和影响力，为世界各国特别是发展中国家走适合自己国情的法治道路提供了有益借鉴。

七、尊法学法——坚持走中国特色社会主义法治道路

（一）为什么要走中国特色社会主义法治道路

在庆祝中国共产党成立100周年大会上，习近平总书记总结中国特色社会主义的伟大成就，强调"走自己的路，是党的全部理论和实践立足点，更是党百年奋斗得出的历史结论"。《中共中央关于党的百年奋斗重大成就和历史经验的决议》指出，"坚持中国道路"是党百年来领导人民进行伟大奋斗积累的宝贵历史经验。

长期以来，我们党以马克思主义为指导，总结运用领导人民实行法治的成功经验，走出了一条中国特色社会主义法治道路。

1.中国特色社会主义法治道路是我国社会主义法治建设成就和经验的集中体现

从新民主主义革命时期，我们党领导人民制定《中华苏维埃共和国宪法大纲》等法律法令，为新中国社会主义法制建设和改革开放新时期中国特色社会主义法治建设积累宝贵历史经验；到社会主义革命和建设时期，我们党领导人民建立起社会主义法制框架体系，初步奠定社会主义法治的基础；到改革开放和社会主义现代化建设新时期，我们党领导人民形成并不断完善中国特色社会主义法律体系，开辟中国特色社会主义法治道路；再到中国特色社会主义新时代，以习近平同志为核心的党中央提出全面依法治国、建设法治中国，推动我国社会主义法治建设发生历史性变革、取得历史性成就、创造历史性经验，中国特色社会主义法治道路在新民主主义法制建设和社会主义法治建设的伟大实践中形成和完善，实现了社会主义和法治的有机结合，走出了一条中国式法治现代化新道路，为人类法治文明进步提供了中国方案和中国智慧。

2.中国特色社会主义法治道路是推进全面依法治国的唯一正确道路

我们党始终坚持把马克思主义基本原理同中国具体实际相结合、同中华优秀传统文化相结合，开辟了中国特色社会主义法治道路。党的十八大以来，以习近平同志为核心的党中央全面推进依法治国，在我国社会主义法治建设既

有基础上，推动我国法治建设实现了从依法治国到全面依法治国、从建设中国特色社会主义法律体系到建设中国特色社会主义法治体系的历史转型。实践充分证明，中国特色社会主义法治道路，是适合中国国情、适合时代发展要求的法治道路，是推进全面依法治国、建设社会主义法治国家的唯一正确道路。

3. 中国特色社会主义法治道路为全面建设社会主义现代化国家提供有力法治保障

一个现代化国家必然是法治国家。我们党提出建设良法善治的法治中国。要实现这一目标，就要使法治成为国家与社会的核心价值，成为国家和社会治理的基本方式，成为支撑国家兴旺发达的强大力量；全社会尊重法治，信仰法治，坚守法治；宪法具有权威，法律具有实效，任何组织和个人都自觉在宪法法律范围内活动；公民权利得到切实尊重和保障，公权力受到有效制约和监督。当前，全面建设社会主义现代化国家新征程已经开启，我们要更加重视法治、厉行法治，更好地把社会主义法治优势转化为全面建设社会主义现代化国家的效能。

八、尊法学法——建设法治中国

全面依法治国的宏伟目标是建设法治中国，要以建设中国特色社会主义法治体系为总抓手，坚持依法治国、依法执政、依法行政共同推进，法治国家、法治政府、法治社会一体建设，坚持全面推进科学立法、严格执法、公正司法、全民守法。

（一）中国特色社会主义法治体系的形成

2011年3月，十一届全国人大常委会委员长吴邦国宣布，中国特色社会主义法律体系已经形成，这标志着我国在立法方面取得了举世瞩目的成就，表明我国已经基本结束了无法可依的状况，我国依法治国方略已经取得了重大的阶段性成果。中国特色社会主义法律体系的形成为法治体系的实现提供了前提和基础，但这并不意味着我国已经全面建成了社会主义法治体系。

2014年11月，党的十八届四中全会提出："全面推进依法治国，总目标是建设中国特色社会主义法治体系，建设社会主义法治国家。"社会主义法治体系概念的提出，是我们党在法治理论上的一次重大飞跃。2019年10月31日，党的十九届四中全会审议通过的《中共中央关于坚持和完善中国特色社会主义制度、推进国家治理体系和治理能力现代化若干重大问题的决定》明确指出："全面推进依法治国是一个系统工程，是国家治理领域一场广泛而深刻的革命。"要"坚持和完善中国特色社会主义法治体系，提高党依法治国、依法执政能力"，"必须坚定不移走中国特色社会主义法治道路，全面推进依法治国，坚持依法治国、依法执政、依法行政共同推进，坚持法治国家、法治政府、法治社会一体建设"。从提出"建设中国特色社会主义法治体系"到提出"坚持和完善中国特色社会主义法治体系，提高党依法治国、依法执政能力"表明我们党在从坚持和完善中国特色社会主义制度、推进国家治理体系和治理能力现代化的高度，对加强社会主义法治建设提出了新的更高要求。

2. 中国特色社会主义法治体系的主要内容

建设中国特色社会主义法治体系，就是在中国共产党领导下，坚持中国特色社会主义制度，形成完备的法律规范体系、高效的法治实施体系、严密的法治监督体系、有力的法治保障体系，形成完善的党内法规体系，坚持依法治国、依法执政、依法行政共同推进，坚持法治国家、法治政府、法治社会一体建设，实现科学立法、严格执法、公正司法、全民守法，促进国家治理体系和治理能力现代化。

第一，建设完备的法律规范体系。坚持和完善中国特色社会主义法治体系，要建设完备的法律规范体系。法律是治国之重器，良法是善治之前提。建设完备的法律规范体系，要发挥立法的引领和推动作用，把党的方针政策主张和人民意志贯穿于立法工作的全过程；要积极推进重点领域立法，深入推进科学立法、民主立法、依法立法，不断完善以宪法为核心的中国特色社会主义法律体系，为推进国家治理体系和治理能力现代化筑牢法律基础。

良法是善治的前提。建设中国特色社会主义法治体系，首要的是完善以宪法为核心的中国特色社会主义法律体系。《求是》杂志2019年第4期首发习近平总书记的重要文章《加强党对全面依法治国的领导》。习近平总书记指出："目前，我国有法律250多部、行政法规700多部、地方性法规9000多部、行政规章11000多部，中国特色社会主义法律体系已经形成，但还需适应中国特色社会主义进入新时代的要求进一步完善。今后，我们要紧紧围绕提高立法质量和立法效率，坚持科学立法、民主立法、依法立法，坚持立改废释并举，增强法律法规的及时性、系统性、针对性、有效性，提高法律法规的可执行性、可操作性。加强重点领域立法，及时反映新时代党和国家事业发展要求，回应人民群众关切期待。"

第二，建设高效的法治实施体系。法令行则国治，法令弛则国乱。高效的法治实施体系是连接良法与善治的桥梁。坚持和完善中国特色社会主义法治体系，重点是形成高效的法治实施体系，难点也是形成高效的法治实施体系。

在国家和社会生活各方面总体上实现有法可依的情况下，有法必依、执法必严、违法必究就显得更为重要、更加紧迫，直接关系到全面依法治国的成效。当前，法律执行和实施仍然是最大的短板，一些执法司法机关不作为、乱作为、逐利违法、徇私枉法等问题仍然存在，少数地方的执法司法机关甚至同黑恶势力沆瀣一气，充当保护伞，严重损害了党和政府形象，影响了法治权威和尊严，阻碍了全面依法治国进程，人民群众反映强烈，社会各方普遍关注。这些法治实施中的问题应当成为厉行法治的聚焦点和发力点，通过严格执法、公正司法、全民守法，确保法律法规全面有效实施，切实把我国制度优势、法治优势转化为治国理政的政治优势和治理效能。

第三，建设严密的法治监督体系。不受制约和监督的权力必然导致滥用和腐败。习近平总书记指出："为什么党内这么多高级干部走上犯罪的道路？根本原因在于理想信念动摇了。"铲除不良作风和腐败现象滋生蔓延的土壤，根本上要靠法规制度。今后，我们要以规范和约束公权力为重点，构建党统一指挥、全面覆盖、权威高效的监督体系，把党内监督同国家机关监督、民主监督、司法监督、群众监督、舆论监督贯通起来，增强监督合力，强化监督责任，提高监督实效，做到有权必有责、有责要担当、失责必追究。

坚持和完善中国特色社会主义法治体系，要建设严密的法治监督体系。法治监督是法律良性运行的保障机制。要进一步完善党内监督与国家监督，党的纪律检查与国家监察的衔接、协调、统一的法治机制；通过制度化、规范化、程序化的实现机制强化群众监督；完善集中统一、权威高效的法治监督体系，为推进国家治理体系和治理能力现代化提供有力的法治保障。

第四，建设有力的法治保障体系。坚持和完善中国特色社会主义法治体系，加快形成有力的法治保障体系至关重要。没有一系列的保障基础和条件，全面依法治国就难以实现。要切实加强党对全面依法治国的领导，提高依法执政能力和水平，为全面依法治国提供方向引领和政治保障。要着力建设一支忠于党、忠于国家、忠于人民、忠于法律的社会主义法治工作队伍，为全面依法治国提供强有力的组织和人才保障。要充分运用大数据、云计算、人工智能等现代科技手段，全面建设"智慧法治"，为全面依法治国提供科技和信息保障。要加强中国特色社会主义法治理论研究，建设一批高水平的法治研究基地，为全面依法治国提供理论和智库支撑。各级党组织和领导干部都应当支持立法、执法、司法机关依法履行职责，支持司法机关依法独立公正行使职权，严禁让立法、执法、司法机关做违反法定职责、有碍法治公正的事情。

第五，形成完善的党内法规体系。党内法规既是管党治党的重要依据，也是建设社会主义法治国家的重要保障。依规治党深入党心，依法治国才能深入民心。新时代我们党要履行好执政兴国的重大历史使命，赢得具有许多新的历史特点的伟大斗争，实现党和国家长治久安，必须始终坚持依法治国与依规治党有机统一，形成以党章为根本、若干配套党内法规为支撑的比较完善的党内法规体系。要坚持党规党纪严于国家法律，注重党内法规同国家法律相衔接相协调，实现管党治党和治国理政相贯通，充分发挥依规治党对依法治国的引领和保障作用，全面提高党依规治党和依法执政的能力和水平。

（二）坚持依法治国、依法执政、依法行政共同推进，法治国家、法治政府、法治社会一体建设

在2020年11月16日至17日召开的中央全面依法治国工作会议上，习近平总书记对当前和今后一个时期推进全面依法治国要重点抓好的工作提出了11个方面的要求，强调"要坚持依法治国、依法执政、依法行政共同推进，法治国家、法治政府、法治社会一体建设"。

1. 坚持"三个一体建设"是协调推进"四个全面"战略布局的内在要求

协调推进"四个全面"战略布局是以习近平同志为核心的党中央确立的治国理政重大方略，全面依法治国既是"四个全面"战略布局的重要内容，也是"四个全面"战略布局的重要保障。

坚持"三个一体建设"是全面建成小康社会的必然要求。全面建成小康社会，难点在"全面"，重点在"小康"。就"全面"而言，我们不仅要实现物质文明的小康，而且要实现社会公平正义的小康；就"小康"而言，不仅要实现人民群众物质生活更加殷实，而且要实现"五位一体"全面进步，更好满足人民群众在民主、法治、公平、正义、安全、环境等方面日益增长的要求。只有坚持"三个一体建设"，才能使人民群众切实感受到公平正义，有更多获得感幸福感安全感。

坚持"三个一体建设"是全面深化改革的必然要求。全面深化改革，是一场全面而深刻的社会变革。习近平总书记强调，凡属重大改革都要于法有据。改革与法治如鸟之两翼、车之两轮，要坚持在法治下推进改革，在改革中完善法治。在整个改革过程中，只有坚持"三个一体建设"，坚持以法治思维和法治方式推进改革，才能更好发挥法治对改革的引领、规范和保障作用，及时确认和巩固改革成果，确保各领域各方面改革始终在法治轨道上全面推进。

坚持"三个一体建设"是全面依法治国的必然要求。习近平总书记指出，全面推进依法治国是一项庞大的系统工程，必须统筹兼顾、把握重点、整体谋划，在共同推进上着力，在一体建设上用劲。这项工程极为宏大，零敲碎打调整不行，碎片化修补也不行，一定要全面系统谋划、统筹协调推进。只有坚持"三个一体建设"，实现联动和集成，才能凝聚起14亿中国人民对法治的坚定信仰，汇聚成建设社会主义法治的磅礴伟力，有力推进中国特色社会主义法治体系建设，谱写新时代全面依法治国的壮丽诗篇。

坚持"三个一体建设"是全面从严治党的必然要求。全面从严治党必须用铁的纪律和制度管党治党，加强对权力运行的制约和监督。制度事关根本，关乎长远。把权力关进制度的笼子，必须建好笼子，全方位扎紧笼子。只有坚持"三个一体建设"，实现国家、政府、社会各层面制度体系全面覆盖、系统完备、衔接协调、运行有效，才能保证权力始终在法治轨道上运行，确保坚定不移推进全面从严治党，不断巩固发展反腐败斗争压倒性胜利。

2.深刻认识和准确把握坚持"三个一体建设"的辩证统一关系

法治国家、法治政府、法治社会相互联系、相互支撑、相辅相成，是法治中国建设的三根支柱。法治国家是目标，法治政府是主体，法治社会是基础，三者本质一致、目标一体、成效相关，缺少任何一个方面，法治中国建设都难以有效推进。

第一，法治国家是法治政府、法治社会建设的目标，法治政府、法治社会建设必须服从、服务于法治国家建设。

党的十八届四中全会确立的全面推进依法治国总目标是，建设中国特色社会主义法治体系，建设社会主义法治国家。这个总目标反映了我们党治国理政思想的重大创新，指明了全面依法治国的正确方向，规划了全面依法治国的总体布局，是贯穿全面依法治国工作的主线。法治政府、法治社会建设，要紧紧围绕建设社会主义法治国家的目标进行顶层设计，完善体制机制，明确工作重点，作出部署安排，坚决贯彻落实实现这一目标所必须坚持的原则，即坚持中国共产党的领导，坚持人民主体地位，坚持法律面前人人平等，坚持依法治国和以德治国相结合，坚持从中国实际出发。

第二，法治政府是法治国家建设的主体和重点，是法治社会建设的先导和示范。

在我国，各级政府承担着经济调节、市场监管、社会管理、公共服务、生态环境保护等重要职责，是制定实施法律法规规章的重要主体，是人民群众打交道最多、感受公平正义最直接的国家机关。人民群众对法治国家的认识和评价，很多来自对各级政府部门的认识和评价。因此，建设法治国家需要把建设法治政府作为主体工程和重点任务，法治政府基本建成是法治国家基本建成的主要标志。建设法治政府对建设法治社会具有重要引领和带动作用。各级政府是否依宪施政、依法行政，各级领导干部和政府工作人员能不能带头尊法学法守法用法，直接影响人民群众的法治信仰和行为选择，直接决定法治社会建设的速度和成效。

3. 法治社会是法治国家、法治政府建设的基础和依托，法治国家、法治政府建设必须筑牢法治社会根基

依法治国的基础在基层，根基在民众。全民守法是全面依法治国的长期性、基础性工程。习近平总书记强调，法律要发挥作用，需要全社会信仰法律。只有全面增强全民法治观念，让法治成为全民思维方式和行为习惯，加快建设法治社会，才能夯实法治国家、法治政府建设的社会基础。要适应新时代我国社会主要矛盾的变化，在民主、法治、公平、正义、安全、环境等方面采取更多更有效的举措，推进全民普法，促进全民守法，发挥市民公约、乡规民约、行业规章、团体章程等社会规范在社会治理中的积极作用，推动多层次多领域依法治理，提高社会治理法治化水平，充分调动全社会推进中国特色社会主义法治建设的积极性、主动性、创造性，努力为法治国家、法治政府建设奠定更加坚实的社会基础。

（三）坚持全面推进科学立法、严格执法、公正司法、全面守法

2013年2月23日，在中央政治局第四次集体学习时，习近平总书记强调，要"全面推进科学立法、严格执法、公正司法、全民守法，坚持依法治国、依法执政、依法行政共同推进，坚持法治国家、法治政府、法治社会一体建设，不断开创依法治国新局面"。这是对"依法治国"基本方略的新提升，为全面推进依法治国勾画出了更加清晰的奋斗愿景。

1. 科学立法——法治中国的前提

"科学立法"是推进全面依法治国、建设法治中国的前提。习近平总书记明确指出，推进科学立法、民主立法，是提高立法质量的根本途径。科学立法的核心在于尊重和体现客观规律，民主立法的核心在于为了人民、依靠人民。

立法，是国家有权机关制定法律、法规和规章行为及过程的总称。立法—执法—司法—守法，是一个国家法治建设工作的基本环节。立法是第一个环节，是法治过程的起点和法治工作的前提。没有立法，政府机关就无法可执，人民法院审理和裁判案件就没有依据和标准，全民遵守法律就无从谈起。

科学立法与民主立法、依法立法相互依存，必须同步推进。党的十九大报告指出："推进科学立法、民主立法、依法立法，以良法促进发展、保障善

治。"科学立法，主要是指所制定的法律内容必须反映中国的实际，符合客观规律，保证法律法规件件能够有效落地；同时，立法的过程和方法必须科学化，也必须符合立法规律，要求一夜之间就能制定一个法律是不符合立法规律的。民主立法，是指提高立法的民主化水平，拓宽公众参与立法的渠道和途径，广泛听取各个利益群体的意见，建立起事先和事后的立法评估机制等。依法立法，要坚持立法行为和立法内容的合宪性、合法性；要求立法主体遵守立法权限，不得越权立法；重大立法必须有宪法和上位法依据，不得擅自立法；立法的内容不得与上位法，尤其是宪法相抵触，不得违法立法。

2. 严格执法——法治中国的关键

"严格执法"是推进全面依法治国、建设法治中国的关键。2012年，习近平总书记在首都各界纪念现行宪法公布施行30周年大会上的重要讲话中明确指出："国务院和地方各级人民政府作为国家权力机关的执行机关，作为国家行政机关，负有严格贯彻实施宪法和法律的重要职责，要规范政府行为，切实做到严格规范公正文明执法。"

法律的生命在于实施，实施的关键在于执法。执法是有关国家机关依法从事管理、具体适用法律、将法律付诸实践的过程。这个过程既是法律适用过程，也是法律实施过程，更是将规范准则转化为人们自觉行为的过程。我国法治建设中的不足，既有"无法可依"的问题，更有"执法不严"的问题。当前，"执法不严"是我国法治建设工作中的突出"短板"，坚持"严格执法"，正是抓住了问题的关键。

坚持严格执法，要坚持依法行政，加快实现法治政府基本建成的目标。在国家执法活动中，行政机关是最主要的执法主体。严格执法是法治政府建设的基本要求。不能坚持严格执法的政府就难以被称为法治政府。要加强法治政府建设，就要健全依法决策机制，深化行政执法体制改革，完善政府主要负责人履行推进法治政府建设第一责任人职责的约束机制。

坚持严格执法要求执法者必须遵守宪法和法律，严格依法办事。行政机关及其工作人员代表国家和政府依法履行职责，对法律负责，就是对人民负责。不能将"执法"与"处罚"等同起来，执法的本质恰恰不是处罚，而是对法律的正确适用和实施，是对公民权利的尊重、维护和保护。特别是公民的基本权利，没有法律依据并经过正当程序，不受限制和剥夺。我们既要防止有法不执，也要防止有法乱执。现在特别要防止多样的、变相的"新形式"行政违法的出现，严格纠正越权执法、违法执法、钓鱼执法、逐利执法。

3. 公正司法——法治中国的防线

"公正司法"是推进全面依法治国、建设法治中国的保障。党的十八大报告要求："进一步深化司法体制改革，坚持和完善中国特色社会主义司法制度，确保审判机关、检察机关依法独立公正行使审判权、检察权。"首次提出"确保"司法"依法独立公正"，体现了党中央的决心。在十八届中共中央政治局第四次集体学习时习近平总书记强调指出："努力让人民群众在每一个司法案件中都能感受到公平正义。"

司法公正是社会公平正义的重要组成部分，是社会公平正义的保障。公正司法是全面依法治国得以实现的必要方式、重要标志与检验尺度。只有司法是公正的，我们才能说全面依法治国达到了预期的社会效果，才能赢得群众的理解、信赖与支持。没有公正高效权威的社会主义司法制度，就不可能有公正的司法。第一，实现司法公正，需要进一步深化司法体制改革，深入推进司法责任制综合配套改革，着力解决影响司法公正、制约司法能力的深层次问题，破解体制性、机制性、保障性障碍，加快构建权责一致的司法权运行新机制，确保司法机关依法独立公正行使审判权、检察权；第二，实现司法公正，需要建立起社会监督机制；第三，要实现司法公正，还要建立司法权威，不让一份判决成为无法兑现的空头支票。

4. 全民守法——法治中国的基础

"全民守法"是推进全面依法治国、建设法治中国的基础。习近平总书记在十八届中共中央政治局第四次集体学习时还进一步强调："全面推进依法治国，必须坚持全民守法。"

守法是国家和社会组织或者个人自觉服从法律法规，坚持依法办事的行为及其过程的总称。守法反映出国家机关、企业事业单位、社会团体和公民个人对宪法和法律的认知和态度。一个国家或者社会的法治状况，与全社会的守法意识、守法行为密切相关。

第一，全民守法要求任何组织或者个人都必须在宪法和法律的范围内活动，坚持宪法法律地位上的至上性和适用上的平等性，任何组织和个人都不具有超越宪法和法律之上的特权，杜绝以权压法、以言代法、徇私枉法。特别是各级党组织和党员领导干部要带头守法，这是全民守法的关键。第二，要实现全民守法，应当引导全体人民群众形成自觉遵守法律的意识和氛围。改革开放40多年来，中国的法治建设取得了突飞猛进的发展，全民法治素养明显提高，但仍有一些不尽如人意的地方。一些违法犯罪案件甚至仇视社会的过激行为时有发生，"黑、毒、黄、赌"现象尚未彻底清除，生产不健康食品、污染环境、毁坏资源等行为在一些地方仍然存在。如"信权不信法"和"大闹大解决，小闹小解决，不闹不解决"的自力报复、暴力维权等现象还在一定范围内和一定程度上存在。第三，要实现全民守法，就是要引导群众学会和习惯在理性和法治轨道内平衡利益、化解矛盾、处理纠纷，共同推进法治社会建设。唯有加快推动全民守法、建设法治社会进程，才能为构筑法治中国奠定坚实的社会基础。

九、尊法学法——维护宪法权威

（一）我国宪法的形成

1. 宪法的历史溯源

宪法是治国安邦的总章程，是党和人民意志的集中体现，是中国特色社会主义法律体系的核心，在全面依法治国中具有突出地位和重要作用。宪法为什么具有这么重要的地位？要理解这个问题，我们首先需要追寻东西方宪法产生的不同原因和路径。

在西方，最早阐述宪法问题和为"宪法"一词下定义的是古希腊的亚里士多德。他认为宪法应是国家的根本法，是建立国家制度的依据。古罗马帝国时代，"宪法"一词被用来表示皇帝的各种建制和他所发布的诏令、谕旨等，借以区别由市民会议和元老院通过的法律文件。中世纪的欧洲，"宪法"一词则被用来专指确认封建主与教会关系和各项特权的法律，含有组织法的意思。

在中国古代典籍中，"宪"或"宪法"的词语，多指最高社会规范或国家根本制度准则。然而，中西方"宪法"一词在词源上并不包括近代宪法的内在含义、内容和社会基础，即古代和近代"宪法"一词，就法律制度和国家制度而言，没有必然的联系，与近代宪法的含义是迥然不同的。

近代宪法源于英国中世纪的历史发展。英国在中世纪时期建立了代议制度，确立了国王没有得到议会（代议机关）同意就不得征税和进行其他立法的原则。后来代议制度普及于欧美各国，人们就把规定代议制度的法律称为宪法，指确认立宪政体的法律。17—18世纪，随着资本主义生产方式取代封建主义生产方式，资产阶级掌握国家政权，出于巩固资产阶级政治统治、经济发展的需要，一些国家以法律形式确认了资产阶级革命过程中逐渐形成的资产阶级民主观念、立宪主义思想、分权原则等，于是就产生了宪法。17—18世纪，英国资产阶级在与封建阶级的斗争和妥协中，逐渐形成了一些宪法性文件和宪法惯例。1787年9月17日，美国制宪会议通过的联邦宪法，是世界上的第一部成文宪法。从此，宪法成为一个法律性概念。美国至今共批准颁布了27条宪法修正案。1789年8月26日，法国国民议会通过《人权和公民权利宣言》（《人权宣言》）。该宣言后来被用作1791年宪法的前言。自18世纪资产阶级革命后，随着政治形势的变化，在80多年的时间里，法国陆续制定了11部宪法。

2. 我国宪法的产生

学习中国宪法，要从中国近代以来无数志士仁人为了中华民族的崛起抛头颅、洒热血的百年历史去理解中国宪法的内容，只有这样，我们才能深刻把握我国宪法规定的基本制度和宪法的精神。

与英、法、美等西方国家自发地走上宪法之路的情形不同，中国的宪法是在19世纪末，西方用坚船利炮打开了古老的中华帝国的大门，民族危机日益严重的情况下起步的。1840年，鸦片战争打开了古老的中华帝国的大门，中国开始沦为半殖民地半封建社会。在这亡国灭种的危急时刻，国内各个阶级、阶层为国家的前途着想，开始了探求富国强兵的方式和途径。19世纪40—60年代，林则徐、魏源、郭嵩焘等少数改良主义者开始宣传西方宪法思想和宪法制度。1895年，中日甲午战争前后，王韬、郑观应、薛福成、黄遵宪等一大批改良主义分子全面介绍西方的宪法制度。19世纪末，资产阶级维新派通过光绪皇帝发诏推行资产阶级政治改革。这次历时仅103天的变法运动遭到以慈禧太后为首的守旧派的镇压，变法失败。20世纪初，在守旧派慈禧太后主持下，通过颁谕展开清末新政。1908年，清政府为了敷衍民意，颁布了《钦定宪法大纲》。这是我国第一部带有"宪法"字样的法律文件。从此，"宪法"也就成为特定的法律用语。1911年10月10日，辛亥革命胜利，产生了《中华民国临时约法》。这是中国历史上唯一的一部资产阶级共和国性质的宪法性文件。但是，辛亥革命并没有完全成功，革命的果实最终被袁世凯窃取。从袁世凯统治到民国时期，由官方颁布和由私人名义起草的宪法或宪法草案至少有十几部。国共合作破裂之后，中国共产党开始独立地探索中国革命道路。

新中国成立前，中国共产党颁布过三部宪法性文件。我国现行宪法可以追溯到1949年具有临时宪法作用的《中国人民政治协商会议共同纲领》和1954年一届全国人大一次会议通过的《中华人民共和国宪法》。刘少奇同志曾经指出，一百多年来，中国革命同反革命的激烈的斗争没有停止过。这种激烈的斗争反映在国家制度的问题上，就表现为三种不同的势力所要求的三种不同的宪法。一是从晚清皇帝、北洋军阀，一直到国民党反动统治者所炮制的宪法；二是中国民族资产阶级所向往的资产阶级民主共和国宪法；三是工人阶级领导的，以工农联盟为基础的人民共和国的宪法。

综上所述，我们党领导人民制定的宪法，既不同于西方宪法，也不同于近代以来我国曾经出现的旧宪法，而是在取得新民主主义革命胜利、实现民族独立和人民解放、扫除一切旧势力的基础上制定的全新宪法。《中华人民共和国宪法》为了建设社会主义新中国应运而生，为了坚持和发展中国特色社会主义而与时俱进，在世界宪法制度史上具有开创性意义。

3. 我国宪法的发展

新中国成立以来，我国先后颁布了四部宪法。第一部宪法是1954年第一届全国人民代表大会第一次会议通过的。各界公认这部宪法是一部好宪法，总结了我国长期革命的经验，特别是新中国成立5年来的经验，把人民民主、社会主义原则、党的过渡时期的总路线用宪法的形式肯定下来。"文化大革命"期间，在1975年颁布了第二部宪法，这部宪法是在国家政治生活很不正常的情况下产生的，反映了"文化大革命"的很多错误观点。粉碎"四人帮"之后，在1978年又颁布了第三部宪法。当时，"文革"刚刚结束，由于受历史条件限制，党和国家还没来得及全面总结新中国成立以来社会主义建设的经验教训，没有彻底清理和消除"文革"中"左"的思想影响，反映在这部宪法中，仍然保留着不少"文革"的痕迹，但是没有1978年宪法，我们不能完成从"文革"秩序向新法律秩序的转变，我们不可能在1979年制定改革开放之初最重要的7部法律，也不可能顺利出台1982年宪法。1979年、1980年五届全国人大二次会议、三次会议已经对1978年宪法作了部分修改，但是仍然适应不了当时时代发展的需要。1982年颁布的宪法是第四部，也是我国现行宪法，是适应改革开放全面展开的新时期、新要求对1978年宪法作出全面修改后的宪法。

（二）我国现行宪法的修改

新中国成立后，我国先后于1954年、1975年、1978年、1982年颁布过四次宪法，1982年宪法是我国的现行宪法。1982年宪法至今历经了1988年、1993年、1999年、2004年、2018年五次修订。

为什么要修订宪法呢？宪法修订还能不能体现其权威性？

第一，从各国宪政实践来看，宪法修改最基本和最主要的原因是为了使宪法的规定适应不断变化发展的社会、政治、经济和文化状况的需要。

人类社会总是不断发展变化的，而立宪者对社会形势的认识和判断总是有欠周和失误之处；而宪法作为法律规范的一种，其基本功能就是协调、规范社会关系，以维持正常、公正和有序的社会秩序，宪法也只有与社会现实相适应才能发挥对社会关系的调整作用，宪法修改在一定程度上就能有效地协调解宪法、立宪者与社会现实之间的动态关系。如我国第一部宪法1954年宪法，是在对中华人民共和国成立前夕由全国政协制定的起临时宪法作用的《共同纲领》进行修改的基础上制定的。1982年宪法是在改革开放的历史背景下产生的。

第二，宪法修改的另一重要原因是为弥补宪法规范在实施过程中出现的漏洞。

立宪者受主客观条件的限制，在形成宪法规范的过程中，极有可能因考虑不周导致宪法规定的漏洞，因而需要以宪法修改的方式予以补充和完备。如美国宪法至今共产生了 27 个宪法修正案。法国至今共制定了 5 部资产阶级共和国性质的宪法。

2017 年 12 月 15 日，中共中央召开党外人士座谈会，就宪法修改听取意见和建议时，谈到修改宪法意义，习近平总书记指出，修改宪法，是党和国家政治生活中的一件大事，是中共中央从新时代坚持和发展中国特色社会主义的全局和战略高度作出的重大政治决策，也是推进全面依法治国、推进国家治理体系和治理能力现代化的重大举措。宪法只有不断适应新形势才能具有持久生命力。

2018 年的宪法修改，将党的十九大确定的重大理论观点和重大方针政策，党和国家事业发展的新成就新经验新要求等载入国家根本法，体现了党和国家事业发展的新成就新经验新要求，在总体保持我国宪法连续性、稳定性、权威性的基础上推动了宪法与时俱进、完善发展，为新时代坚持和发展中国特色社会主义、实现"两个一百年"奋斗目标和中华民族伟大复兴的"中国梦"提供了有力宪法保障。

（三）我国宪法的地位

我国宪法实现了党的主张和人民意志的高度统一，具有显著优势、坚实基础、强大生命力。宪法至上地位主要体现在其特有的作用、效力和内容等方面：

1.从作用上看，我国宪法是国家的根本法，是治国安邦的总章程，是党和人民意志的集中体现

我国现行宪法颁布以来，在坚持中国共产党领导，保障人民当家作主，促进改革开放和社会主义现代化建设，推动社会主义法治国家建设进程，维护国家统一、民族团结、社会稳定等方面发挥了有力的推动作用。

实践证明，我国现行宪法是符合国情、符合实际、符合时代发展要求的

好宪法，是充分体现人民共同意志、充分保障人民民主权利、充分维护人民根本利益的好宪法，是推动国家发展进步、保证人民创造幸福生活、保障中华民族实现伟大复兴的好宪法，是始终沿着中国特色社会主义道路前进的根本法治保障。

2. 从效力上看，我国宪法是国家各项制度和法律法规的总依据

就宪法效力而言，宪法与普通法律关系表现在：

第一，宪法在中国特色社会主义法律体系中居于统帅地位。

我国宪法序言规定："本宪法以法律的形式确认了中国各族人民奋斗的成果，规定了国家的根本制度和根本任务，是国家的根本法，具有最高的法律效力。"

宪法确立了社会主义法制的基本原则，明确规定中华人民共和国实行依法治国，建设社会主义法治国家。国家维护社会主义法制的统一和尊严。

第二，宪法是其他一般法律的立法基础，法律的制定必须以宪法为依据，不得同宪法相抵触，如有抵触，法律即无效。

在法律体系中，宪法是各部门法的基础，各部门法都应当以宪法为立法依据，都不得与宪法相抵触；同时，各部门法也都是宪法的发展和落实，是宪法精神和价值的延伸和体现。我国宪法第五条规定："一切法律、行政法规或地方性法规都不得同宪法相抵触。一切国家机关和武装力量、各政党和各社会团体、各企业事业组织都必须遵守宪法和法律。一切违反宪法和法律的行为，必须予以追究。任何组织或者个人都不得有超越宪法和法律的特权。"

3. 从内容上看，我国宪法规定了国家的根本制度

宪法的内容涉及一个国家的政治、经济、文化、社会、对外交往等各方面的重大原则性问题，涉及国家的根本制度和根本任务、公民的基本权利和义务，都是社会生活中最根本、最重要的问题。一般法律只是解决国家政治和社会生活中某一方面、某一领域的问题。

毛泽东曾经说过："一个团体要有一个章程，一个国家也要有一个章程，宪法就是一个总章程，是根本大法。"把宪法比作总章程，是通俗的说法。宪法是国家的章程，是所有"章程"里最根本的，规定国家的根本制度。

我国宪法确立了中国共产党的领导地位，规定了国家的根本任务、领导核心、指导思想、基本原则、发展道路、奋斗目标。

4.从程序上看，宪法的修改程序比普通法律严格

如果宪法只是在其内容上规定国家的根本问题，还不能就说它是国家的根本法，它必须同时在作为法的地位上表现出比其他法律更为重要，我们才能够认为宪法是完全意义上的国家根本法。正是因为宪法在内容上涉及国家的根本制度问题，且应保有最高的法律地位，故而在其修改问题上就要采取比普通法律更为慎重的态度。唯此，宪法也才能保持它的尊严和最高地位。

我国现行宪法规定，修正案须由全国人大常委会或者 1/5 以上的全国人大代表提议，并经全国人大全体代表的 2/3 以上多数通过；而其他法律和议案由全体代表的过半数通过即可。2018 年宪法修正案，是在中央政治局会议上决定启动宪法修改工作的，并成立了宪法修改小组。宪法修改小组由张德江任组长，王沪宁、栗战书任副组长。从宪法修改工作启动到修正案的出台，宪法修改汇聚了全党全国各族人民的智慧和心血，宪法修改小组共举行了 13 次工作班子会议、4 次全体会议，对各方面意见和建议汇总梳理、逐一研究。

宪法制定和修改的程序比较严格，其意义在于，制定时程序严格使宪法内容获得最广泛的民意基础，宪法内容具有正当性和合法性，可以赋予宪法以根本法的地位并具有最高法律效力；而严格的修宪程序一方面保证宪法的稳定性，另一方面赋予修改后的宪法或条文以最高的法律效力。

（四）加强宪法实施与监督

习近平总书记在党的十九大报告中明确指出"深化依法治国实践"的一项最重要措施就是"加强宪法实施和监督，推进合宪性审查工作，维护宪法权威"。其中，"推进合宪性审查工作"第一次出现在党的正式文件中，这是以习近平同志为核心的党中央贯彻落实全面推进依法治国各项要求的一项重要举措，也是习近平总书记"依宪治国"新理念新思想新战略的制度安排和实践方案，是全面推进依法治国各项法治工作的核心和重中之重。下面，我们重点讲授合宪性审查机制建设。

1. 合宪性审查的概念

我国合宪性审查，就是由权力机关依据宪法和相关法律的规定，对于可能存在违反宪法规定的法律法规、规范性文件以及国家机关履行宪法职责的行为进行审查，并对违反宪法的问题予以纠正。

如何理解这一概念呢？我们来看一个案例：

2015年10月10日上午，家住杭州的潘洪斌骑着一辆外地牌照的电动自行车，途经杭州一路口时，被执勤的交警拦了下来。依据《杭州市道路交通安全管理条例》中的规定，交警要查扣他的电动车并托运回原籍。潘洪斌回去查阅了相关的规定，包括行政强制法以及道路交通安全法，都没有发现非机动车在此类情况之下，可以被扣留以及被强制托运回原籍。2016年4月，潘洪斌致信全国人大常委会法工委，建议对《杭州市道路交通安全管理条例》进行审查，请求撤销该条例中违反行政强制法设立的行政强制措施。全国人大常委会法工委法规备案审查室收到这个建议以后，高度重视，登记备案，及时地与浙江省人大常委会，与杭州市人大常委会进行沟通，了解制定的情况。

备案审查的实质，说到底，就是确保各项规范性文件与宪法法律保持一致。虽然此事只是缘起于一辆电动自行车，但涉及地方性法规的合法性、公民财产权利的保护，全国人大常委会法工委启动了规范性文件备案审查机制。2017年7月，浙江省人大常委会批准了《杭州市人大常委会关于修改〈杭州市道路交通安全管理条例〉的决定》，相关条例内容已被修改和删除。

从上述案例可以看出，合宪性审查所要解决的问题是违宪问题，目的是维护宪法权威、保证宪法实施，从而推进"依宪治国"和"依法治国"价值要求的实现。在我国，因违宪而被全国人民代表大会常务委员会撤销的行政法规和地方法规以及未经全国人民代表大会常务委员会批准的自治条例和单行条例，都没有法律效力。

2. 推进合宪性审查工作的重要意义

党的十九届二中全会强调："宪法的生命在于实施，宪法的权威在于实施。维护宪法权威，就是维护党和人民共同意志的权威；捍卫宪法尊严，就是捍卫党和人民共同意志的尊严，保障宪法实施，就是保证人民根本利益的实

现。"推进合宪性审查工作具有以下重要意义:

第一,合宪性审查有利于坚持党的领导,树立党的权威。在改革开放之前,我党还没有完全从革命党转型为执政党,对于国家政治生活中出现的法律问题,仍然习惯于用政治思维来解决,导致许多本应该以法律方式解决的问题,被贴上了政治的标签,成为法律的禁区。

习近平总书记指出:"一些党员、干部仍然存在人治思想和长官意识,认为依法办事条条框框多、束缚手脚,凡事都要自己说了算,根本不知道有法律存在。"将"依法"和"办事"对立起来,将法律和权力对立起来,归根结底是缺乏宪法精神、缺少法律规范意识,没有形成良好的法治思维所致。并多次指出"依法治国首先是依宪治国,依法执政关键是依宪执政",充分表明党希望以法治思维化解执政过程中面临的各项难题,合宪性审查恰好体现了以法治方式解决违宪问题的初衷。可以说,合宪性审查就是我们党运用宪法治国理政的具体体现,也是党的执政能力和领导水平的具体体现。

推进合宪性审查工作从形式上来看,或多或少会对党的某些执政活动造成一定影响,但从长远来看,这种影响的积极效能将日益凸显。因为,它将从侧面鼓励督促执政党提升执政能力,规范执政行为,确保执政活动始终运行在宪法和法律的框架内。伴随执政能力的稳步提升,党将获得绝大多数民众的支持,并赢得世界各国的普遍尊重。

第二,合宪性审查有利于监督宪法实施,维护宪法权威。合宪性审查是现代法治国家实施宪法、约束公权力、保障宪法实施的重要机制,其重要功能已经为许多国家的宪法实施经验所证实。十九大报告并非孤立地谈"推进合宪性审查工作",而是将合宪性审查与宪法监督实施及宪法权威有机地镶嵌起来,三者之间存在密切的关联,构成缜密的逻辑体系。

(1)合宪性审查有利于监督宪法实施。宪法的生命在于实施,宪法的权威也在于实施。合宪性审查的重要内容就是对法律和各类型的法律文件是否符合宪法进行审查,为有权机关纠正或者撤销违宪的法律及法律文件提供依据。另外,合宪性审查能够督促立法始终遵循宪法的基本原则和精神,紧密围绕宪法并以宪法为统领,消弭法律体系内部的矛盾冲突,如此一来,宪法实施将有更加明确的方向,降低法律文件违宪的可能性。

(2)合宪性审查有利于维护宪法的权威。众所周知,法律之所以享有较高的权威,离不开法律自身的制裁性,宪法亦然。要想使宪法赢得尊重、享有权威,关键在于对违宪行为的惩处,使违宪主体承担相应的责任。如果没有地方立法合宪审查制度,违背宪法的行为就得不到追究,宪法的最高权威也将在地方立法的侵袭下逐渐消融。

(3)合宪性审查有利于完善救济途径,保护基本权利。无救济制度,法定权利就沦为道德权利,实在法就成为一纸空文。为了保障公民的基本权利,世界各国穷尽各种手段采取了多种方式,合宪性审查就是其中之一。如德国型的具体案件审查和宪法诉愿模式,在德国模式下,当特定当事人认为其宪法权利受到了侵害,在诉讼过程中或者诉讼结束之后,这一侵害行为始终没有得到纠正,那么,当事人可以申请启动违宪审查程序以保护其宪法权利。

当然,我国并非要照抄照搬德国模式,且该模式并不符合现阶段我国合宪性审查的实际,但是该模式保护当事人宪法权利、丰富基本权利救济渠道的思维模式,还是值得肯定的。可以预见,随着"人权入宪"等宪法理念逐步深入人心,国家对基本权利的保障越来越重视,公民的权利救济渠道也将越来越广泛。

十、守法用法——培养社会主义法治思维

党的十八大以来,习近平总书记在许多重要场合多次提到"法治思维"的概念。2012年12月4日,在首都各界纪念现行宪法公布施行30周年大会上,习近平总书记首次提到"法治思维"这一概念。他指出:"各级领导干部要提高运用法治思维和法治方式深化改革、推动发展、化解矛盾、维护稳定能力,努力推动形成办事依法、遇事找法、解决问题用法、化解矛盾靠法的良好法治环境,在法治轨道上推动各项工作。"如何理解法治思维是一种思维方式呢?我们来看一个案例:

乘客吕西锋在乘坐某航空公司的班机时,手机掉到了座椅里面,虽经他和乘务员极力寻找,但仍没有找到。飞机到达后,工作人员以下班飞机要起飞

为由要求吕西锋离开，且没有给他说法。为不影响工作，吕西锋只得离开。之后，吕西锋多次打电话询问，航空公司均说没有找到，无奈，吕西锋向航空公司发了一个声明。声明把当时的情况作了详细说明，并就问题的解决提出自己的建议：一、航空公司有义务保证乘客的人身和财物安全；二、如果航空公司无法找回手机，请按照该手机的价值给予本人赔偿；三、如果航空公司不予答复，本人将通过大众传媒、互联网、向法院提起诉讼等一切合法手段来维护自己的合法权益；四、本人在当时及现在已经将情况告知了航空公司及代表航空公司工作的乘务人员，如果因航空公司无法取出该手机而对飞机及飞行造成的安全隐患及由此而产生的一切后果，本人概不负责。几天之后，工作人员打电话告诉吕西锋手机找到了。

在本案例中，如果吕西锋拒不下飞机的话，就要影响下个航班，不但会给航空公司造成很大损失，而且还可能因为影响飞行安全、扰乱飞行秩序而受到处罚。所以，依法维权，善于运用法律手段协调关系和解决问题，问题才能妥善解决，这就是法治思维的基本要求。

那么，什么是法治思维，法治思维的基本内容是什么，我们应怎样培养法治思维呢？

（一）培养社会主义法治思维

1. 法治思维及其内涵

何为法治思维？简言之，法治思维，是指以法治价值和法治精神为导向，运用法律原则、法律规则、法律方法思考和处理问题的思维模式。通俗地讲，法治思维是一种以法律规范为基准的逻辑化的理性思考方式。

法治思维的产生和决策有关。什么是决策呢？在政治或社会学意义上，决策是个广泛的概念，决策实质是在社会生活领域选择一个行动方案。决策是可大可小的，重大决策如党的十八届三中全会决定设立全面深化改革领导小组的决策，小的决策如到商场买衣服的消费决策。决策有公共决策和私人决策之分。法院的裁判是典型的公共决策，利用公共权力，来选择一个解决社会问题的方案。在公共决策的过程中，理论上有无数种思维方式，但最典型的公共决策的思维方式有四种：政治思维、经济思维、道德思维和法治思维。

政治思维是个人或某类群体对政治的认知和愿景的一种相对稳定的主观意识活动。政治思维最大特点不在于考虑是非，而是强调在思维过程中政治的利弊权衡应作为中心因素考虑。不同的政治家区别在于判断利弊的标准不同。进步政治家判断利弊标准和社会合拍，就是进步，反之则是反动。

经济思维也是一种在公共决策中常用的方式。经济思维考虑的核心因素是如何用同样成本来获得更大收益，这里，成本收益要作广义理解，时间、机会等凡是付出的你认为有价值就是成本，产出是你得到的认为有价值的。因而，经济思维的特点是以经济上成本与收益的比较出发来考虑问题。

道德思维的特点是以道德上的善恶评价考虑问题。

法治思维的特点是以合法性判断为前提，在法律规定、原理与精神等的指引下去思考、解决问题。法治思维过程是紧扣着法律规范进行的，因而，它是一种规范性的思维。任何一种思维方式的产生总与一定的历史条件相联系，法治思维方式也不例外。近年来，人们对法治思维方式问题的关注源于法治观念的兴起。正是中国特色社会主义法治建设呼唤法治思维方式。

讲到法治思维，我们还要注意法治思维与人治思维的区别。

2. 法治思维与人治思维的区别

法治思维与人治思维的区别集中体现在四个方面：一是在依据上，法治思维认为国家的法律是治国理政的基本依据，而人治思维本质是主张人高于法或权大于法，片面强调凭借掌权者的个人意志来治理国家；二是在方式上，法治思维以一般性、普遍性的法律调节社会关系，具有稳定性和一贯性，而人治思维按照个人意志和感情进行治理，具有极大的任意性和非理性；三是在价值上，法治思维是一种"多数人之治"的民主思维，而人治思维是个人说了算的专断思维；四是在标准上，法治思维以法律为最高权威，而人治思维则奉领导者个人的意志为最高权威，强调服从个人而非服从法律的权威。所以，培养法治思维，必须抛弃人治思维。

（二）法治思维的基本内容

法治思维的内涵丰富、外延宽广，从不同的角度，可以进行不同的解读。法治思维主要表现为价值取向和规则意识两个方面，价值取向是指个人如何看待和对待法律，规则意识是指个人如何用法律看待和对待自己。一般来讲，法治思维包括法律至上、权力制约、公平正义、权利保障、正当程序等内容。

1. 法律至上

法律至上，是指在国家或社会的所有规范中，法律是地位最高、效力最广、强制力最大的规范。这里的法律，既包括宪法，也包括其他一般法律。其具体表现为法律的普遍适用性、优先适用性和不可违抗性。

2. 权力制约

权力制约，是指国家机关的权力必须受到法律的规制和约束。在我国，国家权力是人民的，即一切权力为民所有；国家权力是为人民服务的，即一切权力为民所用。

我们看一个案例：鸿茅药酒事件。

2018年4月16日这个周末，各大热搜都被鸿茅药酒霸屏了。这家公司，每年砸20亿广告都没火，警察的一次跨省抓捕行动，却让它彻底火了！我们简单回顾下原因：2017年12月，拥有麻醉医学硕士学位的广东医生谭秦东，发了题为《中国神酒"鸿茅药酒"，来自天堂的毒药》的网帖，从心肌变化、血管老化、动脉粥样硬化等方面，全面科普了鸿茅药酒有夸大广告之嫌疑，对老年人会造成伤害。令人没想到的是，就是这么个帖子，招致了他被跨省带走和刑事拘留之祸！鸿茅药酒所在地的凉城县公安部门以涉嫌损害商品声誉罪跨省将谭医生抓捕到凉城县看守所，并拘留120天之久。理由是"涉嫌损害商品声誉"，鸿茅药酒报警称，因为这篇文章公司其损失净利润140万元。

一次网上吐槽竟然直接被定为刑事犯罪？法律界更是觉得案件疑点很多：一、鸿茅药酒如何证明140万元退货与文章内容有直接因果关系？二、损害商品名誉罪是民事纠纷，认定纠纷之前，警察为什么要先抓人？三、为啥药厂违法广告2630次安然无恙，医生一篇吐槽文就被刑事质控？鸿毛药酒和警方的行为，彻底引发了群众的"揭底性反弹"，这家药酒厂被扒了个底朝天，更多严重问题暴露在了公众面前。媒体纷纷发表文章进行抨击，光明网评论员：鸿茅药酒事件的要害在公权使用不当；《环球时报》：鸿茅药酒争议——跨省执法涉及利益时应慎用；《人民日报》：跨省抓医生，鸿茅药酒底气何在？

鸿茅药酒，本可以通过沟通的方式，几乎无声无息地把问题处理好。但偏偏因为鸿茅药酒在凉城县是举足轻重的企业，可以调动当地公安来跨省抓捕，偏偏鸿茅药酒又有大量在外地被行政机关处罚的问题，跨省抓捕后引发对鸿茅药酒问题了解的"吃瓜群众"大幅度增加。孟德斯鸠说："一切有权力的人都容易滥用权力，这是万古不易的一条经验，有权力的人使用权力一直到遇有界限的地方才休止。"因此，只有依法对权力的配置和运行进行有效制约和监督，才能防止权力私用、权力滥用和权力腐败，做到权力由法定、有权必有责、用权受监督、违法受追究。

3. 公平正义

2014年，在办理河北保定市顺平县一起命案的过程中，检察官彭少勇提审被认定为犯罪嫌疑人的王玉雷后，发现案情疑点重重，果断提出三个"不足信"。随后，检察院迅速启动了引导侦查机制，公安机关重新对重要涉案证据进行排查，最终锁定真凶王斌，杜绝了一起冤假错案的发生。这是政论专题片《法治中国》讲述的一个真实故事，堪称现代版的"刀下留人"。

法治，关乎国家大计，也关乎每一个人。公平正义是中国特色社会主义的内在要求，是我们党追求的十分崇高的价值目标。全面依法治国，必须紧紧围绕保障和促进社会公平正义来进行。习近平总书记强调，要"努力让人民群众在每一个司法案件中都能感受到公平正义，决不能让不公正的审判伤害人民群众感情、损害人民群众权益"。公正司法，作为维护社会公平正义的最后一道防线，无疑具有重要作用。

那么，什么是公平正义呢？如何理解公平正义呢？

公平正义，是指社会的政治利益、经济利益和其他利益在全体社会成员之间合理、公平分配和占有。一般来讲，公平正义主要包括权利公平、机会公平、规则公平和救济公平。

（1）权利公平包括三重含义：一是权利主体平等，国家对每个权利主体"不偏袒""非歧视"；二是享有的权利特别是基本权利平等；三是权利保护和权利救济平等。

（2）机会公平是指生活在同一社会中的成员拥有相同的发展机会和发展前景，反对任何形式的歧视。机会公平包括国家和社会要积极为社会成员的发展创造条件，并努力创造平等的起点；社会成员的发展进步权要受到同等尊重，不断拓展社会成员的发展领域；不仅要关注当代人的机会平等，还要考虑后代人的机会平等。

（3）规则公平是指对所有人适用同一规则和标准，不得因人而异。包括法律规则面前人人平等、法律内容面前人人平等和法律保护面前人人平等，任何人不得享有法律之外的特权，任何人也不会被法律排除在保护之外。

（4）救济公平是指为权利受到侵害或处于弱势地位的公民提供平等有效的救济。救济公平包括司法救济公平，即司法要公正对待每一个当事人，致力于实现司法公正；行政救济公平，即政府对需要救济的社会成员提供的救济服务要一律平等，不得区别对待；社会救济公平，即社会对需要救济的社会成员提供的社会救济服务要一律平等，不得厚此薄彼。养成公平正义思维，有利于增强实现公平正义的责任感，为促进全社会的公平正义而奋斗。

构筑一个公平正义的社会，需要全社会进行长期努力，要提高全体公民的文化、道德、法制等方面的素质，使人们有渴求公平正义的意识、参与公平正义的能力和依法追求公平正义的行为。

4. 权利保障

权利保障，是指对公民权利的法律保障。我国通过建立以宪法为核心、以立法保障和司法保障为主要内容的权利保障体制，保障公民的权利。具体包括公民权利的宪法保障、立法保障、行政保护和司法保障。

（1）宪法保障是权利保障的前提和基础。我国宪法明确规定：国家尊重和保障人权，并明确列出了宪法保障的公民基本权利。

（2）立法保障是权利保障的重要条件。立法保障，通俗地说，就是将公民的权利以法律的形式确认下来，运用国家强制力加以维护。所以，立法保障，就是通过立法把我们的权利规定下来，不规定则不为权。如，选举法、消费者权益保护法、广告法、行政处罚法、律师法等。这样才能把宪法原则落到实处，具体实现公民权利。

（3）行政保护是权利保障的关键环节。行政机关在行使行政管理权的过程中，必然要涉及处置社会成员的利益问题，很容易发生损害或侵犯公民权利的现象。因此行政机关是否能够有效保护公民权利，直接反映一个国家的权利保障状况。

（4）司法保障是公民权利保障的最后防线。司法保障，是指通过法律制裁各种侵权行为，保障公民的权利。依据宪法规定，通过公安机关侦查犯罪、检察机关指控犯罪、法院审理等一系列活动，使公民权利得到维护。

现实生活中，公民认为宪法和法律赋予自己的合法权益受到侵害时，有权向人民法院提出诉讼，也可以向纪检部门、监察部门、检察机关举报。这些司法机关和部门必须秉公执法，切实维护公民的合法权益。

5. 正当程序

正当程序是英美法系的一条重要的宪法原则；程序的正当，表现在程序的合法性、中立性、参与性、公开性、时限性等方面。通过正当程序达到宪法的至信、至尊、至上，从而实现宪法权威。

注重程序公正日益成为现代法治国家共同的价值取向。当代社会，无论中西，凡遇重大或热点事件，民众和舆论的第一反应都是追问此事处理是否合乎法律、合乎程序。焦点不一定直指实质正义，而往往首先集中于程序正义之上。现在，我们看一个案例：于艳茹诉北京大学案。

于艳茹，北京大学历史学系博士毕业生，中国社会科学院世界历史研究所博士后。2014年8月身陷抄袭门。2015年1月10日北京大学通报决定撤销于艳茹博士学位。

2015年1月20日，于艳茹正式向北大提出申诉。2015年3月18日，北大学生申诉处理委员会认定世界历史专业博士于艳茹发表的论文存在严重抄袭行为，决定维持原处理决定，撤销于艳茹博士学位。2015年7月17日，于艳茹将北京大学诉至法院，要求判令撤销《关于撤销于艳茹博士学位的决定》并恢复于艳茹博士学位证书的法律效力。北京市海淀区人民法院受理了此案。2017年7月27日，北京市第一中级人民法院作出终审判决。法院认定北京大学作出的撤销于艳茹博士学位决定程序违法，亦缺乏明确法律依据，撤销之前北大作出的撤销学位的决定。

全面深化改革的总目标是完善和发展中国特色社会主义制度，推进国家治理体系和治理能力现代化。而治理走向"现代"，一个重要维度是恪守程序正义。法谚有云："正义不仅应得到实现，而且要以人们看得见的方式加以实现。"没有程序的正义就没有实体的正义，只有严格按照法律程序办事办案，处理结果才可能公正并具有公信力和权威性。

（三）法治思维的培养

法治思维并非与生俱来，其包含的法治观念和法律意识需要通过后天的培育才能逐渐养成。具体来讲，培养法治思维的方式主要有：第一，学习法律知识。知法懂法，是培养法治思维的前提。一个对法律知识一无所知的人，不可能形成法治思维。第二，掌握法律方法。法治思维的过程，就是运用法律方法思考、分析和解决法律问题的过程。第三，参与法律实践。法治思维是在丰富的法律实践中训练、培养和应用的思维方式。脱离法治建设的生动实践，难以养成法治思维方式。第四，养成守法习惯。法治思维是一种习惯性思维，公民只有形成办事依法、遇事找法、解决问题用法、化解矛盾靠法的习惯，才能形成法治思维。第五，守住法律底线。法律红线不可逾越、法律底线不可触碰，触犯法律底线就要受到追究。

总之，对公民而言，培养法治思维，就是将法律作为判断是非和处理事务的准绳，服从法律，作出符合法律的选择，按照法律的指引来实施自己的行为。只有我们自觉运用法律思维方式判断和解决问题时，法律才具有生命力。

十一、守法用法——认识法律权利与法律义务

现代社会是一个以公民权利为本的社会，随着我国民主与法制的逐步健全，人们的权利意识也越来越强，也越希望拥有更多的权利，行使更多的权利。同时，权利的行使需要义务的保障，没有义务，权利的实现只能是空话。那么，什么是法律权利？什么是法律义务？我们又应该如何理解法律权利和法律义务的关系呢？

（一）法律权利的含义与特征

1. 法律权利的概念

权利一般是指法律赋予人实现其利益的一种力量，与义务相对应，是法学的基本范畴之一，是人权概念的核心词，也是法律规范的关键词。从通常的角度看，权利是法律赋予权利主体作为或不作为的许可、认定及保障。

权利通常包含权能和利益两个方面。权能是指权利能够得以实现的可能性，它并不要求权利的绝对实现，只是表明权利具有实现的现实可能；利益则是权利的另一主要表现形式，是权能现实化的结果。权能具有可能性，利益具有现实性。也可以说权能是可以实现但未实现的利益，利益是被实现了的权能。因此，权利有着应然权利和实然权利之分。

应然权利指权利主体应该享有的或是应该获得的预备性权利。实然权利指的是权利主体实际上真正能够享有或是获得的权利。比如公民应该有吃饭、睡觉、洗澡的权利，这是应然权利。由于某地缺水，粮食收成不好，当地闹粮荒，许多农民挨饿，所以仅仅享受到了睡觉的权利，这就是实然权利。关于权利的问题，西方学者有很多研究，也形成了各种各样的观点，如认为权利是与生俱来的天赋人权论，或认为权利是神赋予的神授权利论等。但马克思主义认为，权利的产生、发展和实现，都必须以一定的社会经济条件为基础，不可能有超出社会经济条件之外的权利。因此，马克思主义的权利观认为，法律权利是指反映一定的社会物质生活条件所制约的行为自由，是法律所允许的权利人为了满足自己的利益而采取的、由其他人的法律义务所保证的法律手段。

概括起来讲，法律权利就是权利主体依法要求义务主体作出某种行为或者不作出某种行为的资格。

2. 法律权利的特征

法律权利具有这样几个主要特征：（1）法律权利的内容、种类和实现程度受社会物质生活条件的制约；（2）法律权利的内容、分配和实现方式因社会制度和国家法律的不同而存在差异；（3）法律权利不仅由法律规定或认可，而且受法律维护或保障，具有不可侵犯性；（4）法律权利必须依法行使，不能不择手段地行使法律权利。

（二）法律义务的含义与特征

1. 法律义务的概念

作为与法律权利相对应的一个概念，法律义务是指反映一定的社会物质生活条件所制约的社会责任，是保障法律所规定的义务人应该按照权利人要求从事一定行为或不行为以满足权利人利益的法律手段。

当负有义务的主体不履行或不适当履行自己的义务时，要受到国家强制力的制裁，承担相应的责任。

法律义务的履行有两种形式：一种是作为的形式，即义务人实施积极的行为，如依法纳税；另一种是不作为的形式，是指义务人不得实施某种行为，如禁止用任何方法对公民进行侮辱、诽谤和诬告陷害。

2. 法律义务的特征

第一，法律义务是历史的，其内容和履行方式是随着经济社会的发展和人权保障的进步而不断调整和变化的。第二，法律义务源自现实需要。一个国家或地区的制度性质、历史传统、文化背景、宗教信仰和安全形势等因素，会对法律义务的设定发生重要影响。第三，法律义务必须依法设定，其他国家机关不得对公民违法设定法律义务。第四，法律义务可能发生变化。一个人承担的法律义务，在履行的过程中可能会因一些特殊情形的出现而出现转化、派生或者免除。

3. 法律权利与法律义务的关系

法律上的权利和义务，是法律关系的一个重要构成要素，没有法律权利和义务，也就不存在法律关系。法律关系就是法律关系主体之间在法律上的一种权利义务关系。可以说，从权利概念提出时起，它就与义务概念相联系。正如马克思所说："没有无义务的权利，也没有无权利的义务。"

权利与义务作为一对法律范畴，就像一枚硬币的两面，密不可分，相互依存，互利共赢。没有了权利，义务的设定就失去了目的和根据；没有了义务，权利的实现也就成为空话。具体来说，法律权利和法律义务的关系，可以体现在两个方面：

第一个方面是，享有权利和承担义务的主体是一致的。在社会生活中，每个人既是享受各种法律权利的主体，同时，又是承担各种法律义务的主体。我国现行宪法第三十三条规定："任何公民享有宪法和法律规定的权利，同时必须履行宪法和法律规定的义务。"在一般情况下，既然享有权利，那么就要承担相应的义务，不允许某些公民只享受权利，而另一些公民则只履行义务。具体来讲：

（1）法律权利和法律义务是相互依存的关系，法律权利的实现必须以相应法律义务的履行为条件；同样，法律义务的设定和履行也必须以法律权利的行使为根据，法治社会中不存在没有权利根据的法律义务。

（2）法律权利与法律义务是目的与手段的关系。法律权利是目的，是价值追求，而法律义务是手段，是实现路径。离开了法律权利，法律义务就失去了履行的价值和动力；同样，离开了法律义务，法律权利也形同虚设。两者之间相互促进，相辅相成。

（3）有些法律权利和法律义务具有复合性的关系，即一个行为可以同时是权利行为和义务行为。如劳动、接受义务教育，既是公民的权利，也是公民的义务。

第二个方面是，法律权利与法律义务平等。法律权利与法律义务平等是现代法治的基本原则，也是社会公平正义的重要方面。我国公民基本权利与义务的平等性表现在三个方面：首先，法律权利和法律义务平等表现为法律面前人人平等被确立为基本原则，即公民在享有权利和履行义务方面一律平等。其次，在法律权利和法律义务的具体设定上要平等。比如对于一个具体的民事侵权或者刑事犯罪行为设定法律义务，就必须与权利受到侵害的程度相适应，不能超出公正和平等的限度设定权利。再次，权利与义务的实现要体现平等，即司法机关在适用法律上一律平等。也就是说，司法机关必须根据事实和法律，平等地保护公民的合法权益，平等地追究一切违法犯罪的法律责任。无论权利人还是义务人都要依法行使权利与履行义务。

总之，权利意味着对利益的获取与实现，义务意味着对利益的付出与负担；权利以其特有的利益导向和激励机制作用于人的行为，义务以其特有的约束机制和强制机制作用于人的行为。因此，在国家规定的法律权利与法律义务总量相等的情况下，在实行法律权利与法律义务人人平等的制度中，一个人无论是行使权利还是履行义务，都是对自己有利的，两者之间是互利共赢的关系。

十二、守法用法——我国宪法法律规定的权利

在法律中，依法行使权利主要包括三个方面的内容：依法行使权利、依法享有权利和尊重他人的权利。依法行使权利，是指公民在行使权利的时候，不得超越法律许可的范围，不得损害国家的、社会的和集体的利益，不能损害其他公民的合法权益，不能在合法权利之外谋求非法利益。依法享有权利，主要指公民应当利用法律保护自己所拥有的权利，对于各种侵权行为依法打击，使自己的权利不受侵害，而绝不能逆来顺受、忍气吞声。依法享有权利，才能依法行使权利。下面，围绕我国宪法规定的基本权利、行使法律权利的界限、依法履行法律义务三个问题进行讲解。

我国宪法规定了种类多样、内容丰富的公民权利与义务，大体可分为：政治权利、人身权利、财产权利、社会经济权利、宗教信仰权利及文化权利等。这些权利与义务具有广泛性、公平性和真实性，表现在：权利与义务的主题为全体公民，权利范围涵盖社会经济文化生活的各个方面；权利与义务为公民平等地享有或履行；国家从制度上、法律上、物质上保障公民权利与义务的实现。

我们先来看一个案例：彭水诗案。

秦中飞是重庆彭水县的一名干部，某次，他填写了一首词《沁园春·彭水》，词中隐含传言已被逮捕的彭水县原县委书记和现任县委书记、县长，以及两件轰动一时的官民纠纷、三个政府公共工程。随后，秦中飞通过手机短信把这首词发给了几个朋友，又通过 QQ 传给了几名网友。不久，秦中飞被警察带走。公安机关认为，这首词嘲讽了彭水县委县政府三个领导，是一首引起群众公愤、严重破坏社会秩序和县领导名誉的词，认为"肯定会影响社会稳定和政治稳定"。经过审讯，彭水县公安机关以涉嫌诽谤罪将秦中飞刑事拘留。几天以后，彭水县检察院批准逮捕秦中飞。

案件经媒体报道后，在社会上引起了很大反响。最后，彭水县公安局不得不承认，诽谤案属于错案，向秦中飞道歉，并让其领取2000多元的国家赔偿金。这个案件就是一起典型的公民在行使政治权利过程中遇到的问题。下面，我们以宪法规定的基本权利为例，重点讲授政治权利和人身权利。

（一）政治权利的含义及内容

政治权利，是公民参与国家政治活动的权利和自由的统称。它的行使主要表现为公民参与国家、社会组织与管理的活动。公民的政治权利构成了实现人民主权原则及各种具体民主制度不可或缺的前提条件，反过来又体现了人民主权原则及各种具体民主制度的必然要求。政治权利主要包括以下内容：

1. 选举权利

选举权利包括选举权与被选举权，是指人们参加创设或组织国家权力机关、代表机关所必需的选举权和被选举权。选举权和被选举权是政治权利的传统类型，也是政治权利的典型类型。我国现行宪法第三十四条规定："中华人民共和国年满十八周岁的公民，不分民族、种族、性别、职业、家庭出身、宗教信仰、教育程度、财产状况、居住期限，都有选举权和被选举权；但是依照法律被剥夺政治权利的人除外。"由此可见，我国选举权主体的范围十分广泛，只有那些被人民法院决定剥夺选举权和被选举权的危害国家安全以及故意杀人、强奸、爆炸、贩毒、抢劫等严重破坏社会秩序的犯罪人才不享有选举权和被选举权。

可以说，选举权和被选举权是公民参加国家管理的一项最基本的政治权利，也是最能体现人民群众当家作主的一项权利。

2. 表达权

表达权是指公民依法享有的表达自己对国家公共生活的看法、观点、意见的权利。我国宪法第三十五条规定："中华人民共和国公民有言论、出版、集会、结社、游行、示威的自由。"这些自由，在宪法学上均可称为表达的自由，指的是人们通过一定的方式将自己内心的精神作用公诸于外部的精神活动的自由。其中，言论自由就是宪法规定公民通过口头或书面形式表达自己的意见的自由。因此，从广义上讲，新闻、出版、著作、绘画等自由也可以包括在言论自由之列。其他自由，如，集会自由是指公民享有宪法赋予的聚集在一定场所商讨问题或表达意愿的自由，游行自由是指公民采取列队行进的方式来表达意愿的自由，示威自由是指通过集会或游行、静坐等方式表达强烈意愿的自由。

3. 民主管理权利

民主管理权利是指公民根据宪法法律规定，管理国家事务、经济和文化事业以及社会事务的权利。我国宪法第二条规定："人民依照法律规定，通过各种途径和形式，管理国家事务，管理经济和文化事业，管理社会事务。"公民行使民主管理权利主要通过选举和监督人大代表，监督国家行政机关、审判机关、检察机关的活动，少数民族聚居地区实行区域自治，特别行政区实行高度自治，参与国有企业和集体经济组织的民主管理，选举居民委员会或者村民委员会主任以及参与基层群众性自治组织的管理活动等方式而获得实现。

4. 监督权

监督权是指公民依据宪法法律规定监督国家机关及其工作人员活动的权利。我国宪法第四十一条规定："中华人民共和国公民对于任何国家机关和国家工作人员，有提出批评和建议的权利；对于任何国家机关和国家工作人员的违法失职行为，有向有关国家机关提出申诉、控告或者检举的权利，但是不得捏造或者歪曲事实进行诬告陷害。对于公民的申诉、控告或者检举，有关国家机关必须查清事实，负责处理。任何人不得压制和打击报复。"一般认为，批评、建议、申诉、检举、控告是宪法法律赋予公民对国家机关和国家工作人员的一种监督权。其中，批评权是指公民有权对国家机关和国家工作人员在工作中的错误、缺点提出谴责性的意见；建议权是指公民有权对国家机关和国家工作人员的工作提出改进意见；申诉权是指公民对国家机关和国家工作人员实施的侵犯自己合法权益的违法失职行为，以及行政机关或司法机关作出的错误的、违法的决定或者裁判不服而向有关国家机关提出审查请求的权利；检举权是指公民对国家机关和国家工作人员实施的损害他人或社会公共利益的违法失职行为，有权向有关国家机关揭发事实真相，请求依法处理；控告权是指公民对于国家机关和国家工作人员实施的侵犯自己合法权益的违法失职行为，包括在执行职务以外实施的侵犯自己合法权益的违法行为，有权向有关国家机关揭发和指控。

我们现在来分析刚开始我们讲的案例，秦中飞的行为明显属于我国宪法保护的公民享有表达权、批评权和建议权的范畴，国家应尊重和保护公民的基本权利。以"危害社会稳定"为由对"诽谤者"采取刑拘、逮捕等措施，是一种公权力的滥用。当然，公民在行使这些权利时应依法行使，不得捏造或者歪曲事实进行诬告陷害。

（二）人身权利的含义及内容

当前，我国正致力于依法治国，建设社会主义法治国家和构建社会主义和谐社会。建设法治国家与构建和谐社会在本质上是一致的，就是都必须坚持以人为本，切实尊重和保障人权，坚持"权为民所用，情为民所系，利为民所谋"，"做到发展为了人民、发展依靠人民、发展成果由人民共享，促进人的全面发展"。这是社会主义的本质属性和根本要求。

坚持以人为本，尊重和保障人权，首要的是必须切实尊重和保障人身权。人身权是关于人自身的权利，是人与生俱来所固有的权利。人是一切的本源。如果人连自身的权利都得不到有效而充分的保障，其他一切权利不仅无从谈起，而且毫无意义，建设法治国家也好，构建和谐社会也好，都会成为无源之水，无本之木。

下面，我们来看一个案例：

山东省某县公安局治安科的张某等人，于某深夜几乎是挨家挨户砸开某村村民的家门，有许多院落的大门被砸倒，将还在睡梦中未及穿戴整齐的村民李某押上警车，以"赌博罪"的罪名五花大绑，脖子上挂着"赌博犯"的大牌，在高音大喇叭的喊话声中，到各乡、各村游街示众。后村民李某被送县城中心旅馆关押起来，15天后才被莫名其妙地罚款3000元后放出。忍无可忍的村民李某在众乡亲的签名支持下，上访到中纪委、公安部等部门，但被县公安局以"赌博罪""逮捕"，并被张某戴上手铐在村里绕行一圈。几十名村民向县法院起诉县公安局，张某等人得知消息后，还开着车到村里恐吓村民，吓得很多起诉的人到处躲藏，有的起诉后又撤诉。最终有29人的起诉被立案受理。但在法院开庭公开审理该案时，被告县公安局出庭应诉人员个个腰间别着手枪，连旁听的被告方工作人员也是荷枪实弹，后来更以"法庭无法保证其安全"为由，拒绝出庭，法院只好暂停审理。最后在省委主要领导过问下，才再次开庭审理，并最终以原告胜诉结案。这起案件属于典型的侵犯公民人身权利的案件。那么，什么是人身权利？人身权利包括哪些内容呢？

人身权利，是指公民的人身不受非法侵犯的权利。人身权利是公民参加国家政治、经济与社会生活的基础，是公民权利的重要内容。一切组织和个人都负有不侵害他人人身权利的义务。人身权利的主要内容包括以下几方面：

1. 生命健康权

生命权是指维持生命存在的权利，即活着的权利。生命权是人最基本、最原始的权利，是人的尊严的基础，不可非法剥夺，具有神圣性与不可转让性，享有生命权是人享有其他各项权利的前提。健康权是在公民享有生命权的前提下，确保自身肉体健全和精神健全、不受任何伤害的权利。对个人来说，拥有健康权也是行使其他权利的载体和基础，没有健康，其他的一切都无从谈起。

2. 人身自由权

人身自由权指公民的人身自由不受非法搜查、拘禁、逮捕等行为侵犯的权利，即无正当理由身体的活动不受拘束的权利，故而又称身体自由权。包括人的身体不受拘束，人的行动自由、人身自由不受非法限制和剥夺等。公民的人身自由是公民参加社会生活和享受其他自由权利的前提和基础。为了保障公民人身自由权的实现，我国宪法第三十七条规定："中华人民共和国公民的人身自由不受侵犯。任何公民，非经人民检察院批准或者决定，或者人民法院决定，并由公安机关执行，不受逮捕。禁止非法拘留和以其他方法剥夺或者限制公民的人身自由，禁止非法搜查公民的身体。"

3. 人格尊严权

人格尊严权是指与人身有密切联系的名誉、姓名、肖像等不容侵犯的权利。人格尊严是公民参加社会活动时应当享有的资格，是人之为人所应当享有的地位、待遇或尊重的总和，集中表现为人的自尊心和自爱心。人格尊严的基本内容有姓名权、肖像权、名誉权、荣誉权、隐私权。我国宪法第三十八条规定："中华人民共和国公民的人格尊严不受侵犯，禁止用任何方法对公民进行侮辱、诽谤和诬告陷害"。

4.住宅安全权

住宅安全权也称住宅不受侵犯权，即公民居住、生活、休息的场所不受非法侵入或搜查的权利。这里的"住宅"既包括固定居住的住宅，同时也包括临时性的住所。公民的住宅是公民生活、居住和工作的重要场所，与人身自由是紧密相联的。因此，我国宪法第三十九条规定："中华人民共和国公民的住宅不受侵犯。禁止非法搜查或者非法侵入公民的住宅。"即任何机关和个人非经法律许可，不得随意强行侵入或搜查公民的住宅。

5.通信自由权

通信自由是指公民通过书信、电报、传真、电话及其他通信手段，根据自己的意愿进行通信，不受他人干涉的自由。其基本内容是，公民何时、何地，采取何种方式，与何人通信不受国家机关的非法干涉，其所保护的利益是私生活秘密和表达行为的自由。我国宪法第四十条规定："中华人民共和国公民的通信自由和通信秘密受法律的保护。除因国家安全或者追查刑事犯罪的需要，由公安机关或者检察机关依照法律规定的程序对通信进行检查外，任何组织或者个人不得以任何理由侵犯公民的通信自由和通信秘密。"

按照以上我国宪法对公民的人身权利的规定，我们可以来分析一下刚才我们讲到的案例，山东省某县公安局行为侵犯了农民的哪些人身权利呢？从案例表述来看，根据我国的宪法规定，县公安局侵犯农民人身权利的行为主要有：张某等人，于深夜砸开村民的家门，侵犯了"公民的住宅不受侵犯"的权利。张某等人将村民送县城中心旅馆关押起来，15天后才放出，侵犯了公民的人身自由权。张某等人将还在睡梦中未及穿戴整齐的村民押上警车，以"赌博罪"的罪名五花大绑，脖子上挂着"赌博犯"的大牌，在高音大喇叭的喊话声中，到各乡、各村游街示众，侵犯了公民的人格尊严权。

（三）依法行使法律权利

依法行使法律权利要求公民行使权利时应严格依据法律进行，以法律的相关规定为界限，超出这个界限就可能侵犯到他人的权利或者损害到国家、社会的利益。

我们先来看一个例子：曾经轰动一时的某著名相声演员徒弟殴打央视记者事件。这位演员有一栋位于亦庄的别墅，他在别墅后的绿化带上独建了一排栅栏，被邻居指责占用公共绿地，私建后花园，给整体环境造成影响。后北京电视台《每日文娱播报》栏目的记者前往采访，进入住宅进行拍照，结果遭其家人殴打。事后，这位演员在相声中讽刺记者的强行进入与谎称被推下楼的言行，而各路媒体也纷纷谴责这位演员纵徒伤人，言行不当。事件最后，伤人者受到法律制裁，这位演员被强令拆除违章建筑。

从权利角度分析，这位演员拥有对自己用地的使用权，却无权占用公共用地，因为这超出了他的权利范围。再者，拒绝记者采访，制止记者进入住宅更不应采用暴力方式，使得原本有理有据却反成众人谴责的对象。再看这位记者的采访行为：在私人住宅内进行偷拍，并且言语间不乏挑衅。身为一名记者，国家与社会赋予他们采访事件、报道事实真相的权利，但记者的监督权和公众的知情权的行使不应以侵犯他人的自由权利为代价，成为私入民宅的理由。而媒体同行们纷纷推波助澜，大肆宣传这位演员及其弟子的种种"恶行"，令观众产生强烈的愤懑，却掩盖了事情的部分真相，同样是滥用了话语权。

通过这个例子，我们知道，公民行使权利的时候，应当依照法律规定的程序，采用适合的方式来进行，但无论采用什么方式来进行，都不能超越法律的界限。"我的权利和自由的界限就是别人的权利和自由。"权利实现的内在动力是人们彼此之间对各自权利的相互尊重。认同是权利产生的条件，尊重则是权利实现的保证。

所以我们在行使权利时，要认识到：第一，行使权利的目的要正当。公民在行使法律权利时，应符合立法意图和精神，不得违反宪法法律确定的基本原则。第二，行使权利要有限度。第三，行使权利的方式要合法。第四，行使权利要有正当的程序。

总之，依法行使权利是体现权利正当性和保障权利实现的充分而必要条件。在现代法治社会，人们行使任何权利、做任何事情都不能超越法律界限。

我国宪法第五十一条规定："中华人民共和国公民在行使自由和权利的时候，不得损害国家的、社会的、集体的利益和其他公民的合法的自由和权利。"如果超出法律所许可和保障的范围与界限，则不再是行使权利，而是侵权，会受到法律的追究。超越法律行使的界限之时，往往就是自我权利丧失之日。特别是在一些情况下，如果鲁莽的话，不但维护不了自己的权益，还可能受到处罚，甚至构成犯罪。

（四）依法履行法律义务

法律权利的行使必须伴随着法律义务的履行，但法律义务更需要由法律加以规定。义务法定，一方面是说义务的设定必须有法律依据，另一方面是说法定的义务应当履行，否则会承担不利的法律后果。

1. 公民应履行的基本法律义务

除了在各个部门法中规定了公民的法律义务外，我国宪法特别规定了公民的基本义务，具体包括：维护国家统一和民族团结。维护国家统一是整个社会共同体存在和发展的基础，也是以宪法为核心的整个法律制度存在的基础。同时，国家统一也是公民实现法律权利与自由的前提。遵守宪法和法律，以及若干具体义务。如，保守国家秘密、爱护公共财产、遵守劳动纪律、遵守公共秩序、尊重社会公德的义务。维护祖国安全、荣誉和利益。这是我们国家政权稳定和公民依法行使权利与自由的根本保障。依法服兵役。我国实行义务兵与志愿兵相结合、民兵与预备役相结合的兵役制度。依法服兵役是我们每一个公民的神圣职责。依法纳税。税收是国家财政收入的主要来源，我国社会主义税收取之于民、用之于民，是公民应该履行的一项基本义务。此外，公民还有劳动的义务、受教育的义务；夫妻双方有实行计划生育的义务；父母有抚养教育未成年子女的义务；成年子女有赡养扶助父母的义务；等等。

2. 违反法定义务应当承担的法律责任

公民的法律义务具有强制性，拒不履行法律义务的行为是一种违法行为，应当承担相应的法律责任。具体的法律责任主要包括民事责任、行政责任和刑事责任。公民未能依法履行义务，根据情节轻重，应当承担相应的法律责任。具体的法律责任主要包括民事责任、行政责任和刑事责任。

民事责任是指由于违反民事法律规定、违约或者由于民法规定所应承担的一种法律责任。民事责任主要是财产责任，也可以是以人身、行为、人格等为责任承担内容的非财产责任。民事责任主要是一方当事人对另一方的责任，民事责任主要是补偿性的。在法律允许的条件下，民事责任可由当事人协商解决。

行政责任是指因违反行政法或因行政法规定而应承担的责任。对行政违法者的制裁包括行政处罚和行政处分。行政处罚是由国家行政机关对违反行政法律规定的行政相对人所实施的法律制裁；而行政处分是指国家行政机关对违反法律规定的行政人员所实施的法律制裁。

刑事责任是指行为人因其犯罪行为所必须承担的由国家司法机关代表国家依法所确定的否定性法律后果。即行为人实施刑事法律禁止的行为所必须承担的法律后果，负刑事责任意味着应受刑罚处罚。根据我国刑法的规定，刑事处罚包括主刑和附加刑两部分。主刑包括管制、拘役、有期徒刑、无期徒刑和死刑；附加刑包括罚金、剥夺政治权利和没收财产。

总之，权利意识不仅包括对自我权利的认识，也包括对他人的认同与尊重。作为当代的大学生，我们只有依法行使法律赋予的权利、履行法律规定的义务，不断提高自己的法治素养，才能妥善处理学习、生活中遇到的法律问题和各种矛盾，做一名尊法、学法、守法、用法、护法的合格公民。

十三、守法用法——不断提升法治素养

新时代大学生的法治素养，关系全民族法治素养的总体水平，关系法治中国建设的进程。提升法治素养是大学生成长成才的内容需要。大学生要尊重法律权威，学习法律知识，养成守法习惯，提高用法能力，不断提升自己的法治素养。培养法治思维，关键是要尊重和维护法律权威。

我们先看一个苏格拉底的故事：

公元前399那年，古希腊著名的思想家苏格拉底被指控犯罪。尽管苏格拉底在法庭上把指控方驳得哑口无言，但法庭还是不公正地判处他死刑。临刑的前一夜，他的朋友和学生极力主张他越狱：狱卒已经用钱收买，马车已

经备好。他们认为，既然法律没有公平正义，那我们何必还要遵守法律？但苏格拉底不肯接受这个方案，他认为，雅典的法律虽然失去公平正义，但服从它的判决，维护法律的秩序，这不也是一种公民的义务吗？严守法律是人民幸福、城邦强大的根本保证，其价值远远高于个人的生命。所以，守法即是正义，即使判决不公正，公民也应该无条件地遵循，不服从便是一种罪恶。自己是被国家判决有罪的，如果自己逃走了，法律得不到遵守，就会失去它应有的效力和权威。当法律失去权威，正义也就不复存在。最后，他毅然选择死亡。

苏格拉底宁愿选择死亡，也不愿拒绝执行司法判决，破坏法律的权威，这不是悲剧的声音，这是一个智者在用生命诠释法律的真正含义——法律只有被遵守才有权威性。每个公民都要履行守法的义务，这是一种引人向善的法律正义，如果人人都只以自己内心判断的是非为是非，人人都只随自己的喜恶去利用法律、玩弄法律甚至敌视法律、抗拒法律，不履行自己的公民义务，这便势必会引人向恶，会造成社会秩序的大乱，最终，一定会导致整个社会公平正义的彻底崩溃。只有法律树立了权威，才能有国家秩序与社会正义的存在。那么，什么是法律权威？为什么要尊重法律权威？我们应该怎样尊重和维护法律权威？

1. 法律权威的概念及构成要素

法律权威，是指法律在社会生活中的作用力、影响力和公信力，是法律应有的尊严和生命。法律权威体现的是法律的不可违抗性，包括内在说服力和外在强制性。法律有无权威，取决于四个基本要素：

一是法律在国家和社会治理体系中的地位和作用。只有占主导地位和起决定作用的法律才具有权威，否则无权威。二是法律本身的科学程度。反映客观规律和人类理性的法律有权威，否则无权威。亚里士多德说过："所谓法治，应包含两重意义：已成立的法律获得普遍的服从，而大家所服从的法律又应该是本身制定得良好的法律。"只有法律反映客观规律和人类理性，才具有权威。三是法律在实践中的实施程度。在实践中得到严格实施和一体遵循的法律有权威，否则无权威。四是法律被社会成员尊崇或信仰的程度。反映人民共同意愿且为人民真诚信仰的法律有权威，否则无权威。卢梭说过："一切法律中最重要的法律，既不是刻在大理石上，也不是刻在铜表上，而是铭刻在公民的内心里。"说明公民对法律的认同是法治的力量之源。只有法律反映人民共同意愿且为人民真诚信仰，才具有权威。

我国社会主义法律是党的主张和人民意志的共同体现，是人民代表大会或人民政府制定的，应当具有最高的权威。在一定意义上，法律的权威就是执政党的权威、人民共同意志的权威和人民政权的权威，法律的权威源自人民的内心拥护和真诚信仰。全体社会成员都尊重社会主义法律权威，不仅是保证法律发挥作用的基本前提和要求，也是保障个人平安幸福的底线和红线。

2. 尊重法律权威的重要意义

第一，尊重法律权威是社会主义法治观念和法治思维的核心要求，是建设社会主义法治国家的前提条件。社会主义法律是党和人民意志的体现。树立法律权威，就是树立党和人民共同意志的权威；捍卫法律尊严，就是捍卫党和人民共同意志的尊严。只有切实尊重和有效实施法律，人民当家作主才有保证，党和国家的事业才能顺利发展。

第二，尊重法律权威对于推进国家治理体系和治理能力现代化、实现国家的长治久安极为重要。法律权威是国家治理的坚实基础和关键。以法安天下则天下安，依法治天下则天下治，这也是千古不易的经验之谈。因此，当国家的最高权威系于法律时，任何组织和个人都不能拥有超越法律的特权，从而有助于保持政治与社会秩序的稳定和连续。

第三，尊重法律权威是实现人民意志、维护人民利益、保障人民权利的基本途径。我国法律保护和实现的是人民的根本利益。从本质上讲，尊重和维护法律权威，就是尊重和维护人民的利益、保障人民权利的具体实践。只有尊重和维护法律权威，才能弘扬社会主义法治精神，树立社会主义法律信仰，让人民利益和权利得到有力保障和充分实现。

第四，尊重法律权威是维护个人合法权益的根本保障。卢梭曾说："只要法律不再有力量，一切合法的东西也都不会再有力量。"只有法律具有权威，才能够威慑人、警示人、保护人，防范违法犯罪行为，增强个人的安全感。因此，公民尊重和维护法律权威，也是对个人幸福的最大尊重和保护。

3. 尊重法律权威的基本要求

疫情面前，全国人民众志成城，齐心协力，捐钱捐物，出人出力，展现的是责任担当，是人性光辉，是国之脊梁。疫情防控不仅需要医护人员的努力，更需要每一位公民的配合。配合疫情的排查、治疗以及隔离工作是每位公民应尽的义务。然而却发生了一些人刻意隐瞒病情、频繁与他人接触，对不特定人群的生命安全造成了极大的威胁的事例。

61岁的犯罪嫌疑人徐某（女）系霍林郭勒市居民，长期在武汉女儿家居住。2020年1月21日，徐某从武汉出发，于1月22日返回霍林郭勒市。徐某返回霍林郭勒市后，故意隐瞒真实行程和活动，编造虚假回家日期，欺骗调查走访人员，且多次主动和周边人群亲属密切接触。同时，徐某还有意隐瞒一同从武汉返回霍林郭勒市的其女儿、女婿、外孙女的事实。后来，徐某和其密切接触者弟媳马某先后被确诊为新冠肺炎患者。其行为违反国家有关法律法规和地方处置工作通报，严重干扰破坏疫情防控工作。徐某以涉嫌危险方法危害公共安全罪被霍林郭勒市公安机关立案侦查，采取相关措施并隔离收治。

尊重和维护法律权威是每一个公民应尽的义务。对大学生而言，更要在尊重法律权威方面加强砥砺，在学习和生活中积极作为，养成敬畏法律的良好品质，努力成为尊重法律权威、信仰法律的先锋。

第一，信仰法律。美国法学家伯尔曼曾说："法律必须被信仰，否则它将形同虚设。"只有对法律常怀敬畏之心，常思敬重之情，法律才能发挥作用。

第二，遵守法律。法律是治国之重器，是全社会所有成员共同的行为准则，遵守法律，是作为公民的最基本的行为准则，法治也只有在社会公众积极主动参与的基础上才可能真正实现。

第三，服从法律。"没有规矩，不成方圆"。公民服从法律是构建法治的前提。所以，拥护法律的规定，接受法律的约束，履行法定的义务，承担相应的法律责任，对一切依据法律和事实作出的决定，真心接受、自觉执行，是维护法律权威的基本要求。

第四，维护法律。维护法律权威，就要维护法律的运行。我们应该争当法律权威的守望者、公平正义的守护者、具有良知的护法者。法律所倡导和肯定的，要积极拥护、自觉履行，法律所禁止或否定的，不但自己不去做，而且还要敢于揭露、勇于抵制，以实际行动来维护法律的权威。

总之，法律权威源自人民的内心拥护和真诚信仰。只有思想上尊法崇法，才能实践中守法护法。

第三部分　教学拓展

一、课后思考

1. 如何理解我国社会主义法律是党的主张和人民意志的共同体现？
2. 有人认为：宪法实际上是一部与公民生活关系不大、高高在上的"闲法"，你如何看待？
3. 如何理解全面依法治国的原则和基本格局？
4. 如何理解依法治国和以德治国相结合？
5. 结合实际，谈谈大学生应怎样依法行使权利与履行义务。
6. 如何提升法治素养？

二、备课参考

1. 习近平：《在首都各界纪念现行宪法公布实施30周年大会上的讲话》，《人民日报》2012年12月5日。
2. 中共中央文献研究室：《习近平关于全面依法治国论述摘编》，中央文献出版社2015年版。
3. 政论专题片《法治中国》，中央电视台一套2017年首播。
4. 电视剧《人民的名义》，李路执导，最高人民检察院影视中心、中央军委后勤保障部金盾影视中心出品，2017年湖南卫视首播。

三、实践活动

1. 校园调研

主题：大学生法律意识、法制观念状况。

目的：了解大学生法律意识、法制观念现状，分析大学生违法犯罪成因，提出加强大学生法制教育的对策建议。

操作：（1）学生自行设计问卷内容；（2）以特定大学生群体为对象进行抽样调查；（3）根据调查统计结果，分析现状及原因；（4）提出对策，撰写调研报告，进行班级交流。

2. 参与立法讨论

目的：体会法律制定过程，增强法律意识。

要求：（1）登录中国人大网法律草案征求意见专区：法律草案征求意见－中国人大网（npc.gov.cn），选择近期公布的法律草案或感兴趣的法律草案，研习相关条文，提出意见。

后　记

本书以 2018 版修订《思想道德修养与法律基础》教材为依据，结合河北科技大学马克思主义学院上线爱课程网"中国大学 MOOC"的"思想道德与法治"在线开放课程讲义编撰而成。本书的出版是近年来河北科技大学马克思主义学院深化思政课改革的成果之一，是"思想道德与法治"教研室集体智慧的结晶。我们秉承以学生为本、为教师服务的理念，结合多年的教学实践，尝试为各位同人呈现一本能够满足教师教学需要、由多样化的教学方法和教学方案组成的教学参考书。

本书由甘玲总策划并撰写绪论、第一章、第六章的部分内容。本书结构由教研室共同商定，由甘玲调整后确定。本书初稿完成后，由甘玲、何珊通稿，甘玲定稿。

各章执笔人（以所撰章节先后为序）：绪论、第一章：甘玲；第二章：朱晨静；第三章：何珊；第四章：朱晨静；第五章：解占彩；第六章：付素霞、甘玲、孙温华、范秀红。

本书在编写过程中，教学概况部分和教学拓展部分，参考了马克思主义理论研究和建设工程重点教材配套用书《〈思想道德与法治〉辅导用书》部分内容，教学转化部分参考了许多专家学者的相关研究成果，有的未一一注明，谨此一并感谢。疏漏之处，敬请有关专家及广大读者指正，以便今后进一步修改、完善和提高。

甘玲

2022 年 1 月 18 日